그림책과 작가 이야기 3

일러두기

* 본문에 언급된 도서와 참고한 사이트는 이 책 맨 뒤 〈작가별 도서와 참고 사이트〉에 정리되어 있습니다.
* 본문에 직접 인용된 글은 글마다 번호를 달아 〈미주 목록〉에 출처를 밝혔습니다.
* 이 책에 실린 글은 2003년부터 2011년까지의 원고를 모은 것입니다. 각 작가와 책에 대해 인터넷에서 도움을 받기도 했는데, 글을 쓸 당시에는 있던 사이트가 현재는 없어진 경우도 많습니다. 〈미주 목록〉에 사이트 주소를 적어 도움을 받거나 직접 인용했다는 것을 밝히되 현재에는 없어졌음을 함께 알렸습니다.
* 간접 인용된 부분은 하나하나 따로 밝히지 않았습니다. 〈미주 목록〉과 〈작가별 도서와 참고 사이트〉에 정리된 책과 사이트의 도움을 받았습니다.
* 명화 제목은 화가의 원 국적 언어에 맞추고자 했습니다.
* 이 책에 수록된 그림은 저작권자의 허가를 받기 위해 노력했습니다. 저작권자를 찾지 못한 그림은 저작권자를 찾는 대로 허가를 받도록 노력하겠습니다.

# 그림책과 작가 이야기 3

서남희 지음

열린어린이

## 작가의 말

누군가의 아이로 살던 시절,

저희 집에는 그림이 하나 걸려 있었습니다.

커다란 물고기와 그 물고기의 뱃속에서

아주 작은 배를 타고 낚싯줄을 드리우고 있는 사람을 그린 것이었지요.

단순한 검은 선으로만 이루어진 그 그림을 보며 늘 감탄했던 것은

물고기 뱃속이 허공이 되고 가느다란 선 하나가 강물이 되는 게 신비로웠고,

그 배에 탄 낚시꾼이 제 아버지였기에

더욱 감정이입이 되었기 때문입니다.

주말 새벽이면 아버지는 늘 등덩산만 한 낚시도구를 이고지고 사라졌고

그림을 그린 정준용 화백은 아버지의 절친한 낚시 친구였거든요.


물고기 뱃속에 들어가 낚싯대를 드리운 강태공은

사실 여러 가지 이유로 제겐 한가롭기보다는 처연해 보였는데

이야기를 담은 그 그림을 보며 저는

그림에 그대로 스며들어 가는 느낌을 받곤 했습니다.

누군가의 엄마로 자라면서는

많은 이야기가 담긴 그림책들을 보며

즐거워하고 슬퍼하고 기뻐하고 진지해지고 감탄하고 고요해지곤 했지요.

한때 저와 함께 그림책을 즐겨 보던,

그러나 이제는 커 버려서 그림책을 피아노 악보 누르개로 쓰는 아이는

제가 멋진 그림책이라며 내밀면 흥미 없다는 듯이 말합니다.

"어쩜 그렇게 아직도 유치해?"


"나중에 너도 결혼해서 아이 낳고 키워 봐라.

그때부터 그림책을 보면 그 말이 쏙 들어갈 걸?"

저는 앙앙불락하면서 혼자 다시 그림책의 세계로 빠져들고,

그렇게 젖어 들었던 그림책과 그림책 작가에 대해 쓴 지난 3년간의 글을 모아

또 다시 책으로 내게 되었습니다.

그림책 작가들의 마음속 깊숙이 들어앉은,
미묘하게 다른 결을 품은 수많은 자아들은
꿈결 같이 환상적인 그림책,
인간의 잔인함을 보이는 그림책,
다사로운 사랑을 나누는 그림책,
정체성을 찾아 고민하는 그림책,
콩 튀듯, 팥 튀듯 재기발랄한 그림책,
뫼비우스의 띠 같이 신비로운 그림책,
밝고 경쾌하고 파릇파릇한 그림책,
묵중한 철학적 주제를 풀어 놓은 그림책 들을
세상에 피어나게 하는 씨앗의 역할을 합니다.
그 씨앗들을 피어나게 한 원동력은 호기심과 끈기일 테고요.

그들이 호기심과 끈기로 그린, 이야기가 담긴 그림책들을
한 권 한 권 찾아보시면서
즐거움을 누리시길 빕니다.

이메일 인터뷰에 응하고, 사진도 쓰게 해준 크리스티앙 볼츠, 엘레나 오드리오솔라,

그림과 글을 넣게 해준 기 빌루, 박영신, 또 일일이 밝히지 못한 많은 분들,

도움 또는 구박을 아끼지 않는 이주현,

외국어의 벽에 부딪힐 때 늘 손 내밀어 주는 은에스더, 이주경,

잔잔하게 힘이 되어 주는 이영범, 맹한경, 이지원,

가끔 꽃 화분을 건네는 조원경 편집장(그러나 꽃들을 저 세상으로 보내 죄송!)

꼼꼼 대마왕 편집자와 디자이너인 편은정, 윤나래, 허민정,

그대들에게 무한 감사를.

2013년 5월 서남희

차례

작가의 말  4

**1 재미난 아이디어가 퐁퐁**

크리스티앙 볼츠      녹슬고 버림받은 것들이여, 내게 오라!  12

데니스 플레밍      신나게 부어라, 펄프 반죽을!  30

크베타 파초브스카      오감을 동원한 상상력 키우기  44

**2 마음속 돋보기로 세상 들여다보기**

요르크 슈타이너와 요르크 뮐러      현대 산업사회와 개인을 기록하는 그림책 작가  58

제리 핑크니      그들에게 희망을!  72

에릭 바튀      매혹적인 나무들, 매력적인 빨간색  92

데이비드 디아즈      햇살처럼 뻗어 나가는 호기심  110

## 3  이야기, 이야기, 우리의 이야기

| | | |
|---|---|---|
| 엘레나 오드리오솔라 | 뜨개질로 나누고, 그림으로 나누고 | 128 |
| 사라 스튜어트와 데이비드 스몰 | 파릇파릇 돋아나는 희망의 새싹 | 146 |
| 베라 윌리엄스 | 우물 안 개구리는 몰랐거라 | 162 |
| 케빈 헹크스 | 나도 알아, 그 느낌 | 178 |
| 도널드 크루즈 | 기억 속의 철길 따라 그린 그림책 | 198 |

미주 목록  212

작가별 도서와 참고 사이트  216

# 1

## 재미난 아이디어가 퐁퐁

크리스티앙 볼츠   데니스 플레밍   크베타 파초브스카

# Christian Voltz

## 녹슬고 버림받은 것들이여, 내게 오라!

## 크리스티앙 볼츠

1967년 프랑스에서 태어났습니다. 스트라스부르 장식예술학교를 졸업하였습니다. 단추, 철사, 천, 볼트 등 우리 생활 속에서 흔히 볼 수 있는 재료들을 사용하여, 개성 넘치는 어린이책을 만들고 있습니다. 2007년 『나비엄마의 손길』로 프랑스도서관협회와 어린이전문서점협회가 수여하는 소시에르 상을 받았습니다. 대표작으로는 『내가 미안해』, 『세상에서 가장 재미있는 책』, 『내 잘못이 아니야』 등이 있습니다.

버려진 자전거 안장 위에 핸들을 거꾸로 붙인 피카소의 「황소 머리 Tête de taureau」나 변기를 턱하니 갖다 놓은 뒤샹의 「샘 Fontaine」을 보면 어른들은 그 놀라운 창의성에 감탄하겠지만, 아이들은 별거 아니라고 생각할지도 몰라요. 선입관과 규제 따위는 아예 머릿속에 없고 무엇으로든 어떤 것도 만들어 낼 수 있는 게 아이들이니까요. '2009 동화책 속 세계여행 세계 유명 일러스트레이션 원화전'에서 철사를 구부리고 너트니, 단추 따위를 붙여 만든 크리스티앙 볼츠의 작품을 본 꼬맹이들은 저런 건 나도 늘 만드는 건데 싶어, 당장 집에 가서 철사를 구부리고 색종이니 레고니 갖다 붙이고 이어서 더 재미있고 뛰어난 작품을 만들었을 것만 같군요.

꼬맹이들이 별거 아니라고 생각할지도 모르는 작품을 만든 크리스티앙 볼츠가 누구냐고요? 프랑스 스트라스부르 장식예술학교에서 공부하고 단추, 철사, 천, 볼트 등 주위에서 흔히 볼 수 있는 재료로 독창적이고 재기발랄한 어린이책을 만드는 작가랍니다. 스트라스부르라? 어디서 들어본 곳인데요? 아, 인간에게 깃든 선과 악의 씨앗을 파헤친 토미 웅게러가 이곳 출신이군요. 웅게러는 진지한 내용을 진지하게 그리는 데 비해, 크리스티앙 볼츠는 썩 진지하지는 않은 내용을 (교훈적인 내용도 있지만) 막무가내 떼쟁이 아이가 되는 대로 묘사한 것 같은 그림책을 보여 줍니다. 물론 겉보기가 그렇다는 거고, 실제로 작가는 궁리와 계산을 거듭해서 만들었겠지요. 이 작가는 원래 조각을 공부하고 싶었지만, 스토리텔링이 매우 중요하다는 것을 깨닫고 일러스트레이터인 클로드 라푸엥트 밑에서 한동안 일러스트레이션을 익혔습니다. 하지만 아르데코 스타일이 마음에 들지 않아 자기가 예전부터 가지고 놀던 철사 쪽으로 돌아왔다고 하네요.

　철사, 너트, 볼트, 단추, 털실 등 온갖 것으로 인물을 창조하고 배경을 만드는데, 가장 먼저 *Toujours Rien?*(아직도 아니야?)라는 책을 보지요. 하트 모양의 파란 씨앗에서 철사로 구불구불 줄기가 올라와 있고, 빨간 꽃이 피어 있네요. 그런데 사람의 눈은 오로지 씨앗에만 붙박여 있네요. 속지를 보면 노란 종이와 철사로 만든 해, 역시 고철과 보라색 종이로 만든 물뿌리개, 그리고 종이봉투에서 나온 씨앗들이 보이네요. 무당벌레도 한 마리 보이고요. 작가의 이름인 'Christian Voltz'는 철사를 구부려 만들었습니다.

　루이 아저씨는 아침 일찍 땅에 커다란 구덩이를 파지요. 구깃구깃한 종이로 간단하게 흙을 묘사했군요. 그런데 아저씨의 손에 쇠스랑이 보이네요. 구덩이를 파려면 삽질을 해야 하지 않나요? 쇠스랑 대신 삽이 들려 있어야 할 것 같은데…. 아무튼 아저씨는 참다운 의미의 삽질을 하고 커다란 구덩이에 작은 씨앗을 떨어뜨리고 그 위에 흙을 덮어 주고, 열심히 흙을 다져 줍니다. 그다음에 물을 주고 씨앗에게 "기다릴게."라고 말하고는 성질도 급해라, 다음 날 새싹이 돋았는지 보러 오지요. 씨앗도 나름 세상을 보려고 애는 쓰고 있는 것이, 흙 속에 싹이 튼 게 보이지요? 그런데 우리한테만 보이지 루이 아저씨에겐 보이지 않아요. 아저씨는 새에게 "더 기다려야겠군!"이라고 말하지만 새는 아무 말도 하지 않지요. 다음 날에도, 또 그 다음 날에도 땅속 씨앗은 열심히 싹을 밀어 올리고 있지만, 아저씨 눈에 보일 리 없지요. 아저씨는 날마다 와 보았지만 아무 변화도 보이지 않자, 그만 실망하고 화를 내며 "이젠 지쳤어! 다시는 안 올 거야!"라고 새에게 말하곤 더 이상 찾아오지 않지요.

　원래 새싹이란 남이 안 볼 때 살그머니 올라오는 법이죠. 땅속에서 계속 머리를 밀어 올리던 싹은 드디어 땅 위로 쏙 머리를 내밀었어요. 그리고 쑥쑥 자라 꽃이 피었는데, 새가 여자 친구에게 주려고 꽃을 똑 따가고 마는군요. 그 뒤 루이 아저씨가 오랜만에 와서 보니, 여전히 새싹이 올라온 흔적이 없잖아요? "아직도 아니야?" 하며 실망하는 루이 아저씨. 날마다 들여다보겠다고 마음먹었으면 한결같이 행동해야 하는데, 단 한 번 고개 돌렸다가 이런 결과가 생기는 법이지요. 이쯤에서 '이 그림책은 기다림의 중요성을 강조한다'고 말해야 하는데, 난데없이 왜 저는, '돈 버는 놈 따로 있고 쓰는 놈 따로 있다.'는 말이 생각나는 걸까요? 아무래도 속세에 너무 젖은 게야… 쯧쯧.

작가가 어떤 재료를 썼는지 제대로 한번 볼까요? 철물 쪼가리, 철사, 종이, 천 쪼가리로 모자, 신발, 옷을 만들었는데, 나름 패션을 바꿔 가며 보여 주네요. 즉, 루이 아저씨가 옷 등을 갈아입는 것을 통해 하루하루 날이 바뀌었다는 것을 알 수 있지요. 낡아빠진 철망을 대강 붙이니 새의 날개가 되고, 병뚜껑에 구멍을 뽕뽕 뚫으니 간단하게 물뿌리개가 되는군요.

그래도 작가는 나름 취향이 있어요. 요모조모 끼워 맞춰, 재료가 될 것들이야 도처에 있지만 플라스틱은 쓰지 않아요. 세월의 흔적이 없거든요.

> (재료가 될) 물건들은 창고, 씨앗 가게 등 도처에 있고, 길가에서 줍기도 하며 친구나 아는 이들이 주기도 합니다. – 내게는 (그런 것을) '주는 이들이' 있답니다! 너무 귀하거나 지나치게 부정적인 것, 너무 의미 깊은 것들은 사양합니다. 새 물건들은 반갑지 않아요. 나는 그런 것에는 흥미가 없어요. 물건들에 깃든 세월의 흐름과 시간의 흔적을 좋아하거든요. 나온 지 오래되지 않은 물건이나 플라스틱은 매력이 없지요.[1]

세월의 흔적이 느껴지는 녹슨 자물쇠로 만든 물뿌리개가 나오는 『나비엄마의 손길 *La Caresse du Papillon*』을 볼까요? 그 기발한 물뿌리개 위에 나비 한 마리가 앉아 있네요.

아빠와 아들이 봄에 꽃밭을 가꾸러 나옵니다. 아빠는 포도주 한 잔 마시고 시작할까 하는데, 아들이 슬쩍 한마디 하는군요. "아빠, 엄마가 일하기 전에 포도주 마시지 말라고 했잖아요." 그래서 아빠는 일을 먼저 끝내기로 하고, 씨앗을 심고 물을 뿌리지요. 그리고 벚나무도 심기로 합니다. "이 나무는 너와 함께 자랄 거야. 먼 훗날 이 나무가 얼마나 자랄지 상상해 보렴."이라고 말하면서요. 그리고 힘을 쓰는데, 불쑥 들어오는 아들의 질문, "그런데 아빠! 엄마는 어디 있어요?" (자, 여기까지 장면마다 빠짐없이 나비가 등장합니다.)

 아들은 말합니다. 사람들이 그러는데 엄마가 지렁이와 벌레들과 함께 땅 밑에 있다고요. 아빠는 엄마가 작은 벌레들을 아주 무서워한다고 고개를 젓지요. 아들은 엄마가 하늘나라에서 새처럼 훨훨 날아다닌다고 말하는 사람도 있다고 하네요. 아빠는 껄껄 웃습니다. "에이, 설마… 85킬로그램의 몸으로?" 그리고 아빠는 말해 주지요. 엄마는 그렇게 먼 곳에 있지 않다고. 그런데 그 장면부터 엄마가 보이는군요. 물론 이들의 눈에는 엄마 머리에 앉은 나비만 보이지만, 아빠가 망치질을 쉽게 할 수 있도록 엄마는 투명한 모습으로 벚나무 옆의 기둥을 잡아 주고 있어요. 아빠는 엄마가 아빠를 도와주기도 하고, 어떤 날에는 (씨앗을 심는 우리를) 가만히 지켜보기도 한다고 말해 줘요. 아빠가 뿌리는 씨앗에 모두의 눈길이 하나로 모였네요. 나비는 여전히 엄마의 머리에 앉아 있습니다. 아빠는 또 말해요. 엄마는 늘 우리 곁에 있다고. 그러고 나서 포도주를 마시려 했는데, 옆에서는 포도주병을 주머니에 넣은 엄마가 아들을 어루만지며 뽀뽀를 하는군요. 포도주가 없어지니 아빠는 황당해하고, 나비는 아이에게 뽀뽀하고 있습니다.

 작가는 이 책에서 삶과 죽음에 대해 다루고 있지만 슬픈 느낌은 전혀 없지요. 기발한 상상력과 은근한 유머를 보여 주는 이 책에서 씨앗과 나비는 중요한 역할을 합니다. 씨앗은 어두운 흙 속에 파묻혀 있다가 쏘옥 땅 위로 새싹을 내밀고 자라 꽃을 피우고, 열매를 맺고, 다시 씨앗을 흙 속으로 떨어뜨리며 생명을 둥글게 이어가지요. 나비도 마찬가지입니다. 알에서 애벌레로, 애벌레에서 고치로, 고치에서 나비가 되고, 다시 알을 낳는 생명의 순환을 하니까요. 따라서 씨앗과 나비는, 인간이든 무엇

『나비엄마의 손길』, 한울림어린이, 2008

이든 무릇 생명을 가진 것이란 잠시 겉모습만 달리할 뿐 둥근 원을 따라 계속 이어진 다는 것을 보여 줍니다. 엄마는 머나먼 곳으로 떠난 것이 아니라 영혼으로 함께 하고 있다는 것을 말하면서요.

  번역서에는 아빠와 아들, 엄마가 나오지만, 프랑스 원서에는 할아버지와 손자, 할머니로 나온다는군요. 책 내용이 삶과 죽음을 평화롭게 다루었다 해도, 엄마가 세상

크리스티앙 볼츠 17

떠난 것보다는 한 세대 건너 할머니가 떠난 게, 독자 입장에서는 그 평화로움을 더 담담하게 받아들일 수 있지 않았을까 하는 생각이 드네요. 무릇, 아이 키워본 어미 입장에서는 그렇다 이 말이지요.

작가는 이 책을 아버지가 매우 편찮으셨을 때 만들었다고 하네요. 양친을 다 잃은 지금은 같은 주제로는 다시는 작업하지 못할 것이라고 토로합니다.

재료를 다시 보니, 책 초반에 나온 자물통 물뿌리개도 기발하지만, 표지에 나온 아이를 만든 재료도 재미있어요. 코르크 마개로 몸통을 만들고, 굵은 철사로 얼굴을, 푸슬푸슬한 실로 머리카락을, 나무껍질로 코를 만들었어요. 포도주병 안의 포도주도 그저 빨간색 헝겊(아니면 꽃잎)일 뿐인데, 훌륭하게 제 역할을 합니다. 크리스티앙 볼츠는 배경과 인물을 늘어놓고, 그것을 사진으로 찍어 삽화를 만들지요. 붓이나 크레용을 쓰는 경우는 드물어요. 그중 하나가 바로 이 책에 나온 엄마의 모습이지요. 하긴, 철사나 천으로 만들면 입체감이 두드러지는데, 투명한 엄마의 모습을 만들려면 결국 그래서 해결해야 하지 않았을까 싶군요.

그의 작품을 사진으로 찍어 주는 작가는 장 루이 헤스입니다. 처음에는 모든 것을 자기 혼자 했으나, 사진은 전문가의 영역이라는 것을 곧 깨닫고 그를 찾아낸 뒤 지금까지 15년을 함께 일했다고 해요. 마음먹은 대로 사진이 척척 나와 주면 정말 좋겠지만 사진 찍기 전에 미리 준비를 다 해 놓아도 한 권 찍는 데 온종일이 걸리고, 결과도 원래 의도만큼 나오지 않아 안타깝다는군요. 일러스트레이션의 99퍼센트가 잡동사니를 이어 붙인 거니, 책을 만들고 나면 이 작가는 작품들을 대체 어디에 보관할까, 쓸데없이 이런 게 다 궁금해지지 뭡니까? 원화 전시회에 나온 작품 몇 점만 해도 상당한 공간을 차지하던데 말이에요. 그리고 그가 만든 책들은 무척 많거든요. 그래서 질문 몇 가지를 이메일로 보냈더니 친절도 하셔라, 크리스티앙 볼츠는 답장과 함께 사진 몇 장을 보내 주었어요. 그의 작업장 사진을 보실까요?

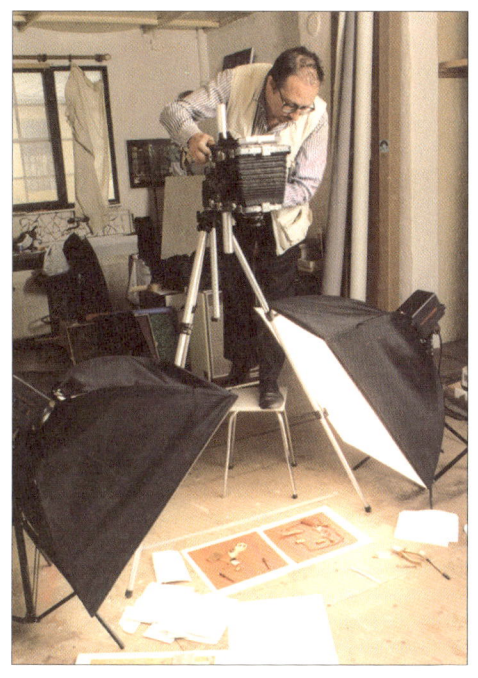

사진 작업을 도와주는 장 루이 헤스

장 루이 헤스가 찍은 크리스티앙 볼츠의 작업실

기본적으로 쇠붙이란 세월이 가면 녹이 슬어 못 쓰게 되기 마련인데, 정면에 있는 나뭇잎은 녹슨 쇠판으로 만든 거고, 오른쪽에 둥글게 걸린 녹슨 철사들을 휘고 말아서 앞쪽에 있는 이런저런 인물을 만든 거군요.

작가의 답장에 따르면, 자신은 철사와 재활용품을 이용해 만든 장면을 바닥에 깔아 놓고 사진을 찍는데 그 모든 물건들을 풀로 붙여 고정시키지는 않는다고 합니다. 그래야 그것들을 해체했다가 다시 다음 장면을 만들 때 쓸 수 있으니까요. 모든 작업이 다 끝나면 물건들은 상자 속에 넣어 잘 보관해 둔다고 합니다. 그리고 다음번에 다른 이미지를 만들 때 써먹는다고 하네요. 거듭되는 재활용의 재활용… 끝이 없지요? 오지랖 넓게 작품을 보관할 장소까지 걱정하는 제게 그는 가볍게 대답했습니다. "전 물건도 엄청나게 많지만 작업장도 커서 그것들을 다 보관할 수 있답니다."

크리스티앙 볼츠는 프랑스 비에트 공원의 대광장에서 '짐승과 인간'이라는 주제의 전시에 참가한 작품으로 『내가 미안해 Bêêêtes!』라는 책을 만들었습니다. 화창하고 따스해 보이는 어느 날, 풀밭에서 사냥꾼이 총을 나무에 기대 놓고 드르렁 쿨 자고 있네요. 소도 크릉크릉 자고 있고, 개도 쿨쿨쿨 자고 있는데 새들은 깨어 있고, 날벌레 한 마리가 부웅 소리를 내며 날아다니는군요. 그런데 그 소리에 깼는지 사냥꾼은 한쪽 눈을 떴어요. 그리고는 벌떡 일어나 총을 잡고 소리지르네요. "야, 독수리! 넌 내가 널 못 봤다고 생각하냐? 얼른 비키지 못해? 날개를 쏴 버리기 전에!" 나머지 짐승들은 다들 어안이 벙벙합니다. 사냥꾼은 늑대에게 저리 비키라고 총을 쏘고, 까마귀한테 더러운 짐승이라고 욕하며 돌을 던지고, 땅속에서 쑤욱 나오던 두더지에게 끔찍하다며 마구 밟아 댑니다. 개는 기분이 나빴는지 눈에 힘이 빡 들어가는군요. 사냥꾼은 작은 벌레까지 발로 차며 왜 여기서 꾸물거리느냐고 욕을 합니다. 소는 여전히 자고 있지만, 개는 소 뒤에 슬며시 숨어 이 인간이 하는 행태를 보고 있지요.

그러다가 사냥꾼이 "이 더러운 짐승들!" 하며 부르르 떨자 개는 더 이상 못 참겠는지 이빨을 으르르 드러냅니다. 그리고 "홍! 좋아, 잘 있으라고!" 하며 뒤로 싹 돌지요. 개가 말을 하니 사냥꾼은 황당해 하지요. 개는 품위 있게 "그래도 난 너처럼 시끄럽게 굴진 않아!" 하며 가 버립니다. 그때 소가 눈을 번쩍 뜨고 사냥꾼과 서로 마주봅니다. 사냥꾼은 혹시나 소마저 가 버릴까봐 겁이 더럭 나서 "넌 안 갈 거지? 여기 있을 거지?"라고 기가 죽어 말해 보지만, 소는 "싫어! 시끄러워서 잠을 잘 수가 없네! 너야말로 짐승이다!"라고 홱 몸을 돌려 가 버리지요. 홀로 남은 사냥꾼, 즉 사람은 가만히 서 있다가 잘못했다며, 돌아와 달라고, 너희들은 절대 짐승이 아니라고, 친구들이라고 애원합니다. 그러자 개와 소와 새들이 모두 달려와 함께 즐거워한다는 이야기로 마무리되지요.

'짐승과 인간'이라…. 사람들은 참 별거 아닌 것으로 우월함을 드러내지요. 피부색과 성별, 외모, 재산 등등 같은 인간들 내에서도 별별 기준을 다 세우는데, 상대방이 짐승이라면 비교거리도 안 되지요. 그야말로 '아웃 오브 안중'. 작가는 이 책에서 늑대니 독수리니 벌레들에게 가차 없이 대하는 사냥꾼을 통해 도대체 인간다운 건 뭐고 짐승 같은 건 뭔지 의문을 제기합니다. 날벌레도, 다람쥐도, 참새도, 소도, 양도, 말도 모두모두 없어지고 인간만 남으면 행복하고 좋을까요? 사람만 있다 해도 너는 이래서 싫고 쟤는 저래서 귀찮다고 다 처내 버리면 행복할까요? 물론 부대끼며 사는 게 달갑지 않을 때도 있지만, 그렇게 어우러지며 살아야 참살이가 아닐까요? 작가는 이 책에서도 주위에서 흔히 보는 재료로 재미있는 그림을 만들어 냅니다. 나무 위 새의 부리를 가윗날로 만든 게 재미있죠? 개의 목걸이는 시침과 분침이 떨어져 나간 손목시계군요. 코끝은 나사에 진주구슬을 올려놓은 것 같네요.

재기발랄한 그는 이번에는 샌드위치를 노리는 늑대를 만들어 냅니다. *Secré Sandwich!* (참 맛있는 샌드위치!)의 앞뒤 표지를 쫙 펴서 보세요. 주인공이 기다란 바게트 샌드위치를 막 먹으려는 순간, 새 한 마리가 애처로운 눈빛으로 바라봅니다. 뒤에서는 늑대 한 마리가 입맛을 다시고 있고요. 신문 1면에서는 '늑대가 다시 나타나다!'라는 제목의 기사가 보이는데, 다른 면을 보던 주인공은 정작 그 기사를 보지 못하고 어느 유명한 가게의 샌드위치를 먹고 싶은 마음만 굴뚝같지요. 그는 샌드위치를 사러 거리로 나섭니다. 생선 그림 밑에 화살표가 있는 것을 보니 청어 샌드위치인가 봐요. 샌드위치를 향해 가느라고 바쁜 주인공은 길거리에 붙어 있는 '늑대 조심' 호외를 전혀 보지 못하는군요. 그리고 맛난 샌드위치를 사 가지고 가는데, 그 샌드위치 가게 앞 입간판에는 청어 샌드위치 광고 대신, '늑대에게 또 한 명 당하다!'라는 경고성 표지가 있네요. 주인공이 계속 앞으로 가니, 샌드위치 가게 주인이 그쪽으로 가지 말라고, 숲 속에 늑대가 있다고 깜짝 놀라 외쳐 보지만 우리의 주인공은 아무것도 눈치 채지 못하고 즐겁게 숲으로 들어와 맛난 샌드위치를 먹으려 합니다.

새에게 한 입 떼어 주고, 개구리에게도 한 입 떼어 주고, 토끼와 돼지와 오리에게도 한 입씩 떼어 주는데, 뒤로 갈수록 표지판은 경고에서 마지막 경고로 바뀌지요. 더 이상 깊은 숲 속으로 들어가면 안 되는데, 이를 어쩌나, 샌드위치는 딱 한 입 남았는데 늑대가 나타나 침을 흘리는군요. 주인공은 친절하게 나머지 샌드위치를 주고, 늑대는 그 맛에 황홀해 합니다. 그리곤 주인공을 잡아먹으려고 '냠냠!' 외치며 입을 큼직하게 벌리지요.

마지막 남은 샌드위치까지 주었는데 감히 나를 잡아먹으려 하다니!

주인공이 화가 나 "야! 그게 대체 무슨 소리야!"라고 야단치자, 늑대는 기가 푹 죽어 사과하고 가 버립니다. 그러자 주인공은 이제 맛있는 샌드위치를 또 하나 사러 가고, 그 뒤를 아까 샌드위치를 얻어먹은 토끼니, 개구리니, 새니, 돼지가 함께 냠냠거리며 뒤쫓아 가지요. 야단맞은 늑대는 표지판 뒤에 숨어 있다가 나중에 혼자 샌드위치 가게에 가서 하나만 달라고 애걸한다는 이야기. 무시무시한 늑대로 보도되며 누구나 벌벌 떨게 하는 대상이었는데, 참 맛있는 샌드위치 맛을 본 후, 그것도 꽁다리 맛이나 간신히 본 건데도 늑대가 갑자기 무척 비루해졌지요? 역시 먹을 것 앞에 장

사 없다는 것을 증명하네요.

　작가는 이 책에서 글은 최소한으로 줄이고, 굵은 철사와 금속 링, 드라이버 손잡이, 자투리 천 등으로 등장인물과 상황을 매우 재미있게 묘사했어요. 늑대의 발은 못으로, 빨간색 집의 지붕은 망사천으로 만들었지요. 그런데 독특한 재료가 하나 보이네요. 샌드위치 가게 앞을 지나는 차를 보세요. 바퀴를 무엇으로 만들었지요? 모르겠다고요? 재봉틀을 써 보신 분들은 알겠지만, 그것은 밑실을 감아 놓는 북이랍니다!

　크리스티앙 볼츠의 책에는 벌레와 짐승들이 유난히 많이 나오지요. 어린 시절에 그는 벌레들을 자주 관찰했다고 해요. 작은 벌레들, 개구리, 올빼미, 개미, 까마귀, 귀뚜라미들을 보며 상상의 나래를 폈고, 일요일이면 어둡고 축축한 고성을 자주 찾아가곤 했다네요. 폐허 위의 하늘에 태양이 환하게 빛나던 것을 생생하게 기억한다는 그는 작은 거미에게서 시작하는 재미있는 이야기를 만들었어요.

　『내 잘못이 아니야! *C'est pas ma faute!*』에서 농부 처자가 젖소에게 다가갑니다. 번역서에는 "자, 자, 우리 뚱보! 밥 먹을 시간이다!"라고 되어 있는데, 프랑스 원서에는 'c'est l'heure.(It's time.)'이고, 그다음 장면을 보면 농부 처자가 손에 들고 있다가 날리는 게 암만 봐도 우유통이라, 젖소에게 밥을 먹이러 간 게 아니라 우유를 짜러 간 것 같아요. 외양간 바닥에는 거미 한 마리가 잠을 자고 있었는데, 처자가 거미를 보고 기겁해서 비명을 지르는 바람에 거미는 깜짝 놀라 잠에서 깨 버렸어요. 어느 집에서든 자주 일어나는 일이지요.

　『걸리버 여행기 *Gulliver's Travels*』에서 걸리버가 소인국에 갔을 때, 소인들은 걸리버의 체취가 하도 강해 어쩔 줄을 모르지요. 그가 대인국에 갔을 때는 거꾸로, 거인들의 체취와 숨소리, 발걸음 소리가 하도 강하고 커서 걸리버가 힘들어 했고요. 우리가 일상생활에서 흔히 보는 개미나 거미 등도 덩치가 산만한 인간들의 숨소리와 체취에 압박감을 느낄 테지요. 그런 인간들이 쬐끄만 자기들을 보면 덩치 값도 못하고 비명을 질러 대니, 개미나 거미에게 청신경이 있는지 없는지는 모르겠지만 소리는 소리라 치고, 그들이 느끼는 공기의 진동이란 또 얼마나 엄청날까요?

  외양간에서 솔솔 낮잠을 즐기던 거미도 농부 처자의 비명 소리에 화들짝 놀랐는데, 자기는 미처 놀랐다는 표현을 할 겨를도 없었어요. 적반하장 격으로 농부 처자가 "무지무지 큰 거미다!" 하며 화를 냈거든요. 그런데 젖소의 몸이 기우뚱하더니, 그만 이 처자의 엉덩이를 뿔로 꽉 받아 버렸어요. 날벼락을 맞은 처자는 서슬이 퍼렇게 화를 내며 이게 무슨 짓이냐고 따졌어요. 그러자 기가 죽은 젖소는 자기 잘못이 아니라고, 당나귀가 자기 엉덩이를 차는 바람에 깜짝 놀라 뛴 거라고 말합니다. 그런데 이 장면에서 잔뜩 화난 처자의 눈과 기죽은 젖소의 눈을 보세요. 고리, 볼트 머리 등등으로 만든 듯한데, 표현이 참 좋지요? 그리고 양편 모두 엉덩이를 맞아 아픈 것을 빨간 별 모양으로 표현했어요. 젖소의 무늬 또한 녹 부스러기를 붙인 것 같은데, 은근히 재미있어요.

  농부 처자는 당나귀에게도 이게 무슨 짓이냐고 따졌어요. 그랬더니 기가 죽은 당나귀, 자기 잘못이 아니라며, 돼지가 자기 머리를 들이받는 바람에 깜짝 놀라 젖소 엉덩이에 부딪힌 거라고 하네요. 돼지는 돼지대로 개 때문에 그랬다고 하고, 개는 고양이 때문에, 고양이는 닭 때문에, 닭은 모기 때문에, 모기는 자기를 잡아먹는 거미가 없어 안심하고 닭을 물었다고 하는군요. 그리고 (닭 피를 빨았으니) 냠냠거리며 왜앵 날아갑니다. 농부 처자는 연이어 일어나는 상황을 그림으로 죽 그려 보고 황당해집니다. 내가 분명 엉덩이를 채였는데, 그럼 대체 이게 누구 잘못이라는 거지?

  자연의 생태를 무시하면 벌이 이렇게 자신에게 돌아오는군요. 그런데 이런 이야기를 심각하고 진지하게 교훈적으로 그려낸 게 아니라, 웃기고 재미있고 간단하게 표현하면서도 할 말은 다했다는 점에서 이 책은 매우 매력적이네요. 겨우 거미 한 마리에서 출발했을 뿐인데 말이죠. 이 책은 같은 말이 계속 반복되며 쌓이는 구조라서 이것을 이용해서 아이들이 직접 그림책을 만들면 재미있을 것 같아요. 재료도 철사와 종이, 천 조각 정도면 되고, 볼트, 너트를 구하기 힘들면 볼펜뚜껑으로 도장을 찍어도 되니까요. 생태계의 순환을 이루는 다른 동물들로 이야기를 만들어도 좋겠지요. 한 명이 한 장씩 만들어서 모둠당 한 권을 만들면 어떨까 싶네요.

*Vous Voulez Rire?*(농담이지?)는 '남의 떡이 커 보인다고 부러워 말자'가 주제인 책이에요. 조그만 벌레는 자신이 하잘것없다고 생각하고 날개 달린 것들을 부러워하지요. 그러나 막상 날개 달린 파리는 쓰레기 더미 속에서 사는 게 비참할 뿐, 구름까지 높이 날아다니는 멋진 독수리를 부러워해요. 그러나 독수리는 잔뜩 휜 부리가 마음에 안 들고, 사랑받고 뽀뽀 받고 싶을 뿐. 그래서 애완견을 부러워하지요. 그러나 개는 소변을 볼 때조차 목줄을 달고 있는 자신이 구슬퍼요. 그래서 자유롭게 팔짝팔짝 뛰어다니는 토끼가 부럽지요. 막상 토끼는 늘 적에게 쫓겨 가이 조마조마하니, 날카로운 이빨을 가진 늑대가 부러워요. 이렇게 꼬리를 물고 남을 부러워하다 결국엔 인간에게 이르는데, 자기 운명의 주체라고 남들의 부러움을 사는 인간도 막상 자신은 '죽음'을 머릿속에서 지울 수 없다고 한탄하잖아요? 그러면서 벌레가 자기보다 수천 번 더 산다고 부러워해요. 다들 거꾸로 황당한 표정, 그리고 결국 모두 자신에게 감사할 줄 알게 되지요!

누구나 남들에 비해 자신이 하찮게 느껴질 때가 있지요. 아이들은 또래보다 키가 작거나 커서, 말을 더듬거나 너무 빨라서, 축구를 못해서, 야구를 못해서, 그림을 못 그려서, 게임을 잘 못해서… 그렇게 느낄 이유는 한도 끝도 없겠지만, 자신이 가진 복을 열 개만 세어 보면 금방 현재의 자신에게 감사하게 되겠죠?

크리스티앙 볼츠는 이 책에서도 변함없이 철사를 꼬고 나무 조각을 잇고, 볼트니 너트니 철 망사 따위를 재활용해서 그림을 만들었어요. 특히 독수리 그림은 매우 인상적이군요. 낡고 녹슨 쇳조각에서 대단히 힘찬 독수리 부리가 나왔고, 둥근 쇠고리와 너트로는 불만에 가득 찬 독수리의 눈을 제대로 묘사했어요. 달랑 깃털 두 개로 만든 날개도 재미있지요. 또, 죽음을 두려워하는 인간은 쇳조각과 철사에 흰색 페인트를 칠해 묘사했네요. 코는 뼈다귀를 붙였고, 철사로 만든 앙상한 손가락과 철판 얼굴에 뻥 뚫려 있는 눈 부분이 좀 충격적이지요.

허접한 것들을 재활용해서 만든 인물들이 독자에게 말을 걸고, 함께 책을 만들어 나가는 과정이 들어 있는 책도 있답니다. 바로 『세상에서 가장 재미있는 책 Le livre le plus génial que j'ai jamais lu…』이지요. 무대에서 연극의 막을 올리기 전에 까불이 하나가 슬쩍 막을 쳐들고 광고를 하듯, 표지에서부터 높직한 모자를 쓴 웬 인물이 '세상에서 가장 재미있는 책'을 선전하는군요. 고양이 한 마리는, 잔뜩 삐친 모습으로 반항하고 있습니다. 이 책의 구성은 특이합니다. 이야기가 한 줄기로 계속 이어지는 게 아니라 이야기 속에 독자가 한 장면 건너 한 번씩 끼어 들어가는 구조지요.

장면 1에는 하루 종일 럼주나 마시고 싸움이나 해 대는 해적 소녀가 떡 하니 나옵니다. 녹슨 칼과 뾰족한 도끼를 들고 있는 해적 소녀라, 매우 뜻밖이군요. 인물들의 몸은 철사를 구부려 만든 것이고, 거기에 각종 낡은 가죽 혁대, 나사, 낡은 펠트 조각, 거친 실타래 등을 이리저리 붙여 각 인물의 특징을 살렸습니다. 해적 소녀와 맞붙은 사람은 무기가 녹슨 포크예요. 게다가 외다리 선장인지, 한쪽 다리는 쇠다리예요.

장면 2는 아무 장식 없이 펜으로 그린 그림입니다. 독자가 "해적 이야기야? 우와 아아아! 신난다!" 하고 고양이 1과 함께 재미있어 하며 다음 장을 넘겨보자고 하지요.

장면 3은 다시 해적 소녀 이야기로 넘어갑니다. 해적 소녀가 발사하는 레이저를 보세요. 그저 노란 종이를 뜯어 붙였을 뿐인데 참 굉장한 효과가 나지요? 레이저를 맞아 졸지에 해골이 된 상대방은 또 어떻고요? 흰색 물감을 칠한 철사는 제대로 해골 분위기를 내는군요.

장면 4에서 이야기에 빠져든 독자는 자신도 고양이 1에게 손가락으로 레이저 총을 쏩니다. 고양이는 잽싸게 도망가는데, 다음 장에서 보면 해적 소녀가 가장 좋아하는

『세상에서 가장 재미있는 책』, 한울림어린이, 2009

요리가 바로 고양이 꼬리로 만든 소시지라서, 이야기 속의 고양이 2는 꼬리를 뺏기고 그 자리에 반창고 붙이고서는 매우 기분 나빠 하는군요.

해적 소녀는 특이하네요. 자기 전에 이도 꼭 닦고, 커다란 곰 인형에게 뽀뽀해 주는 것도 잊지 않으니 말이에요. 작가가 곰 인형을 무엇으로 만들었는지 짐작이 안 가네요. 혹 깨진 도기일까요?

그런데, 여기서 독자 아저씨는 화가 납니다. 우리가 생각해도 해적이 곰 인형을 갖고 있다는 게 말도 안 되니, 이 성질 급한 독자, 눈에 힘을 잔뜩 주고 작가에게 항의하는군요. 작가는 이야기를 안드로메다로 보내기로 작정한 것 같아요. 그다음 장면에서는 해적 소녀가 작은 새들이 지저귀는 풀밭에서 멋진 왕자님을 찾아 깡충깡충 뛰어다니니 말이에요. 곰 인형과 뽀뽀한 끝이니 꿈속의 일이라고 생각해도 되겠지요? 분위기는 갑자기 화사해집니다. 풀밭에 플라스틱 꽃들, 배경은 자잘한 꽃무늬 벽지군요. 해적 소녀는 고운 분홍 치마까지 입고 있습니다.

독자 아저씨는 드디어 단단히 화가 났습니다. 이건 엉터리에 멍청한 얘기에 지나지 않는다면서요. 그런데 작가는 그 다음 장면에서 이 아저씨뿐 아니라 우리까지 책 속으로 끌어들이는군요. 일곱 난쟁이를 만난 부분에서 우리가 직접 벽지인 분홍 헝겊을 붙여 주고, 연분홍 치마도 입혀 주고, 난쟁이도 세 명 더 그려 넣어야 하거든요. 뜻밖이지만 참 기분 좋게 즐길 만하지요? 독자 아저씨는 책이란 무릇 스토리가 처음부터 끝까지 가지런히 이어지고 작가가 글과 그림을 깔끔하게 마무리 지어야 한다는 고정관념이 있는지, 이 부분에서 서슬이 퍼렇게 화를 냅니다. 장난하느냐 이거죠.

그런데 작가는 교묘하게 이야기를 싹 바꾸어 버립니다. "옛날 옛날에 투덜이 꼬마 신사가 살았는데…" 하며 독자 아저씨를 주인공으로 내세운 거지요. 그리고 귀여운 원피스를 입은 해적 소녀가 그곳으로 왔고, 둘은 한눈에 반해 버렸고 뽀뽀를 하고 둘만의 모험을 떠났다는 내용으로 마무리됩니다. 뽀뽀하는 장면에서 소녀의 땋은 머리는 하트를 그리고 있고, 둘의 팔은 꽃다발 같아요. 쭈욱 늘어난 입술이 마주 붙어 있는 모습은 둘의 마음이 그렇게 통한 것을 귀엽게 보여 주지요. 그런데 왜 이 책 제목이 '세상에서 가장 재미있는 책'이냐고요? 투덜이 신사 입장에서는 자기가 등장해서 해적 소녀의 뽀뽀 세례까지 받고 같이 모험을 떠나니 세상에서 가장 재미있는 책일 수밖에요. 그러나 세상에는 늘 투덜이가 존재하나니, 꼬리 잘린 고양이가 물러나며 "흥, 말이나 말지!"라고 그를 이어받아 투덜거리고 있군요.

그림책들을 읽다 보면 작가에게 늘 물어보고 싶은 것이 있어요. 닭이 먼저냐, 달걀이 먼저냐 할 때처럼 쓸데없는 질문 같지만, 이 작가가 책을 구상할 때 그림을 먼저 그리면서 할까, 아니면 이야기 얼개를 먼저 짜는 것일까 하는 게 궁금해져요. 제 질문에 대해 크리스티앙 볼츠는 이렇게 대답해 주었어요.

제 책에 대한 아이디어를 어디서 얻는지 대답하기는 어렵군요. 저도 저 자신을 모르기 때문이지요. 어쨌든 저는 마음을 움직이는 어떤 것에 대해 이야기를 끄적거려 봐요. 마음에 들 때도 있고 화가 날 때도 있지요. 특별히 어린이들을 위해 쓴다는 생각은 없습니다. 모든 경우에 처음부터 저는 대상 독자층에 대해서는 아예 생각하지를 않거든요. 이야기를 쓰고, 삽화를 만들면서 그 글을 최대한 단순하게 쳐내지요. 그리고 그 글이 어린이들과 어른들 모두에게 받아들여지기를 바랍니다. 저는 글이 말하는 것과 이미지가 표현하는 것 사이에서 알맞은 균형을 찾아내려고 애씁니다.

그렇게 애쓰다 보니 상복도 있어 『나비엄마의 손길』로 그는 2007년 프랑스도서관협회와 어린이전문서점협회가 수여하는 소시에르 상을 받았지요. 그 상이 프랑스에서 꽤 중요한 상이긴 하지만, 그렇다고 자기의 삶을 바꿀 정도까진 아니었고, "아, 넓은 작업실 갖는 데는 도움이 되었네요."라고 농담하는 크리스티앙 볼츠. 조각가이자 만화영화 감독으로까지 지평을 넓히는 그가 작업실에서 또 어떤 작품을 꿈꾸고 만들어 낼지 기대되네요.

## Denise Fleming

## 신 나게 부어라, 펄프 반죽을!

## 데니스 플레밍

1950년 미국 오하이오 주에서 태어났습니다. 그랜드 래피즈의 켄들 대학에서 미술과 디자인을 공부했습니다. 종이 만들기를 배운 뒤 큰 매력을 느껴 주로 종이를 이용해서 작업하고 있습니다. 특히 펄프에 염료를 섞어 쓰는 펄프 페인팅 기법으로 개성 넘치는 그림책을 많이 만들었습니다. 1994년 『조그맣고 조그만 연못에서』로 칼데콧 영예상을 받았습니다. 지은 책으로 『우리 아기는 척척박사』, 『누가 내 음매를 훔쳐갔어?』 등이 있습니다.

* 작가 이름 표기는 드니즈 플레밍에 더 가까운데, 번역서 대부분 데니스 플레밍으로 되어 있어요. 여기서도 데니스 플레밍으로 통일합니다.

자투리 천이나 신문지 등을 가늘게 찢어서 믹서에 넣고 물을 부어 갈면 펄프 반죽이 되지요. 그걸 체에 얇게 떠서 물기를 뺀 후 뒤집어서 말리면 종이가 되고요. 동영상을 보고 따라 한 적이 있는데, 고운 이중사각 체가 없어서 부엌에서 쓰는 플라스틱 체에 대강 걸렀더니 우툴두툴해서 종이라고 말하기엔 좀 민망한 수준이었어요.

그러나 재능 있는 사람은 같은 재료로 완벽하게 다른 것을 만들어 내지요. 펄프 반죽을 보고 눈을 빛내며 그림책을 만들기 시작한 작가도 있으니까. 면 찌꺼기를 물에 풀어 펄프를 만들고 염색제와 화학약품을 섞어 물감 대신 '부어서' 만든 그림은 화려하고 역동적이지요. 바로 그 작가, 데니스 플레밍과 그녀의 작품에 대해 알아볼까요?

미국 오하이오 주 톨레도에서 태어난 데니스는 가족으로부터 예술적 재능을 물려받은 행운아였어요. 외할머니는 드레스 사진을 한 번만 봐도 옷본 없이 똑같이 만들 줄 알았고, 친할머니는 꽃꽂이로 여러 차례 상을 받고 시대를 앞선 정원 디자인을 했다고 해요. 직접적인 영향은 극단 일을 하던 부모로부터 받았어요. 어머니는 지역 극단에서 활동했고 아버지는 무대 제작도 하고 가구도 만들었어요.

꼬마 데니스는 여동생과 함께 만들기 워크숍이나 동네 연극에 참여했어요. 자체 제작한 연극도 있었는데, 냉장고 박스로 만든 유령의 집에 광고와 여흥도 골고루 갖추었다고 해요. 동네 친구들이 관객이었는데, 어머니는 꼬마 관객들에게 단추든 핀이든 무엇으로든 입장료를 내게 하라고 했다는군요. 한 편의 연극이 올려지기까지 들인 시간과 노력의 귀중함을 자녀들뿐 아니라 어린이 관객들에게까지 알려준 거지요.

데니스가 가장 좋아했던 곳은 지하실에 있던 아버지의 작업장이었어요. 아버지가 가구를 만들던 덕에 자투리 나무가 많아, 어린 딸은 나무 조각으로 꾸역꾸역 뭔가 만들고 색칠도 하고 크레용과 수성 물감을 이용해서 배수성 그림*을 그리는 게 큰 재미였지요. 초등학교 때부터 고등학교 때까지 미술 관련 상을 휩쓸던 그녀는 그랜드 래피즈의 켄달 디자인미술대학에 진학했고, 그곳에서 만난 데이비드와 졸업한 이듬해에 결혼합니다.

이들 부부는 프리랜서 아티스트로 일하는 한편, 형편이 넉넉하지 않아 나무를 다루는 것부터 가구 제작까지 온갖 기술을 스스로 익혔지요. 딸을 낳은 부부는 딸의 이름을 '쪽빛'이란 뜻의 '인디고'라고 짓습니다. 예술가 부부답게 딸 이름을 지었지요? 대학 시절부터 그림책을 바지런히 모았던 데니스는 어린 딸에게 그 책들을 읽어 주기 시작합니다. 젊은 엄마는 도서관에서도 그림책들을 수없이 빌려 와 아이와 즐거운 경험을 나누면서 비로소 자기가 앞으로 할 일을 정했어요. 바로 그림책 만드는 일이었죠.

여러 가지 스타일로 글도 써 보고, 이런 저런 기법으로 그림을 그려 보던 데니스는 어느 날 동네 고교에서 날아온 주민 대상 프로그램 광고지를 보고, 종이 만들기 수업에 등록을 합니다. 교실에 들어선 순간 아름다운 색색가지 통들이 그녀의 마음을 확 사로잡았지요. 펄프 반죽에 온갖 색을 넣어 종이를 만들어 본 그녀는 아예 작업장을 차립니다. 공장에서 면 자투리들을 주문해서 펄프 반죽을 만들고, 그것을 여러 가지 밝은 색깔로 염색하지요. 가장 중요한 단계는 스텐실을 만드는 단계랍니다.

스텐실을 오리는 작업은 지루하지만 가장 중요한 단계예요. 왜냐하면 내가 종이 반죽을 부을 때 어떤 스텐실을 그다음에 배치할지 이해하는 과정이거든요. 처음에는 다른 이미지를 만들기 위해 내가 어떤 스텐실을 종이 위에 차례로 놓아야 하는지 이해하기가

---

* 크레용이나 초로 그림을 그리고 수성물감을 칠하면 그림을 그린 곳에는 물감이 묻지 않는 원리를 이용한 그림이에요.

정말 힘들었어요. 이제 나는 앞쪽으로 걸어 나오는 실제 그림(겹겹이 반죽을 부어 그림을 만드니까, 최종 그림은 얇은 종이 층이 쌓인 조각이나 다름없거든요.)의 가장 뒤에 내가 있다고 상상해요. 그러면 어떤 층을 그다음에 깔아야 하는지 이해가 돼요. 퍼즐 맞추기 같은 점도 있긴 하지만, 상당히 재미있어요.

그다음에 펄프를 붓습니다. 젖은 층 위에 또 젖은 것을 부어요. 원하는 그림이 나오면 그것을 뒤집어서 누릅니다. 그러면 축축한 종이 한 장이 돼요. 그다음에 배큠 테이블에 놓고 남은 물기를 짜냅니다. 그리고는 완전히 마르게 드로잉 프레스에 넣고 누르지요. 과정도 길고 시간도 많이 드는 편이에요.[2]

그런데 이 모든 과정은 딱 정해진 시간 안에 해야 하지요. 젖은 상태로, 이주일 안에 끝내지 않으면 부분적으로 말라서 색깔의 균형이 달아나 버리거든요. 그럼 완전히 뒤엎고 다시 시작해야 하니 얼마나 힘 빠지는 일이겠어요. 이 일은 물을 몇 동이나 날라야 하고, 엄청난 양의 펄프 반죽을 하고, 염료를 어마어마하게 섞어야 하기 때문에 육체노동이 필수적입니다. 하지만 그렇게 힘들어도 즐거운 까닭이 있지요.

펄프 페인팅에서는 늘 신기한 일이 벌어집니다. 색깔과 섬유의 배합은 내 마음대로 되는 게 아니거든요. 섬유는 저마다 자기 색깔을 갖고 있고, 이런 섬유가 겹겹이 쌓이면서 완성작에서 깊이를 느끼게 해 주지요.[3]

이렇게 해서 만든 첫 책이 *In the Tall, Tall Grass*(기다란 수풀 속에서)입니다. 표지에 보면 기다란 수풀 속에서 한 아이가 깜짝 놀란 표정을 짓고 있습니다. 왼쪽 아래에 있는 자그마한 노란 애벌레를 보고 그렇게 놀란 거군요. 하지만 애벌레의 입장에선 그냥 놀라는 정도가 아니라 기절할 정도지요. 뭐든 자기보다 크니까요. 뒷마당에 사는 파란 눈에 주황색 반점이 있는 이 애벌레는 아침부터 저녁달이 떠오를 때까지

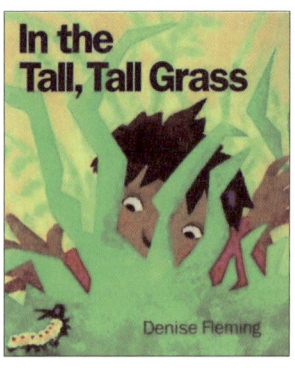

*In the Tall, Tall Grass*, Szuare Fish, 1995

기다란 수풀 속에서 벌새와 벌, 새, 개미, 뱀, 두더지 개구리, 나비, 반딧불이, 나비 등을 만납니다.

이 책에는 작가가 자기 집 근처의 숲과 들판을 딸과 함께 거닐던 여름날 오후가 담겨 있지요. 윙윙거리는 벌들, 덤불 속 새들, 발밑에서 톡톡 튀어 오르는 메뚜기와 귀뚜라미들에 더해 그녀는 숨이 턱턱 막힐 정도로 더운 여름날을 묘사하기 위해 노란색 염료를 많이 썼지요. 다른 책에서도 그녀는 유달리 강렬한 색깔들을 잘 쓰는데 그 이유는 강렬한 색깔들이 특정 동물의 기분과 움직임, 또는 순간을 전달하기 때문이라는군요.

세심하게 다듬어진 글 또한 운율과 박자가 딱딱 맞고 리듬이 느껴진답니다. 본문을 잠깐 볼까요?

| | |
|---|---|
| Strum, drum, | 티링티링, 위이잉, |
| bees hum | 벌들이 위이윙 |
| crack, snap | 파닥파닥, 파르르 |
| wings flap. | 날개가 파르르. |

기분과 움직임과 순간을 전달하는 강렬하고 화려한 색, 깊이 있는 매력적 그림, 톡톡 튀는 글이 어우러진 이 책은 미국도서관협회의 주목할 만한 책,『스쿨 라이브러리 저널』의 가장 뛰어난 책,『북리스트』의 편집자가 뽑은 책 등으로 선정되어, 데니스는 그림책 세상으로의 첫 나들이를 기분 좋게 시작하지요.

뒤이어 나온 것이『조그맣고 조그만 연못에서 In the Small, Small Pond』예요. 이 역시 펄프 페인팅으로 만든 책으로, 화려한 색감과 운율과 리듬을 살린 글로 연못 안팎을 생생하게 표현하지요. 앞선 책에서 애벌레가 전체 스토리를 이끌어 간다면, 이 책에서는 개구리가 그 역할을 하고 있어요.

개구리가 풍덩 연못 속으로 뛰어들자 주위에서 올챙이들이 꿈틀거리지요. 팔다리가 채 나지 않은 올챙이들은 애를 쓰며 움직이지만, 다 큰 개구리는 흐뭇한 표정으로 유유자적 팔다리를 쭉 늘이며 올챙이 놀이를 하는 것 같군요. 물 바깥으로 개구리가 얼굴을 삐죽 내밀어 보니 아이구야, 거위들이 이리 뒤뚱 저리 뒤뚱 하며 행진하네요. 다시 개구리가 눈만 내놓고 보니 잠자리들이 섬세한 날개를 바르르 떨며 수련 위를 맴돌고 있어요. 통나무 위에서 꾸벅꾸벅 졸고 있는 거북이들을 보니 개구리의 눈은 절로 감기네요. 커다란 왜가리들이 휘익 와서 부리로 매섭게 찌르려는 순간 개구리는 펄쩍 뛰어 위기를 모면합니다. 하얀 수련이 피어난 물속으로 다시 첨벙 들어가니 꽃잎이 활짝 펼쳐지듯 송사리들이 화르르 흩어지네요.

개구리 어지럽게 물맴이들이 뱅글뱅글 맴돌아 가고, 강남 갔던 제비들이 먹이를 찾아 물을 덮칩니다. 짤각 짤가닥, 빨간 가재들이 집게발을 짤각이자 개구리는 제 뒷다리가 잘릴까봐 황급히 도망치지요. 거위들이 물고기를 잡아먹으려고 홱 몸을 뒤집으며 고개를 물속으로 집어넣자 물고기들이 깜짝 놀라 도망가고, 물가에 있던 너구리가 앞발로 와락 물고기 한 마리 잡아채자 개구리는 펄쩍 뛰어 도망갑니다. 개구리는 물속에서 눈만 빠끔 내놓고, 사향뒤쥐들이 열심히 흙으로 보금자리를 쌓는 모습을 구경합니다. 그런데 이제 눈이 내리며 찬바람이 부는군요. 꽁꽁 겨울이 닥치니 왜가리는 날개 펴고 떠날 준비를 하고, 개구리는 발을 모으고 움츠립니다. 그리고 추운 밤, 새근새근 잠이 들지요. 자그마한 연못 아래 흙 속 보금자리 안에서.

그림도 그림이지만 두운과 유운을 넣고 리듬을 살린 짧은 글도 참 좋아요. 데니스는 글을 시작할 때는 엄청 길게 쓰지만, 가다듬고 또 가다듬어 알짜배기만 남기거든요. 그녀는 특히 힘찬 행동이나 움직임과 소리를 전달하는 말을 좋아한다는데, 본문을 살짝 맛볼까요?

| | |
|---|---|
| wiggle jiggle, tadpoles wriggle | 꼼질꼼질 꼬물꼬물 올챙이가 꼼틀꼼틀 |
| waddle, wade, geese parade | 뒤뚱뒤뚱 되똥되똥 거위들이 하나 둘 셋 넷 |
| hover, shiver, wings quiver | 빙빙빙 윙윙윙 잠자리가 파르르 |
| drowse, doze, eyes close | 깜박깜박 꾸벅꾸벅 두 눈이 스르르 |
| lash, lunge, herons plunge | 푸드덕푸드덕 찰부락찰부락 왜가리가 덥석 |
| splitter, splatter, minnows scatter | 폴짝 풍덩 피라미들이 화들짝 |
| circle, swirl, whirligigs twirl | 빙글빙글 뱅글뱅글 물매암이가 뱅그르르 |

아름다운 리듬을 탄, 시와도 같은 간결한 글이 완성되면 이번엔 어떤 활자로 해서 어떻게 배치할 것인지가 중요해지지요.

나는 크고 선이 굵은 볼드체를 사용해요. 대부분의 내 책에서 글은 그림의 한 부분이에요. 글은 매우 중요하지요. 나는 글이 페이지 아래쪽에 뚝 떨어져 있는 것을 바라지 않아요. 글들을 그림과 어우러지게 하고 싶어요. 나는 또한 글을 내 마음대로 다루면서 낱글자들을 이리저리 옮겨요. 예를 들어, *In the Small, Small Pond*에서 'wiggle'은 진짜로 꿈틀거리고 'jiggle'은 흔들거리면서 글의 의미를 더욱 강조해 주지요.[4]

이렇게 정성을 들여 만든 그림책은 사실 데니스만의 노력의 결과가 아니랍니다. 남편인 데이비드와 딸 인디고가 거의 함께 작업했으니까요. 그녀의 말에 의하면, 같은 일을 하는 식구들은 자기가 무슨 생각을 하고 있는지 잘 알 뿐만 아니라 글이나 그림에서 뭔가 막힐 때 질문을 던져 주는데 신기하게 그게 문제 해결에 딱 맞는 경우가 많다고 해요. 이들이 함께 만든 이 책으로 데니스는 1994년 칼데콧 영예상을 받았어요.

데니스 플레밍에게 가장 영향을 크게 미친 것은 색깔과 자연과 반 고흐라고 해요. 그 셋이 어우러져 있는 책이 『누가 내 음매를 훔쳐갔어?*The Cow Who Clucked*』지요. 책을 펼치면 휘 휘 돌아가는 구름과 뾰족하게 솟아 있는 나무들이 보이네요. 어디서 많이 본 듯한 풍경 아닌가요? 한 장 더 넘기면 확실하게 보이네요. 빈센트 반 고흐의 「별이 빛나는 밤*Sterrennacht*」이요. 한 장을 또 넘기니, 소 한 마리가 꿈을 꾸고 있네요. 그런데 꿈속에서 소는 머리에 새빨간 닭 볏을 달고 있어요. 게다가 몸뚱이를 받치고 있는 것은 아무리 봐도 발가락이 세 개인 닭다리네요. 휘둥그레진 눈으로 보고 있는 것은 노란 병아리 세 마리. 그리고 빈센트 반 고흐의 말씀이 보입니다.

내가 확신할 수 있는 것은 세상에 하나도 없다.
다만 별을 바라보는 일이 나를 꿈꾸게 한다.

대체 무슨 의미일까요? 꿈속에서 소는 닭이라도 되고 싶었나 보죠? 또 한 장 넘겨 봅니다. 아침 해가 둥실 떠오르고, 수탉이 '꼬끼오 꼬끼오' 소리를 목청껏 내지릅니다. 소가 일어나 보니, 이게 웬일입니까? 목에서 소리라고 나오는 게 익숙하던 '음매'가 아니라 '꼬꼬'잖아요? 게다가 노란 병아리들이 주위를 감돌고 있네요. 아아, 그러니까 꿈속에서 닭이 되고 싶었는데, 현실로 나타났나 봐요. 하필 목소리만!

소는 당황해서 자기의 '음매'를 찾아 나섭니다. 개를 만나 '네가 혹시 내 음매 소리를 가져갔니?'라는 뜻으로 말하는데, 저런, 나오는 소리가 '꼬꼬 꼬꼬'네요. 개는 '멍멍멍멍.' 제 목소리로 답합니다. 그럼 소의 음매를 가져간 게 개는 아닌 거죠. 소는 차례로 꿀벌, 고양이, 물고기, 오리, 염소, 쥐, 뱀, 다람쥐, 부엉이… 이렇게 찾아가지만 헛수고라서 다시 외양간 쪽으로 발길을 돌려 암탉 곁을 지나가다 '꼬꼬꼬꼬' 해 보니 암탉이 '음매 음매'거리는 게 아니겠어요? 그 순간 둘은 마법처럼 자기 소리를 각자 되찾고 소는 음매, 암탉은 꼬꼬댁 꼬꼬, 병아리들은 신 나서 삐악거렸다는 이야기. 마지막 장면에서 소와 닭과 병아리가 노란 별들이 둥글게 휘돌고 있는 고흐의 밤하늘을 올려다보고 있네요. 그런데 이번엔 돼지도 꿈꾸는 자들의 대열에 합류했군요. 별을 보며 이들은 무엇을 꿈꿀까요?

여러 동물들과 그 동물들이 자리 잡고 있는 풍경을 작가는 화려한 색의 펄프 반죽 그림으로 보여 주지요. 배경 그림은 시간의 흐름을 유유하게 나타내고 있어요. 아침 해가 떠오르는 장면의 하늘은 온통 노란색이지요. 소가 음매를 찾아 나서면서 하늘은 파란색에서 청록색, 좀 더 짙은 청록색, 녹색 등으로 변합니다. 부엉이를 만난 장면의 하늘색은 어둠이 슬며시 스며들기 시작하는 회녹색이지요. 부엉이는 야행성이라 저녁나절이 되면 슬그머니 활동을 시작하니까요. 마지막으로 외양간 쪽으로 발길을 돌릴 때, 새빨간 햇덩이가 서산 너머로 가라앉고 있군요. 암탉과 만나 각기 제 소리를 찾는 장면에서 하늘은 점점 어두운 청회색으로 바뀝니다. 작가는 특히 보색을 많이 써서 강렬한 효과를 주고 있어요. 특히 빨간색과 녹색은 책 곳곳에서 보이지요. 여름의 자연은 녹색을 많이 보여 주니 자연 풍경을 배경으로 하는 장면에선 어디서나 녹색이 보이고, 글이 있는 바탕색이든, 인물의 바깥 선이든, 몇몇 부분을 빨강으로 하여 뚜렷한 대비 효과를 보이지요. 그런 색을 쓰는 이유가 있답니다.

나는 보색을 많이 써요. 주황과 파랑, 보라와 노랑, 빨강과 녹색처럼, 색상환표에서 서

Barnyard Banter, Szuare Fish, 1997

로 반대되는 색들 말이에요. 그런 색깔들을 잇대어 놓으면 강렬한 빛을 내뿜거든요. 이 색들은 서로를 더 돋보이게 해서 더 역동적이고 신 나는 느낌을 줍니다.[5]

또한 작가는 깨알 같은 잔재미도 보여 주지요. 우선, 소가 일어났을 때부터 옆에는 송아지가 아니라 병아리들이 삐악거리지요. 병아리 입장에서도 난데없이 소가 꼬꼬 거리고 있으니 황당할 수밖에요. 소가 제 목소리를 찾아 나설 때, 작은 병아리들이 덩치 큰 소를 줄기차게 따라다니며 함께 어미닭을 찾아다니는 모습을 보세요. 또 하나의 재미는 노란 나비랍니다. 흰 거위와 숨바꼭질을 하던 나비는 고양이 앞에서 날갯짓하고, 물고기 장면에선 소꼬리 근처에서 날아다니지요. 나비만 찾아 책장을 넘기는 것도 재미있어요. 이 거위와 나비는 나중에 이 작가의 『야단법석 농장 Barnyard Banter』에서는 중요한 역할을 한답니다.

barnyard는 '농가의 마당, 또는 헛간 앞마당'이란 뜻이고, banter는 '위트 있는 농담, 우스개' 정도의 뜻이에요. 소들이 음매거리면 수탉들은 꼬꼬댁, 암탉들은 꼬꼬꼬, 이런 식으로 재치 있게 받아치는 것을 Barnyard Banter라고 표현한 것 같아요. 이 책은 농장의 동물들과 그들이 사는 환경과 소리를 재미나게 묘사하고 있지요. 이를테면, 초원에선 소들이, 앞마당엔 수탉들이, 닭장에선 암탉들이, 진흙탕 속에선 돼지들이, 건초보관소 안에서는 새끼 고양이들이 저마다 놀고 있지요. 처음에는 농장에서 흔히 보이는 낯익은 동물들, 즉 소, 수탉, 암탉, 돼지, 새끼 고양이 들로 시작하다가 점차 범위가 넓어져서 쥐도 나오고 공작과 비둘기도 등장하지요.

그런데 자세히 보면 첫 그림부터 마지막 그림까지 이어 주는 이야기 줄기가 있어요. 바로, 노란 나비를 쫓고 있는 하얀 거위랍니다. 농장의 연못 안에 있는 개구리들마저 놀라게 하고, 마침내 온 동물들의 합창을 이끌어낸 거위는 여전히 꽥꽥(honk honk)거리면서 나비를 쫓고 있지요.

펄프 반죽에 노란색, 파란색, 빨간색 등 화려한 원색을 많이 써서 얼핏 보면 정신 사나울 정도인데, 자세히 들여다보면 이들의 뒤죽박죽 정신없는 행동에 동참하게 되는 묘미가 있어요. 그런데 펄프 반죽에는 단점도 있어요. 섬유질이 섬세하지 않아 작은 부분을 표현하기 힘들거든요. 그래서 작가는 궁리 끝에 수염이나 작은 벌레의 발 따위를 표현하기 위해 파스텔 스텐실*을 쓰기 시작했대요. 또한 질감을 잘 표현하기 위해 반죽에 커피 가루, 지푸라기 등 온갖 것들을 섞었어요.

『야단법석 농장』에서 새끼 고양이들이 숨어 있는 건초더미를 자세히 보세요. 펄프 반죽에 지푸라기를 섞어 발라 건초 느낌을 훌륭하게 표현했지요. 돼지들이 뒹굴고 있는 진흙탕은 갈색 펄프 반죽에 커피 가루를 섞어 표현한 것이랍니다. 쥐들이 나온 장면의 곡식 통을 만들 때는 귀리를 섞어 발랐군요. 감자망은 공작이 서 있는 울타리의 망을 멋지게 표현하고 있네요.

작가는 매우 간결한 글에 다 담겨 있지 않은 이야기를 그림에서 보여 주지요. 여느 그림책들처럼, 그림은 글보다 더 많은 이야기를 담고 있어요.

『야단법석 농장』의 그림에는, 글에는 나오지 않는 다른 의도가 있어요. "Cows in the

---

* 모양을 오려낸 후 그 구멍에 잉크나 물감을 밀어 그림을 찍어 내는 판화 기법이에요.

『강아지 버스터』, 예림당, 2007

pasture, moo, moo, moo."(풀밭에선 암소들이 음매, 음매, 음매) 면의 암소를 보세요. 그 소가 진짜로는, "제발 내 젖 좀 짜 주세요."라고 말하고 싶어하는 게 보일 거예요. 암소의 눈을 찬찬히 들여다본다면 말이에요. 오랜 시간을 들여 한 책을 만들 때, 나는 이런 모든 시나리오를 갖고 있어요. 그러나 그것이 책에 (직접적으로) 나타나지는 않아요.[6]

바로 그 장면을 보면, 젖소의 퉁퉁 불은 젖이 눈에 띕니다. 게다가 빨간색으로 강조되어 있지요. 그림책이 좋은 점은 그림을 보면서 온갖 이야기를 상상할 수 있다는 거지요. 최소한의 글과 표정 있는 인물들을 담은 그림책으로 이 작가는 수십 가지 이야기를 독자에게 선물한 셈이네요.

『점심 Lunch』에서는 배고픈 쥐가 식탁 위에 놓인 다양한 채소를 먹는 이야기를 담았는데, 알아맞히기 게임과 색깔 놀이를 할 수 있는 구성이 재미있어요. 식탁 오른쪽 끝엔 '아삭아삭 주황'이란 글과 함께 당근 일부가 보여요. 다음 장면으로 넘어가면 왼쪽 끝에선 쥐가 당근을 부지런히 먹는 장면이 보이고 '당근'이란 글자가 나오죠. 또 오른쪽 끝엔 '맛있는 노랑'이란 글과 옥수수 일부가 보이고 다음 장에선 쥐가 옥수수를 맛나게 먹는 식의 구성이에요. 마지막 장에선 쥐가 먹어 치운 온갖 과일과 채

소가 색깔별로 쥐의 몸 안에 표시되어 있답니다.

『강아지 버스터 Buster』는 원하는 것을 다 가진 행복한 강아지가 새로 온 고양이 한 마리 때문에 일상이 깨지는 것을 못 견뎌 가출(!)을 감행했다가 다시 돌아와서 고양이와 둘도 없는 친구가 된다는 내용을 담고 있고, 『우리 아기는 척척박사 The Everything Book』는 숫자, 이름, 모양, 색깔, 계절 등 아기들이 알고 싶어할 만한 개념들이 재미있는 그림과 리듬과 운율이 발랄한 글로 표현된 책이에요. 이 책은 그야말로 아기들의 만물 백과사전이라고 할 만해요. 64쪽이나 되니 아기들 책 치곤 꽤 두꺼워요. 그 수많은 내용을 책 한 권에 담았는데도 글과 그림이 워낙 통통 튀어서 아무 데나 펴고 봐도 재미있어요.

Count(숫자 세기)는 색깔과 움직임이 폭발적이어서 생동감이 넘쳐 나는 책이지요. 특히 이 책을 만들면서 데니스는 얼룩말이나 악어, 캥거루, 기린처럼 친근한 동물은 물론, 누*처럼 특이한 동물도 끼워 넣었지요. 이것은 평소에 동물들을 매우 좋아하는 작가의 취향이 반영된 것 같아요. 동물들의 겨울잠을 다룬 Time to Sleep(이제는 잘 시간)을 그릴 때도 그 책에 나오지 않는 동물들까지 엄청나게 공부했다고 하거든요.

꼬물락 꼬물락 뭔가 만들기 좋아하는 이 작가는 여름마다 유리 공예, 인형 만들기, 재봉틀로 그림 그리기, 양철 깡통 공예, 와이어 공예, 안경테 만들기 등 많은 것들을 배운다고 해요. 어린 독자들에게도 뭐든 시도해 보라고 권하는 그녀는 홈페이지에 재미난 독후 활동 놀이를 올려놓았어요.

'Activities'를 누르면 작가의 책들이 나오고, 해당 책을 누르면 활동이 나온답니다. 예를 들어 Barnyard Banter를 누르면 그 책에 나오는 나비, 소, 개구리, 거위 등의 가면을 만들 수 있는 PDF 파일이 있답니다. 또 『점심』에 나온 활동 중에는 쥐의 배를

---

* 암소처럼 생긴 영양이에요. 남아프리카에 살아요.

플랩으로 만들어서, 그것을 들추면 먹은 과일과 채소가 다 보이는 그림을 만드는 것도 있어요.

  책을 만들려면 빈둥거리는 시간이 매우 많아야 한다는 미국 작가 거트루드 스타인*의 말을 깊이 새겨, 일을 하다 막히면 해먹에 흔들흔들 누워 있거나 호수에 간다는 그녀. 쉴 만큼 쉬면 또 형형색색의 종이 반죽을 '부어서' 재기 발랄하고 신 나는 그림책을 만들겠지요?

---

★ 미국의 모더니즘 작가로 '잃어버린 세대(lost generation)'란 표현을 처음 썼어요.

# Kveta Pacovska

## 오감을 동원한 상상력 키우기

## 크베타 파초브스카

1928년 체코의 프라하에서 태어났습니다. 프라하 아카데미에서 응용미술을 공부했고 회화, 그래픽, 조각, 일러스트레이션 등 다양한 활동을 하다가 자신의 아이들을 위해 그림책을 그리기 시작했습니다. 파초브스카의 그림책은 선명한 색감과 촉각 등으로 감각을 일깨우고, 여러 기법을 사용하여 인쇄 매체의 한계를 넘어선다는 평가를 받습니다. 1991년 독일 청소년 문학상과 1992년 한스 크리스티안 안데르센 상을 받았고 1997년에는 요한 구텐베르크 상을 받았습니다. 대표작으로는 『1, 2, 3 숫자들이 사는 집』,『성냥팔이 소녀』,『빨강, 파랑 세상의 모든 색』,『꽃 한 송이가 있었습니다』 등이 있습니다.

* 크베타 파초브스카는 체코인입니다. 우리나라 번역서에는 파코브스카로 표기되어 있지만, 체코어에서는 Pacovski의 'c'가 'z'발음이 나므로 파초브스카로 읽습니다.

추운 무채색의 겨울, 꽁꽁 얼어 버린 작은 손. 너무 떨리는 나머지 성냥 하나를 치익 그으면 따스하고 환한 세상이 열립니다. 그러나 불이 활활 타오르는 벽난로와 맛난 음식들이 그득히 차려진 식탁은 딱 성냥 하나가 타오를 동안만 보이는 가냘픈 세상입니다. 안데르센의「성냥팔이 소녀」. 그 슬픈 세상과 성냥불이 사윈 뒤 겨울 거리에서 부들부들 떠는 소녀의 모습과 자애로운 주름투성이 할머니와 다음 날 아침 발견된, 꽁꽁 얼어 죽은 소녀와 지나가는 사람들을 묘사한 담백하고 정확한 수채화 그림이 생각납니다. 아마도 어렸을 때 본 삽화가 머릿속에 남아 있나 봅니다.

그러나 크베타 파초브스카의 『성냥팔이 소녀 Das Mädchen mit den Schwefelhölzern』에는 그런 세세한 묘사는 보이지 않습니다. 소녀의 꽁꽁 언 발은 검은 배경에 새하얀 선으로 얼기설기 그린 낙서 같을 뿐이고, 식탁 위에 잘 차려져 있어야 할 먹음직스런 거위 고기는 빨간색 바지를 입고 구두를 신고는 기다란 주황색 포크를 들고 군인처럼 걸어가는 모습이군요. 할머니조차 우리가 무심히 떠올리는 너그러운 주름투성이 할머니가 아니라 새빨간 배경에 하트 입술이 도드라지고 뾰족 코가 유난히 기다란 기묘한 여인으로 묘사되지요. 성냥 또한 크레용처럼 알록달록한 색깔을 자랑하며, 마치 곧 터질 폭죽처럼 화려하게 표현됩니다.

애잔한 안데르센의 동화를 강렬한 상상의 세계로 성큼 밀어 넣는, 콜라주와 낙서와 칸딘스키와 입체파와 그래픽 디자인의 느낌이 툭툭 튀어나오는 이 삽화들을 보면서, 문득 크베타 파초브스카에 대해 알고 싶어졌습니다. 검색을 하자, 바로 몇 시간 전에 올라온 인터뷰 기사가 뜨더군요. 세상에, 그날 CJ 그림책 축제의 초청작가로 우리나라에 와 있지 않겠어요? 그래서 바로 그 다음 주에 원화 전시회가 시작되자마자 파닥파닥 날아갔습니다. 너무 이른 시간이라 고요한 그곳에는 『빨강, 파랑, 세상의 모든 색 Blau, Rot, Alle』에 나온 알록달록한 크레용 집과 어릿광대, 휘익 환상의 불이 켜지는 성냥을 나타낸 『성냥팔이 소녀』의 그림, 독특한 색동옷이 마치 일본의 기모노 같은 『신데렐라 Cinderella』 등의 원화가 사람만 보면 곧 화려한 색깔 춤을 출 것처럼 대기 중이었고, Alphabet(알파벳)과 『빨강, 파랑, 세상의 모든 색』의 장면을 입체 조형물로 표현해 놓은 것들도 인상적이었습니다. 무척 강렬한 색깔들이 눈을 쏘고 있는데도 단순한 선과 여백 때문인지 뜻밖에 담백하다는 느낌이 들더군요.

그림으로 미루어 보면 작가의 생김새도 화려하고 강렬한 이미지일 것 같은데, 크베타는 실상 키 크고 마른, 조심스럽게 생긴 은발의 할머니입니다. 1928년생이니까 여든 해 넘게 이 세상과 더불어 살고 있군요. 그녀는 체코슬로바키아*의 프라하 출신입니다. 체코 사이트에서 읽은 바로는 (구글 번역기 덕분에 유럽어 사이트에도 자주 들어가게 되었어요. 같은 뿌리라 그런지 유럽어를 영어로 바꾸면 이해할만한 수준으로 번역되더군요.) 그녀가 체코 미술대학에서 공부하던 시기인 1947년에서 1952년 사이에는 유명한 시인과 철학자와 화가들이 많았다는군요. 전체주의 독재로 어두웠던 그 시기에, 체코의 아방가르드 운동을 선도했던 에밀 필라도 이 대학에서 가르쳤다는데 (그는 후에 반공산주의적 신념 탓에 감옥에 갑니다.) 사방에서 의심의 눈길이 번득이던 시절에 그나마 비교적 자유로웠던 분야가 어린이 문학 쪽이었다고 합니다.

그렇다고 크베타가 오로지 자유를 찾아서 그쪽으로 방향을 튼 것은 아닙니다. 책은 늘 그녀에게 마법 같은 존재였고, 그림책을 유난히 사랑하는 할머니와 함께 책을 만들기도 했다는군요. 대학에서 회화를 공부하면서 칸딘스키와 클레와 미로와 피카

---

* 지금은 체코와 슬로바키아로 분리되어 있지만 크베타가 태어날 1928년에는 체코슬로바키아 공화국이었습니다. 1993년에 체코와 슬로바키아는 분리되었어요.

『빨강, 파랑 세상의 모든 색』, 시공주니어, 2012

소의 영향을 받고, 체코 모더니스트 운동에서 애용했던 콜라주를 즐겼던 그녀는 처음에는 그림 형제의 작품에 삽화를 그리고, 옛 독일 이야기를 번역하고, 자장가, 금언, 전통 체코 노래 등을 담은 이야기와 미하엘 엔데의 『모모 Momo』에 삽화를 그렸습니다. 환상적인 삽화로 어린이들의 상상력을 끌어냈던 그녀는, 그러나 색깔과 모양을 이리저리 배열하는 데 희열을 느꼈고, 점차 실험적인 책 디자이너로 이름이 알려집니다. 그녀가 관심을 갖는 책은 평면적인 책이 아니라 오감을 동원해 가지고 놀 수 있는 놀이 책입니다.

『빨강, 파랑, 세상의 모든 색』를 한번 볼까요? 책을 펼치면 왼쪽에 기다란 색연필이 나오는데, 이 색연필은 한 가지 색만 갖고 있는 게 아니랍니다. 다음 장에서 휘익 선을 그으면 파랑에서 시작된 선은 노랑, 주황, 빨강으로 변하거든요. 색연필 오른쪽에는 손으로 빙글빙글 돌릴 수 있는 색깔판이 있지요. 크레용 모양의 집은 마치 원뿔형 인디언 천막인 티피처럼 생겼는데 창문을 열 수 있게 되어 있고, 그 안에서 개구리가 나옵니다. 알록달록한 집에 사는 개구리와 달리, 등에 집을 지고 온 세계를 돌아다니는 달팽이는 자기에게 아무도 신경을 안 쓰고, 자기에겐 회색뿐이라고 불평하면서 빨간색, 노란색, 오렌지색, 초록색을 조금만 나누어 달라고 잉잉잉, 흑흑흑, 앙앙앙 징징거립니다. 그러자 개구리가 색깔 원판(책에는 '색깔 놀이 판'이라고 번역되어 있습니다.)의 여러 가지 색깔들을 보여 줍니다. 달과 해의 색깔이 단 하나가 아니라는 것도 보여 주고, 낮을 배경으로 할 때와 밤을 배경으로 할 때 어떻게 사물의 색깔이 달리 보이는지도 보여 주며 함께 놀아 주지요. 책장을 넘기기만 해도 다양한 색깔을 볼 수 있지만 그에 덧붙여 달팽이(즉, 독자)가 새로운 색깔을 찾을 수 있게끔 색깔 원판을 넣고, 보색 대조를 하고, 여러 색을 대비시킴으로써 한층 색깔 찾기의 재미를 더해 주는 책입니다.

그녀에게 책이란 건축입니다. 그녀는 이렇게 설명합니다.

> 책이란 내겐 건축입니다. 그것은 주어진 은밀한 공간으로, 그 안에서 나는 그리고, 쓰고, 오리고, 텅 빈 페이지를 만들어 내지요.
>
> 그림이란 이런 것입니다. '척'해서도 안 되고 '척'할 수도 없는 것이지요. 그것은 우리의 느낌과 생각을 표현합니다. 나는 모든 재료들을 사랑해요. 그것들은 매혹적이지요. 나는 온갖 것으로 작업하기를 좋아합니다. 그러나 그것은 가능하지 않아요. 어떤 재료를 선택할 때 나는 그것의 규칙들을 따르며 거스르지 않으려 노력합니다.
>
> 흰색과 검은색은 색의 스펙트럼에 들어가지 않지만, 내게는 그것들도 색이며 최대의 대조로 보입니다. 그리고 최대의 대조란 최대의 아름다움입니다. 나는 최대의 대조를 추구하고 있어요. 빨강과 녹색. 색들을 겹쳐 놓기도 합니다. 그것은 관계와 비율, 리듬, 크기, 양, 그리고 우리가 어떻게 색들을 함께 쓰느냐에 따라 다르지요. 그것은 음악과 같습니다. 각각의 분위기는 그 자체로 아름다우며, 어떤 식으로 모으느냐에 따라 우리는 새로운 차원과 조화와 부조화와 심포니와 오페라와 어린이책들을 만들어 내는 것이지요.[7]

그렇게 여러 색깔과 분위기들이 모여 이루어낸 심포니에서, 아무래도 지휘는 빨간색이 하는 것 같습니다. 크베타의 책에서는 늘 빨간색이 유난히 두드러지거든요. 프랑스의 사서인 발 드 마르느는 그녀와의 인터뷰에서 이렇게 묻습니다.

Q: 당신은 빨간색을 좋아하나요? (…) 당신의 책을 읽고 싶어 하고 또 다시 읽으려는 아이들은 '파초브스카 아줌마'의 책이 아니라 '빨간색으로 책을 만드는 아줌마'의 책을 달라고 한답니다.
크베타: 맞아요. 저는 빨간색을 좋아해요. 따스한 색이거든요. 그리고 기술적으로 그 색은 다른 색들보다 훨씬 다루기 쉬워요. 바탕 종이가 어떤 유형이든 간에, 다른 색깔을 배치하면 잘 안 어울릴 때도 빨간색은 쉽게 어울리지요.[8]

그래서 '빨간색 아줌마'라는 별명까지 얻었지만, 심포니를 이루는 다른 색깔들에 대한 애정을 그녀는 『빨강, 파랑, 세상의 모든 색』에서 이렇게 고백하지요.

파란색은 정말 예뻐요.
우리를 꿈꾸게 만드니까요.
노란색은 정말 예뻐요.
따뜻한 색이니까요.
초록색은 정말 예뻐요.
파릇파릇 새싹 같은 색이니까요.
하얀색은 정말 예뻐요.
깨끗한 색이니까요.
빨간색은 정말 예뻐요.
타닥타닥 모닥불 색이니까요.

검은색은 정말 예뻐요.
모든 색이 다 들어 있으니까요.

그리고 독자들에게 이렇게 묻습니다.

자, 다른 즐거운 색, 슬픈 색, 시끄러운 색,
조용한 색 아는 친구?
우리 함께 새 이야기를 만들어 볼까요?

뜻밖의 주문이지요? 각각을 하나씩 주제로 잡아 책을 만들어도 즐거울 듯해요. 누구에게는 노란색이 슬픈 색으로, 누구에게는 재미있는 색으로 느껴지겠지요. 이 색 저 색 대비하고 대조시키고 다양한 모양으로 오리거나 칠하고 섞어서 자신의 감정을 표현해 자기만의 책으로 묶는다면 정말 귀한 경험으로 남을 것 같아요. 이렇게 색깔로 이야기를 만들어 보라는 작가를 처음 보아, 참 신선하다는 생각이 드는군요.

다양한 색깔들뿐 아니라 다양한 장치들도 그녀에겐 오감을 동원해서 아이들의 상상력을 끌어내는 재미난 책을 만드는 데 필요한 도구입니다. 『1, 2, 3 숫자들이 사는 집 Eins, Fünf, Viele』에서 숫자 집 밑에는 동그란 분홍색 바퀴가 보이네요. 도르르 굴러가는 바퀴는 속지를 펼칠 때마다 하나씩 숫자를 더해 갑니다. 바퀴들은 손으로 만져서 느낄 수 있게 도드라져 있거나 구멍이 뚫려 있기도 하지요. 알루미늄 거울도 달려 있고, 주름 접힌 책까지 달려 있지요. 그녀는 이런 장치들을 통해 독자와의 소통을 원합니다. 독자는 볼록 도드라진 것들을 만지고, 구멍 안에 손가락을 넣어 보고, 거울에 얼굴을 비춰 보고, 주름 책을 펴며 숫자와 재미나게 놀지요. 새록새록 재미나게 해 주는 것은 숫자들의 모양이에요. 3의 경우, 기다랗게 생긴 모양에 구멍이

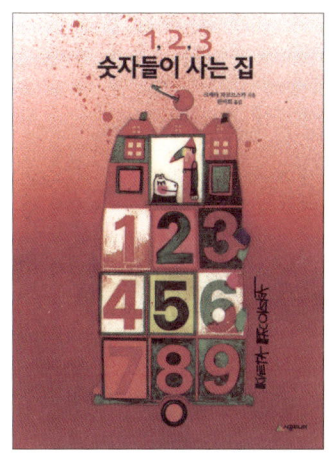

『1, 2, 3 숫자들이 사는 집』, 시공주니어, 2012

뚫려 있어, 그 사이로 작은 3이 가진 색깔도 보입니다. 또한 숫자 7은 작은 것부터 큰 것까지 일곱 개가 겹쳐 모여 하인처럼 허리를 조아리고 있어요. 6과 9는 한 장면에서 위아래 배치되어 있는데, 9는 아예 거꾸로 있지요. 어차피 6과 9는 거꾸로 인생인 걸요. 10은 귀엽고 다양한 손가락 인형을 낀 두 손을 활짝 벌린 모습이에요. 게다가 바퀴는 왼쪽에 하나, 오른쪽에 9개 배치되어 1+9=10이라는 덧셈 개념까지 알려 주는군요.

이 책은 크베타의 종이조각 전시회 작품을 보았던 프랑스의 출판업자의 제안으로 나온 것이라고 해요. 하지만 처음에 그녀는 거절했지요. 자신의 아이디어를 책의 형태로 구현해 내기도 힘들고, 책이 팔릴 것 같지도 않았으니까요. 하지만 제작자가 많이 양보를 해 주었고, 다행히 계획대로 무사히 이 책이 나오자 그녀는 어린이 책에 예술을 접목시켜 행복했다고 합니다.(그럼 그간 아니었단 말씀? 전 그림책이란 이야기가 있는 예술 작품이라고 생각하거든요.) 게다가 이 책이 큰 인기를 끈 덕분에, 크베타는 그 뒤에 다른 놀이 책을 만들 수 있는 기회를 얻었다고 해요.

『모양 놀이 Rund und Eckig』나 『요일 놀이 Rotrothorn』도 같은 유형의 놀이 책이지요. 『모양 놀이』에서는 원과 삼각형, 사각형을 단추와 사자, 마을 등으로 표현합니다. 『요일 놀이』에서는 색깔과 무늬도 재미있지만, 촉감을 느낄 수 있게 코뿔소에 구멍을 뿡뿡 뚫어 놓거나, 도톨도톨한 종이를 사용했네요. 또 팝업 사이의 구멍으로 안을 들여다보고 색깔을 느끼는 것은 물론, 알루미늄 거울을 달아 놓아 자신과 색깔을 비춰볼 수 있게 했어요.

크베타의 작품은 변주곡 같다는 생각도 들어요. 같은 스타일의 그림들이나 장치들이 조금씩 다르게 적용되면서 살짝살짝 색다른 맛을 보여 주거든요. 이를테면 제가 기모노 같다는 느낌을 받았던, 소매가 널찍한 옷을 입고 팔을 활짝 편 형태의 그림은 책에 따라 할머니로 나오기도 하고, 신데렐라로 표현되기도 하고, 옷을 달리해 사자로 표현되기도 합니다. 꽃을 사랑하고 열심히 가꾸지만 그래도 꽃보다는 함께할 수 있는 공주를 찾아 여행하는 임금님 이야기를 담은 『꽃 나라 작은 임금님 *The Little Flower King*』에서는 책 한가운데 작은 네모 창을 낸 특이한 디자인을 선보였어요. 이란 출신으로 독일에서 활동하는 사이드가 글을 쓴 『꽃 한 송이가 있었습니다 *Es war einmal eine Blume*』의 그림을 맡은 크베타는 이 네모 창을 여기서 또 한번 활용하는군요. 지난번의 작은 창과 자잘하게 반복되던 그림들이 이 책에서는 커다란 창과 더욱 큼직큼직하고 화려한 색깔의 무늬로 거듭나지요.

"꽃 한 송이가 있었습니다. / 아무 빛깔도 없는 꽃 한 송이가 있었습니다."로 시작하는 첫 장면에서 크베타는 반투명 종이를 끼워 넣어 튤립의 외곽선만 보여 줍니다. 반투명 종이를 들추면 오른쪽으로 빨강, 노랑, 파랑, 녹색 등이 살짝 보이지만 덮은 상태에선 어렴풋이 보이기만 하지요. 꽃이 자기 빛깔을 찾아가는 내용이니, 살짝 보이는 이 색깔들은 나중에 피어날 빛깔들의 씨앗인 셈이지요. 그러나 제 속의 빛깔을 보지 못하는 이 꽃은 노랑, 파랑, 빨강, 보라, 분홍 등 다른 화려한 꽃들에 밀려 홀로 풀 죽어 있습니다.

빛깔을 어디서 받았느냐는 물음에 보랏빛 꽃은 무지개가 뜰 때마다 나타났던 나비

이야기를 들려주지요. 무지개 나비는 날개를 활짝 펼치고 해님에게 온갖 빛깔을 받아 안고 정원에 핀 꽃들에게 빛깔을 나누어 주었다는 거예요. 그러나 정원에 파수꾼이 온 뒤로는 무지개 나비가 오지 않는다니, 이제 꽃은 그 나비를 찾아 정원 밖 세상으로 나갑니다. 이 장면에서 크베타는 나비를 우리가 익히 아는 나비로 그리지 않고 기다란 다리를 쭉 뻗은 특이한 모양으로 묘사합니다. 시계의 분침, 초침, 시침처럼 생겼다고나 할까요? 그중 하나에 도르르 말린 입이 달려 있어 나비인가 보다 짐작할 뿐, 어쩌면 왼쪽 글의 내용에 비추어볼 때 발을 높이 들고 정원 밖으로 나가는 꽃일지도 모르겠어요.

　정원 밖 세상이 그다지 만만한 것은 아닙니다. 정원 안에는 파수꾼이 있지만, 바깥은 파랑 바지를 입은 경찰관이 지키고 있거든요. 경찰관은 "빛깔을 지니지 않은 것은 금지되어 있다!"며 빛깔 없는 꽃을 가로막습니다. 그래도 동화 속 세상은 조금 낫네요. 꽃이 자신의 빛깔을 찾으러 가는 중이라고 설명하니 보내 주거든요. 크베타는 나비 찾아 삼만 리를 하며 꽃이 만나는 세상을 매혹적으로 묘사합니다. 플라타너스가 자기 가지 위에서 쉬며 수다를 떠는 나비들을 회상하는 장면은 빨간 입술과 빨강, 주황, 파랑, 녹색, 검정, 자줏빛 등 둥근 점들로 표현되고 있어요.

　꽃은 풍선을 만납니다. 새빨간 풍선에게 그 빛깔이 어디서 났느냐고 물으니 자기가 탁자 위에 기운 없이 누워 있는데, 어떤 아이가 입으로 바람을 넣어줘 그때 빛깔이 생겼다고 대답하는 거예요. (마치 김춘수의 「꽃」을 연상시키지 않나요?) 그러나 풍선은 훨훨 날아가 버리고, 꽃은 다시 여행합니다. 그러다 어떤 할아버지가 보여 주는 눈부시게 아름다운 마음속의 꽃밭을 보게 됩니다. 처음 보는 찬란한 빛깔이었지요. 그곳에서는 다들 행복해 보이고 다 함께 어울려 놀고 있었어요. 꽃은 자기에겐 빛깔이 없는데 저들과 함께 놀 수 있을까, 잠시 고민합니다. 그런데 해바라기가 인사하는 게 아니겠어요?

"네 빛깔은 기막히게 아름답구나!"

해바라기가 말했습니다. "내 빛깔이라고?" "그래, 넌 네 빛깔이 마음에 안 드니?" 꽃이 아무런 대답도 하지 못하자 해바라기가 다시 물었습니다. "우리, 빛깔을 서로 바꿀래?" 꽃은 도리질을 하며 더듬더듬 대답했습니다.

"난 내 빛깔이 좋아!"

저는 사실 이 부분은 비약이라는 생각이 들어요. 자신의 빛깔을 자각하는 장면이 쿵, 와 닿기를 바랐는데, 여태 빛깔이 없다고 고민하던 꽃이 중간 과정 없이 갑자기 "난 내 빛깔이 더 좋아!"라고 말해 버리니까요. 이쯤에서 갑자기 대학교 1학년 때의 철학 개론 수업이 생각나는군요. 有(유)와 無(무)에 대해 강의하던 선생님께, 한 학생이 무슨 질문을 하다가 "無가 있다고 가정을 하면요…."라고 했어요. 선생님이 "無가 '있다고' 어떻게 가정하나?"라고 반박하자, 그 학생은 못 알아듣고, "아니, 無가 있다고 가정을 하자니까요."라고 말해서 모두 웃음을 터뜨렸지요. 이 책에서 빛깔 '없음'에서 '있음'으로 갑자기 건너뛰니, 사이드가 쓴 원문이 정확히 어떤지는 몰라도, 빛깔이 없어서 고민하던 꽃과 "난 내 빛깔이 더 좋아!" 사이에는 자신에게도 빛깔이 있음을 자각하는 단계가 하나 들어가는 게 낫지 않을까 싶네요. 어찌 되었거나, 자신의 빛깔을 자랑스러워하는 장면 뒤에, 반투명 종이를 넘겨보면 온갖 색이 꽃 안에 어우러져 있군요. 긍정적 자아 정체성을 찾아가는 이야기지만 한편으로 파수꾼이나 경찰관 이야기를 보면, 이란 작가인 사이드가 고국의 억압적 상황도 넌지시 말하고 싶어 하는 게 아닐까 싶어요.

그림책에 반투명 종이를 끼워 넣는 것처럼 뜻밖의 재료를 사용하는 작가들을 보면 참 반가워요. 오감으로 느낄 수 있는 책을 만들려 하니, 크베타는 당연히 온갖 재료에 눈길을 주고 그것으로 느낌과 생각을 표현하고 싶은 것이지요. 그녀의 다양한 표현은 아이들의 상상력을 자극시켜 줄 테고요. 웹진 「채널 예스」의 인터뷰 기자인

류화선과의 인터뷰에서 그녀는 이렇게 말합니다.

저는 그림책이 꼭 아이들을 위한 것은 아니라고 생각해요. 누구나 자신의 눈높이에 맞춰 그림과 이야기를 즐기면 그뿐이지요. 저는 인간은 누구나 자기 나름의 상상력을 가지고 있다고 생각해요. 그 상상력으로 그림책을 보면 되지 않을까요? 저는 그림책이 단지 눈으로 보는 거라고 생각하지 않아요. 눈, 코, 귀, 손 등을 모두 사용해서 오감으로 즐기게 하고 싶어요.

저는 그림책이 얼마나 높은 수준의 예술 형식인지를 전하고 싶었고, 그림책 속에 긍정적이고 낙천적인 마음을 담고 싶었어요. 그림책에 가지는 예술적인 가능성을 항상 실험했지요. 형태와 색상, 환상적인 분위기…. 그림이 가지는 스토리텔링으로 사람들을 감동시키고 싶었어요. 그럼으로써 아이들의 상상력을 자극하고 싶었습니다. 아인슈타인이 '상상력이 곧 지혜다'라는 말을 했는데, 아이들은 상상으로 자랍니다. 상상할 수 있는 건 인간이 가진 커다란 힘이기도 해요.[9]

아이들은 상상의 힘이 충만한 이런 실험적인 책들을 어른보다 훨씬 더 잘 받아들입니다. 크베타의 말에 따르면 "어린이들은 미래의 건축가나 엔지니어들이며, 이들은 공간, 형태, 추상에 대한 개념을 훨씬 더 민감하게 잘 받아들이지요."[10]

그래픽 쪽은 한번도 공부해 본 적이 없다는 그녀는 자신을 '화가, 조각가, 비주얼 아티스트'로 규정하며 "제 책이 전문 일러스트레이터의 작품으로서가 아니라 창의적인 일반인이 만든 것으로 여겨지기를 바라요."[11]라고 말합니다.

지금 이 순간, 나도 뭔가를 만들어 보겠다는 열정이 피어나는 분, 계시겠지요?

## 2

## 마음속 돋보기로
## 세상 들여다보기

요르크 슈타이너와 요르크 뮐러  제리 핑크니  에릭 바튀  데이비드 디아즈

배경 그림ⓒ데이비드 디아즈

# Jörg Steiner & Jörg Müller

## 현대 산업사회와 개인을
## 기록하는 그림책 작가

# 요르크 슈타이너와 요르크 뮐러

요르크 슈타이너는 1930년 스위스 북부에 있는 빌에서 태어나 초등학교 교사 생활을 하며 작가로 활동했습니다. 요르크 뮐러는 1942년 스위스 로잔에서 태어나 취리히와 빌의 공예 학교에서 회화를 공부하고, 광고그래픽 디자이너로 일했습니다. 두 사람은 짝을 이루어 30여 년간 그림책을 함께 만들었습니다. 이들이 함께 만든 그림책에는 현대 사회와 개인의 갈등에 대한 문제라든지 소통과 계급, 자유와 속박과 같은 무거운 주제가 담겨 있습니다. 대표작으로는 『브레멘 음악대 따라하기』, 『두 섬 이야기』, 『토끼들의 섬』, 『난 곰인 채로 있고 싶은데…』 등이 있습니다.

한동안 시트콤 「지붕 뚫고 하이킥」을 재미있게 보았습니다. 결말에서 교통사고가 나기 직전, 자기가 신분의 사다리를 죽기 살기로 한 계단 올라간다 한들, 또 다른 사람들이 자기 자리를 대신할 거라는 여주인공 세경의 말이 인상적이었지요. 알콩달콩 재미있는 이야기를 기대하던 시청자들은 암울한 결말이 시트콤답지 않다고 들고일어났는데, 그렇다면 '시트콤답다'는 게 무엇일까요? 결말이 반드시 유쾌해야 하나요? 그렇다면 그림책 세상으로 눈을 돌려 볼 때, '그림책답다'라는 말이 지닌 선입관은 또 무엇일까요? 따스하고 행복하고 보드라운 결말?

그런 결말을 기대하는 독자에게 한 방 먹이는 책들이 있습니다. 스위스 출신인 요르크 슈타이너와 요르크 뮐러가 힘을 합쳐 만든 그림책들이지요. 자신들을 사회적 변화의 목격자로 여기면서 현대 산업사회와 개인이라는 묵직한 주제를 그림책에 담아내는 이 둘은 보드라운 결말과 타협할 생각은 전혀 없어 보입니다.

토끼 공장을 다룬 『토끼들의 섬 *Die Kanincheninsel*』을 볼까요? 너른 들판 한가운데에 토끼 공장이 있습니다. 창문도 없고 전등불만 빛나는 그곳에서 비좁은 철창들 속에 칸칸이 갇힌 토끼들은 아무것도 모른 채 컨베이어 벨트에 실려 오는 먹이를 먹고 토실토실 살이 찌고 나중에는 도살장으로 끌려가지요. 어느 날 커다란 회색 토끼가 들어 있는 철창 안에 작은 갈색 토끼가 들어옵니다. 갈색 토끼는 예전에 살던 농장을 떠올리며 회색 토끼에게 공장을 빠져나가자고 하지요. 회색 토끼는 나무가 무엇인지, 부드러운 땅이 무엇인지도 다 잊어버렸지만, 곧 죽어도 모른다고 하기는 싫어 어영부영 구멍을 파게 되고, 마침내 둘은 환기통 속을 달려 밖으로 빠져 나옵니다.

『토끼들의 섬』, 비룡소, 2002

여름밤의 공기는 상큼하고, 시냇물은 졸졸 흐르지만, 바깥세상은 만만하지 않지요. 도로는 위험하고 적은 갑자기 다가오고 먹이도 직접 찾아다녀야 하고 숨을 굴도 파야 합니다. 자유는 느낄 수 있는 자에게만 느껴지는 것. 회색 토끼는 위험을 무릅써야 하는 자유보다는 안전한 공장으로 되돌아가기를 택했고, 갈색 토끼는 자연에 남습니다. 회색 토끼는 통조림이나 냉동 고기로 바뀔 확률이 100퍼센트이고, 갈색 토끼는 토끼 굴을 파고 짝을 만나 잘 살 수도 있고, 여우에게 잡아먹힐지도 모르지요. 사육당한 존재가 다시 자유의 맛을 느끼기란 얼마나 어려운 일인지 극명하게 보여 주지만, 사실 저 자신도 그 입장이 된다면, 어느 쪽을 선택할지 잘 모르겠어요. 때로는 당장의 한 끼와 안전이 급할 수도 있을 테니까요.

이 책은 판형 자체도 크고 글도 길고 그림도 꽤 많지요. 만화 컷들처럼 내용을 설명해 주는 그림들이 양면에 배치되어 있습니다. 예를 들어, 갈색 토끼가 철창 구석에 웅크리고 있다가 회색 토끼에게 바깥세상 이야기를 하며 탈출을 권하는 장면의 그림은 모두 여섯 장입니다. 두 토끼의 마음 상태는 눈과 입, 특히 귀로 잘 드러납니다. 갈색 토끼는 납작하게 엎드려 있다가 농장 이야기를 하며 점점 활기에 차 귀를 쫑긋 세우지요. 회색 토끼도 처음에는 심드렁하게 귀를 내리고 있다가 슬며시 귀를 세우고 함께 벽을 쳐다봅니다. 그 벽은 앞으로 이들이 탈출 구멍을 팔 벽이고요. 백조를 보고 놀라 펄쩍거리며 도망가는 토끼 두 마리의 뒷모습이 나온 장면에도 그림을 무려 일곱 장이나 배치했는데, 사진기의 줌을 당기듯이 멀리 있던 나무는 이어지는 그림에서 점점 가까워지고 마침내는 나뭇가지 바로 밑 땅에 토끼가 굴을 파는 장면까지 당겨지지요.

풀숲과 나무와 토끼들을 묘사하는 그림은 부드럽지만, 도로와 건물, 사람을 표현할 때는 냉정하기까지 합니다. 도로와 건물은 직선으로 차갑게 뻗어 나가고, 쇠창살, 파이프, 사다리, 트럭, 박스, 창문 모두 무자비한 현실을 보여 주지요. 사람의 피부색에서도 그 어떤 감정이나 온기가 느껴지지 않습니다. 바들바들 떨고 있는 토끼의 귀를 잡아 철창 안에 넣고 있는 공장 직원의 손은 마치 고무 인형 같고 후반부에 나오는 낚시꾼의 팔과 손도 마찬가지입니다. 핏줄은 도드라져 있지만, 그저 공장에서 찍어낸 듯, 아무 온기도 느껴지지 않지요.

이 책을 함께 만든 요르크 슈타이너와 요르크 뮐러는 세상은 동화가 아니라 현실이라는 것을 생생하게 보여 주며 산업사회에서의 수동적인 삶과 능동적인 삶에 대해 생각해 보게 하지요. 이 둘 중 글을 담당한 요르크 슈타이너는 1930년 스위스 북부에 있는 빌에서 토목 기사의 아들로 태어났어요. 잠시 초등학교 교사 생활을 하며 틈틈이 프랑스, 스페인, 미국, 동아프리카로 여행을 다녔는데, 이때의 경험이 후에 글을 쓰는 바탕이 되었다고 해요. 주로 텔레비전과 라디오 방송 대본을 쓰던 그는 같은 스위스 출신인 요르크 뮐러를 만나 30여 년간 그림책을 함께 만듭니다. 뮐러는 1942년 로잔느에서 태어나 빌 예술상업학교에서 공부한 후 광고그래픽 디자이너로 일하다가 그림책 세상으로 뛰어들었지요.

이들의 책 중 『브레멘 음악대 따라하기 *Die neuen Stadtmusikanten in Aufstand der*

*Tiere?*』는 현대 산업사회, 그중에서도 미디어 쪽에 관심을 둡니다. 그림 형제가 수집한 이야기인 「브레멘 음악대 *Die Bremer Stadtmusickanten*」에서는 쓸모없다고 집에서 쫓겨난 당나귀와 사냥개, 고양이, 수탉이 브레멘이란 도시로 가서 음악대 단원이 되려고 하지요. 유럽 중세 때 자치 도시가 점차 발달하면서, 영주에게 속한 농노들이 도시로 도망가서 잡히지 않고 1년 더하기 하루를 무사히 살아 내면 영주로부터 자유를 얻었습니다. '도시의 공기는 자유를 준다.'는 말도 있을 정도지요. 그런데 이들은 브레멘까지 가기 전에, 도둑의 집을 발견하고, 우연히 그곳을 빼앗게 되어 거기서 살게 됩니다.

슈타이너와 뮐러는 이 이야기를 현대 미디어 사회를 배경으로 변주합니다. 선글라스 회사의 광고 모델인 부엉이는 더 이상 주인이 하라는 대로 광고를 하고 싶지 않아 그림 형제의 『브레멘 음악대』를 꼼꼼히 읽고 탈출해서 살아갈 길을 예습하지요. 그리고 운동복 상표인 악어와 냉장고 모델인 펭귄, 환경 보호 의식을 널리 알리는 판다를 부추겨 디즈니랜드에 가서 음악대를 만들자며 탈출하지만, 인적 없는 주유소 근처에서 지칠 대로 지쳐 버립니다. 아침부터 저녁까지 늘 사람들에게 안겨 다니거나 차에 실려 다니느라고 걷는 연습을 할 새가 없었거든요. 주유소의 간판인 호랑이는 너희들이 꿈꾸는 나라 따위는 없다며 한심한 눈길을 보내지요.

그러나 부엉이는 이들에게 우리는 디즈니랜드에 가서 연주할 거라며 꿈을 불어넣어 줍니다. 우연히 텔레비전 방송국을 발견한 이들은 그것을 동화책에 나오는 도둑놈들 집이라 여기고 그곳에 들어가서 소란을 피우지요. 방송국 국장은 이들의 이야기를 듣고 재빨리 이것을 멋진 드라마를 만들자고 권합니다. 부엉이와 펭귄, 악어는 이게 마음에 들어 그곳에 주저앉고 포크송을 부르고 싶어 하던 판다만이 기타를 들고 길을 떠납니다. 판다 대신 들어온 분홍색 표범은 판다보다 판다 연기를 훨씬 더 잘했고요.

뮐러는 그림 곳곳에 복선을 깔아 놓습니다. 부엉이가 탈출하겠다고 마음먹는 장면을 보세요. 그가 있는 곳은 초고층 건물입니다. 위에서 까마득한 아래를 내려다보는 각도로 잡았는데, 밑에서는 사고가 났는지 경찰차가 도로의 중간을 막아섰군요. 그리고 신호등은 빨간 불에 걸려 차들이 멈춰 있고요. 이 경찰차와 빨간 신호등, 고장 나 (혹은 사고가 나) 옆으로 뒤집어진 노란 차로 짐작컨대 부엉이의 꿈이 피어나기가 험난할 것 같네요.

이들이 밖으로 도망갔을 때 도시 한 복판의 입간판에는 붉게 'Holiday(휴일)'라는 불빛이 번쩍입니다. 늘 모델 노릇에 바빴던 이들의 삶에서, 오늘 하루만큼은 휴일인 거지요. 또, 각자의 꿈을 상상하는 모습에서 부엉이는 우아한 클래식 음악회에서 피아노 치는 모습을, 악어는 록 밴드의 보컬로 맹렬하게 노래 부르는 모습을, 펭귄은 카페에서 모자를 푹 눌러쓰고 아코디언으로 탱고 음악을 연주하는 모습을, 판다는 한적한 시골 물가에 앉아 기타를 치며 평범하게 포크 음악을 하는 모습을 상상합니다. 판다 외에는 모두 화려한 '무대'에 서거나 남들의 주목을 받는 상상을 하고 있어요.

그런데 허물어져 가는 담벼락에 붙은 포스터들을 보세요. 모차르트 음악회 포스터, 록 뮤직 포스터, 탱고 포스터가 다 찢겨진 채 펄럭이거나 구겨져 있군요. 그것들로 미루어 짐작컨대, 꿈은 이루어지지 않을 것 같군요. 하지만 앞에 다른 포스터가 겹쳐지는 바람에 살짝 뒤로 숨은 포크 음악 포스터는 안전하니, 판다의 꿈만큼은 이루어질 듯해요.

작가는 찍고 또 찍어, 끝없이 이미지를 복제해 내는 현대 사회를 적나라하게 보여 줍니다. 텔레비전 방송국에서 여직원의 생일을 축하해 주려는 방송국장의 방에 걸린 앤디 워홀의 마릴린 먼로 그림을 보면 알 수 있지요. 또 꿈을 찾아 나선 동물들은 방송국 안에서 거대한 공룡 모형을 지나치는데, 철제 뼈대 위에 반쯤 덮인 피부는 이 동물들의 반쯤 남은 꿈, 혹은 반은 잃어버린 꿈이라고 해석해도 되겠지요? 방송 촬영장을 침입해서도, 악어와 부엉이, 펭귄은 정면이 카메라에 잡히고, 판다는 뒷모습만 보입니다. 결국은 다른 동물들을 드라마를 찍기 위해 이곳에 남고, 판다는 떠날

것임을 암시하는 장면입니다. 현대 미디어 사회와 개인의 꿈을 다룬 이 책은 1990년 독일 아동문학상을 받고 단편 애니메이션으로 제작됩니다.

요르크 뮐러가 이름을 얻은 것은 20년에 걸쳐 시골에서 도시로 변화하는 과정을 담은, 세 면으로 접히는 커다란 포스터 일곱 장 때문입니다. 똑같은 각도에서 보고 그린 거라서 그림 속의 건물이며 자동차들이며 사람들을 쉽게 비교할 수 있지요. 이것은 *The Changing Countryside*(변화하는 시골)이라는 제목의 어린이책으로 엮였고, *The Changing City*(변화하는 도시)라는 제목의 책도 나옵니다.* 역사를 기록하듯이 오랜 세월에 걸친 변화를 기록한 다른 그림책도 있습니다. 슈타이너와 함께 만든 『두 섬 이야기』입니다. 원제는 *Die Menschen im Meer*, 우리말로 '바다 사람들'인데, 번역 제목이 더 나아 보이네요.

바다에 두 섬이 떠 있습니다. 극히 대비되는 큰 섬과 작은 섬이지요. 큰 섬은 부자와 가난뱅이, 주인과 머슴이 있는 계급 사회이고, 작은 섬은 자연과의 조화를 중시하며 모두들 평등하고 즐겁게 사는 사회입니다. 큰 섬의 사람들은 솜씨도 좋아 성벽을 크게 쌓고, 배도 으리으리하게 만들고, 잘 사는 사람들은 파란 조개껍데기로 문을 장식해 놓지요. 이에 비해 작은 섬의 사람들은 바닷가에 얼룩무늬 조개, 호랑무늬 조개, 진주 빛 조개 등 수많은 조개가 있는데, 왜 큰 섬의 사람들이 파란 조개껍데기만 선호하는지 이해하지 못합니다.

물질만 추구하는 큰 섬의 왕은 더 많은 땅을 얻으려고 욕심을 내며 작은 섬의 흙을 퍼 오자, 작은 섬의 현자인 눈먼 할아버지는 큰 섬의 왕을 찾아가 붉은 사금석이 물에 잠기면 섬이 가라앉을 거라고 예언합니다. 왕은 코웃음을 치지만 속으로는 불안

---

* 독일 출간 당시 제목은, 각각 *Alle Jahre wieder saust der Preßlufthammer nieder oder Die Veränderung der Landschaft*(1973)와 *Hier fällt ein Haus, dort steht ein Kran und ewig droht der Baggerzahn oder Die Veränderung der Stadt*(1976)로 시골과 도시 풍경의 변화를 뜻하는 긴 제목입니다. 본문에서는 이해하기 쉽도록 영어본의 제목을 표기합니다.

『두 섬 이야기』, 비룡소, 2003

해 사금석을 높직한 곳으로 옮기려 하는데, 그 밑에서 금이 발견되는군요. 그러자 사람들이 몰려가 금을 캐내는 바람에 갱도는 나날이 늘어가고, 폭풍우가 몰아치자 큰 섬은 엉망이 되고 맙니다.

물질 만능주의, 계급, 강탈, 전쟁, 착취 등에 대해 생각해 보게 하는, 슈타이너의 묵직한 글에 밀리는 양쪽 섬이 점차 바뀌는 모습을 양면에 대비시킵니다. 한 섬이 부유하고 멋지게 보일수록 다른 섬은 쪼그라드는군요. 그러나 나중에 작은 섬이 큰 섬을 도와주자, 큰 섬이 다시 생명력을 얻으며 변화되는 모습이 인상적입니다. 흘러가는 세월 속에서 인간이 만들어 내는 역사를 충실히 기록한 뮐러는 알고 보니 중세 스위스에 대해 책까지 낼 정도로 중세 전문가라네요. 그는 자신을 역사가라고 생각합니다. *The Changing Countryside*를 그렸을 때도 시골은 아름답고 기계문명이 발달한 도시는 악한 곳이라는 이분법을 쓰는 게 아니라, 도덕주의자도, 거짓말쟁이도 아닌, 변화를 기록하는 역사가로 자신의 역할을 정의합니다.

역사가이자 그림책 작가로서의 그의 기록은 『외다리 병정의 모험 *Der Stadnhafte Zinnsoldat*』에 잘 나타납니다. 장난감 나라의 인형을 사랑한 외다리 장난감 병정의 슬픈 사랑을 쓴 안데르센의 동화를 얼개로 했지만, 현대 사회가 배경인 글 없는 그림책이지요. 원전에서는 납이 부족해 숟가락을 녹여 만든 외다리 병정이 나오지만, 여기서는 마루 밑에 들어가 있던 외다리 병정 인형이 집을 고치던 아빠에게 발견되어, 아기 장난감으로 격상을 하게 되지요. 아기가 아이로 자라고 소녀로 커 가는 세월 속에서 외다리 병정은 주인의 예쁨을 받던 장난감 자리에서 밀려나고 결국은 쓰레기 봉지에 담기는 신세가 됩니다.

그런데 원작에서 발레리나를 사랑하던 외다리 병정은 여기서는 바비 인형과 짝을 맺고 있군요. 길거리 아이들이 쓰레기 봉지에서 튀어나와 있던 외다리 병정을 꺼내서 종이배에 태웠는데, 청소부가 쏘는 물줄기에 바비 인형과 외다리 병정이 같이 쓸려 가는 사건이 벌어지지요. 이들은 하수구를 거쳐 너른 바다로 나가 물고기에게 먹히고, 물고기가 그물에 잡혀 내장을 손질당할 때 인형과 병정은 내장에 쓸려 거대한 쓰레기장으로 옮겨집니다. 쓰레기장을 뒤지던 흑인 엄마가 그것들과 깡통들, 아프리카 전통 문양 천조가리를 건져 자기 아이에게 줍니다. 아이는 아빠와 함께 윤활유 통에 깡통으로 바퀴를 달아 차를 만들고, 외다리 병정과 아프리카 전통 문양 천을 두른 바비 인형을 차에 태우지요. 이를 본 외국인이 이것을 사진 찍고, 1달러를 주고 산 뒤, 비행기를 타고 자기 나라로 돌아가 다문화 박물관에 그것을 넘깁니다. 이제 외다리 병정은 진열장 안에 전시된 깡통 차에 올라타, 아프리카 미녀 차림을 한 바비 인형을 호위하고 있지요.

이 책에서 뮐러는 여러 장면에서 외다리 병정이 앞으로 모험을 하게 될 것임을 암시합니다. 처음에 마루 밑에 떨어져 있는 장면에서는 'Metro / Autobus', 즉 '전철 / 버스표'가 옆에 있지요. 또, 아이가 장난감을 가지고 노는 장면에서는 작가 자신의 책이자, 토끼가 공장을 탈출해서 자연으로 돌아가는 『토끼들의 섬』 표지가 벽에 붙어 있군요. 또한 소녀로 자란 아이의 방 벽을 보면, 록 그룹 'The Kelly Family'의 브로마이드가 보입니다. 독특한 집시 이미지와 방랑자의 생활양식을 보여 주던 그룹이지요. 뿐만 아니라 벽에 붙어 있는 「토이 스토리」의 주인공은 밤이 되면 생명을 얻고 모험에 나서는 인물 아니던가요?

하지만, 외다리 병정이 겪게 되는 세상은 지극히 현실적입니다. 문명 도시의 길거리 벽은 온갖 낙서로 가득하고, 흑인들이 뒤지고 있는 아프리카의 거대한 쓰레기장은 가난한 이들, 나라들, 대륙이 겪고 있는, 문명이라고 불리는 것의 찌꺼기를 적나라하게 보여 주지요. 그 쓰레기장의 재활용품으로 만들어낸 '작품'과 사진을 찍고 1달러를 내밀며 그것을 사 가는 외국인에게 문득 씁쓸함을 느끼게 됩니다. 아프리카 전통 문양의 천 조각을 걸쳤지만, 미녀 인형은 결국 미국산 바비 인형이었는데 그것까지는 못 알아보았으니 말이지요.

외다리 병정의 모험을 통해 현대 문명의 뒷골목을 기록한 뮐러는 이제 개인의 정체성 상실을 주제로 한 슈타이너의 『난 곰인 채로 있고 싶은데… *Der Bär, der ein Bär bleiben wollte*』의 의미를 더욱 깊게 하는 그림을 그립니다. 곰 한 마리가 겨울잠을 자고 일어나 보니, 자기가 살던 숲에 공장이 지어져 있고, 공장 감독은 털이 덥수룩한 이 곰을 게으름뱅이 직원으로 오해하지요. 아무리 자기가 곰이라고 주장해도 곰의 말을 귀담아들어 주는 사람은 없어 끌려가 면도까지 당하고 직원으로 일하게 됩니다. 겨울이 다가오자 마구 졸음이 쏟아졌어요. 일을 놔두고 졸기만 하는 쓸모없는 직원은 필요 없다고 쫓겨나서야 비로소 자유를 찾은 이 곰은 길을 걷고 걷다 어느 숲 속 동굴 앞에서 주저앉아 뭘 할지 곰곰이 생각해 보다가 비로소 동굴 속으로 겨울잠을 자러 들어가지요.

개인의 정체성을 인정해 주지 않는 소통 불능의 사회는 곰의 눈으로 표현됩니다. 자신이 곰이라고 아무리 외쳐도 믿어 주지를 않으니 결국 '곰'임을 포기하고 털을 미는 곰의 눈동자는 암담해 보이고, 감독의 눈초리는 냉담하군요. 곰임을 증명하려고 들어간 사장 방에 깔려 있는 곰 가죽을 바라보는 곰의 눈길은 처연하고, 자신을 증명하기 위해 찾아간 동물원이나 서커스에서 만난 곰들의 눈동자는 확신에 찬 데

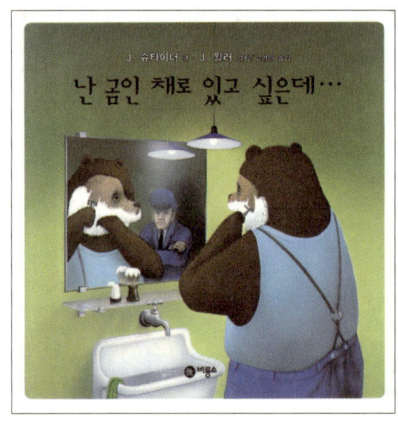

『난 곰인 채로 있고 싶은데…』, 비룡소, 1997

비해 이 곰의 눈빛은 이해받지 못하는 자의 답답함과 슬픔을 그대로 보여 주지요.

곰이 곰임을 인정해 주지 않는 인간 사회는 철저하게 계급 중심적이지요. 인사과장과 전무와 부사장과 사장의 방을 보면 극명히 나타납니다. 인사과장의 방은 파일들만 잔뜩 있는 좁디좁은 방, 전무 방은 조금 넓고 그림도 한 점 걸려 있고 비서도 있군요. 부사장 방은 더 넓고 그림도 걸려 있고 비서는 무려 두 명, 천장에는 샹들리에까지 있네요. 사장 방은 아주 널찍하고 그림에 조각품까지 있고, 한쪽 벽은 다 창문이에요. 그런데 책상은 없다는 것. 하는 일없이 가장 심심한 사람이거든요.

그런 인간들의 사회는 직선으로 표현됩니다. 숲을 밀어내고 세운 공장, 도로, 철조망, 파이프, 기계 등은 모두 온기 없는 직선이지요. 인간이 즐거움을 위해 만든 동물원도 직선의 철망 속에서 동물들이 살고 있고, 재미를 선사하는 서커스마저, 눈길을 위쪽으로 올리게끔 해서 서커스 시설 지붕을 지탱하고 있는 위압적인 직선 철재 빔들을 주로 보여 주고 있지요.

미로처럼 기계들과 빔들이 얽힌 공장 안에서 정체성을 잃고 무엇을 할지 몰라 멍하니 서 있는 곰. 그야말로 나는 누구인가, 또 여기는 어디인가, 하는 소통 불가능의 상황을 그린 이 책의 글을 정말 요르크 슈타이너가 쓴 건지는 잘 모르겠네요. 미국의 만화 영화 작가이자 시나리오 작가인 프랭크 태슐린의 『곰이라고요, 곰!*The Bear That Wasn't*』과 내용이 같거든요. 태슐린의 책은 1946년에 나왔고, 슈타이너와 뮐러의 합작품은 1976년에 나왔어요. 게다가 태슐린의 책은 워낙 유명한데다가, 1976년에 단편만화영화로 제작되었거든요. 그러니 이렇게 유명한 책의 내용을 그대로 베꼈을 리는 없는데, 내용은 거의 같으니 어떻게 판단해야 할지 모르겠네요. 이 내용이 이 사람 저 사람이 사용해도 되는 전래 동화일 리도 없을 테고 말이지요. (요르크 슈나이너와 요르크 뮐러가 함께 만든 책은 여기까지입니다.)

어쨌든 끝없이 현대 사회와 개인의 갈등에 대한 문제를 짚어 내며 소통과 계급, 자유와 속박이라는 문제를 다루는 이들의 그림책을 보면 즐거울 수가 없지요. 특히 뮐러의 전시회 하나는 제목이 '세상은 동화가 아니다'였답니다.

그래도 가끔은 일탈을 꿈꿀 수도 있으니, 뮐러는 환상 세계로 빠져 들어가는 책을 하나 만듭니다. 그림책 작가이자 역사가로서의 기록에 치중했던 그간의 경력을 보면 뜻밖이지요. 『책 속의 책 속의 책 *Das Buch im Buch im Buch*』을 보면 꼬마가 커다란 책을 들고 있는데, 그 안에 또 책을 들고 있는 자기 모습이 보이고, 또 그 안에 같은 모습이 이어지네요. 무한심연(mise en abyme)이라고 불리는 이런 형식은 여러 작가들이 쓰고 있지요. 『앤서니 브라운은 거울 속으로 *Through the Magic Mirror*』를 보면 그림이 얹혀 있는 이젤이 있고, 그 그림 안에는 또 똑같은 그림이 얹혀 있는 이젤이 있고…. 이렇게 한없이 이어지고, 데이비드 위즈너의 『시간 상자 *Flotsam*』에서도 수중 카메라에서 현상한 사진을 보면 사진 속의 아이는 또 다른 사진을 들고 있고, 그 사진 속에는 또 다른 아이가 다른 사진을 들고 있고…. 이렇게 한없이 이어지지요.

자, 이 책에서 아이가 포장지를 뜯습니다. 책이 슬며시 모습을 드러내는군요. 뜯겨진 포장지가 낸 구멍은 루이스 캐럴의 『이상한 나라의 앨리스 *Alice's Adventures in*

*Wonderland*』에서 앨리스가 환상 세계로 빠져 들어가는 굴의 역할을 하지요. 아이는 자기 모습이 나온 그 책의 그림에 신기함을 느끼지만, 어, 뭔가 하나 이상하군요. 자기 주변에는 토끼가 없는데 그 책의 그림에는 토끼가 나오거든요. 그 수많은 그림의 끝이 어디인지 알아보고 싶어서 아이는 돋보기를 들이대보다가, 마침내 빨간 알과 파란 알이 끼워진 안경을 씁니다. 그리고 이젠 그림 속으로 직접 들어가지요.

책 속에서 『책 속의 책 속의 책』을 그리며 끝을 못 맺어 책 속에서 못 빠져 나오던 화가 아저씨를 돕는 방법이 재미있습니다. 아저씨에게 토끼 대신 고양이 책을 그려 달라고 하고는 그 대신 '한없이 계속되던 책 속의 책 여기서 끝나다!'라는 글을 써서 아저씨가 단번에 일을 마칠 수 있게 해 주거든요. 이게 생각이 많은 자들과 본질을 보는 자들의 차이라고나 할까요? (저는 이게 어른과 어린이의 차이라고는 생각하지 않습니다. 사람 '나름'인 거지요.) 이리하야, 화가 아저씨는 책 속의 책을 지나 빠져 나가고, 요술 안경을 쓰고 책에서 나온 아이는 책을 덮고 욕실의 거울에 책을 비춥니다. 오, 약속대로 고양이가 책 속의 『책 속의 책 속의 책』 속에 아이와 함께 있군요!

책의 표지는 단색이지만, 아이가 요술 안경을 쓰고 책 속으로 들어갔을 때는 총천연색의 세계가 펼쳐지는 것 역시 환상 그림책들이 보통 밟는 단계를 밟고 있지요. 하지만 뮐러 나름의 독특한 면도 있답니다. 앨리스는 토끼와 같이 다니는데, 아이가 토끼 대신 고양이를 그려 달라고 한 데는 이유가 있지 않을까요? 환상은 저마다 다른 것, 자기가 원하는 환상의 세계, 책 속에 들어가서도 남이 준 게 아니라 자기가 만들어나가는 새로운 세계를 고양이를 통해 알리려 한 게 아닌가 싶군요. 또한 뮐러는 이 책에서 역시 매우 사실적인 그림을 보여 주고 있어요. 토끼 털 하나하나, 고양이 털, 아이의 머리카락, 슬리퍼 등 모두 매우 섬세한 결을 드러내지요. 구조는 환상적이지만 그림 자체는 사실적이니 묘하지요? 이 작가도 이야기 자체가 환상인데, 그림까지 환상적일 필요는 없다는 크리스 반 알스버그처럼 극히 사실적인 그림으로 환상적인 이야기를 하고 있는 거지요.

환상 세계를 다루었다 해도 진지한 책이라서 밀러 아저씨는 아무래도 유머 감각 따위는 뺑 차 버린 사람인 줄 알았는데, 세르게이 프로코피에프의 곡인 「피터와 늑대 *Petya i Volk*」를 그림책으로 만든 『피터와 늑대 *Peter und der Wolf*』를 보니까 사뭇 다르군요. 늑대가 오리를 꿀꺽 삼켜 버리는 바람에 저녁 식사거리로 오리를 눈독들이던 할아버지의 허전한 마음을 묘사한 부분이나 늑대 뱃속에 편안하게 들어앉아 '여기는 성가신 녀석들이 없어서 좋군.' 하며 혀를 쏘옥 내미는 오리를 보면 픽 웃음이 나오지요.

　전체적으로 매우 주제가 뚜렷하고 창조적인 책을 만든 밀러는 스위스의 신문 「NZZ」으로부터 '그의 그림책들은 모두 새로운 기준을 만든다.'[12]라는 격찬까지 들을 정도였지요. 1984년 한스 크리스티안 안데르센 상을 받기도 한 그가 또 다시 새로운 기준이 되는 책을 우리에게 보여 주었으면 합니다.

# Jerry Pinkney

## 그들에게 희망을!

## 제리 핑크니

1939년에 미국 필라델피아에서 태어났습니다. 일러스트레이터로 활동하며 1964년부터 어린이책에 그림을 그리기 시작했습니다. 『미랜디와 바람오빠』, 『미운 오리새끼』, The Talkig Eggs, John Henry, Noah's Ark로 칼데콧 영예상을 다섯 차례 받았습니다. 또한 코레타 스코트 킹 상을 다섯 차례 수상하고, 2010년 『사자와 생쥐』로 칼데콧 상을 받았습니다. 많은 작품에서 섬세하고 생동감 있는 그림을 보여 주었습니다. 그는 다양한 문화를 즐겨 다루는데 다수의 작품이 미국 흑인 문화에 뿌리를 두고 있습니다.

어렸을 때, 남미 어딘가에서 검은 성모상을 들고 행진하는 사진을 본 적 있습니다. 성모 마리아는 당연히 금발 머리를 늘어뜨린 고운 모습의 백인인 줄 알던 저는 토착 인디오 성모의 모습이 신기하기만 했지요. 그런데 2001년 BBC가「하느님의 아들」이라는 다큐멘터리를 제작하면서 1세기의 유대인 두개골을 바탕으로 법의학적으로 재현한 예수의 얼굴 사진을 보았을 때는 신기한 게 아니라 충격을 느꼈어요.

다부진 체격에 까무잡잡한 얼굴, 검은색 머리에 흑갈색 콧수염과 턱수염, 무엇에 놀랐는지 휘둥그레 뜬 눈과 찌든 삶을 은연중 드러내는 주름살이라니! 늘 구불구불한 금발에 단정한 흰 얼굴의 예수 상에 익숙해진 눈에는 환상이 깨진 듯한 기분이었지요. 나사렛이 동방에 있다는 걸 빤히 알면서도 ('동방'이란 말조차도 우리나라의 입장에서 보면 서구 중심적 표현이지만) 나사렛 사람은 백인일 거라고 당연시하는 마음은, 선하고 좋은 것은 무조건 백인 모습으로 그렸던 우리 안의 유럽중심주의, 적나라하게 말하면 사대주의의 결과지요.

그런 식의 사대주의는 그림책에서도 오랫동안 자리를 차지하고 있었지요. 요즘 들어 다문화를 다룬 그림책들이 나오고 있긴 하지만, 그간 웬만한 인물들은 거의 백인으로 묘사되었으니까요. 그런데 『이솝 이야기 *Aesop's Fables*』의 그림을 보다 뜻밖에도 '젖 짜는 소녀'가 흑인인 것을 발견했습니다. 신기해서 계속 넘기다 보니,「어부가 잡은 것」의 어부는 아시아인,「거위와 황금 알」의 탐욕스런 농부와 아내는 백인이더군요. 이렇게 여러 인종을 골고루 묘사한 삽화는 처음 보았어요. 그린 이는 『꼬꼬닭 빨강이를 누가 도와줄래? *The Little Red Hen*』『사자와 생쥐 *The Lion and Mouse*』로 이름이 널리 알려진 제리 핑크니네요.

제리 핑크니는 1939년에 미국 필라델피아에서 태어났어요. 여섯 남매가 뒹굴뒹굴 어울려 자라는 집에서 엄마는 늘 책을 읽어 주었다고 해요. 주로 안데르센 동화들이 었는데, 그 외에도 남부 흑인들에게 전해 내려오는 이야기도 들려주었지요. 어린 제리는 그 둘이 다르다는 것을 얼핏 느끼게 되었대요. 그것은 유럽인들의 목소리와 자신의 뿌리인 흑인들의 목소리라는 차이였지요.

동화들은 '옛날 옛날에…'라고 시작되었지만, 구전 이야기는 남부 흑인들의 이야기였기에, 자신을 그렇게 멀리까지 데려다 줄 '옛날 옛날'이 사실상 없었고 오히려 그 시대 흑인들의 힘겨운 삶에 대해 말해 주었지요. 그는 특히 레무스 아저씨(Uncle Remus)와 존 헨리(John Henry)에 대한 이야기를 기억하는데, 망치를 들고 다니는 괴력의 소유자 존 헨리는 어린 제리의 삶에서 처음 갖게 된 흑인 영웅이었다고 해요. 그러나 그 세대의 어린이 문학에는 다양한 색채를 가진 인물들이 별로 없었고, 흑인 '따위'는 주인공으로 등장하지 않았지요. 아이들이 열광하는 서부의 영웅 데이비 크로켓은 백인이었고, 어린 제리는 자신이 그런 영웅이 될 수 없다는 것을 깨닫지요.

영웅 없이 자라는 소수 인종 어린이였던 나는 스스로를 주변인이라고 느꼈어요. 왜냐하면 나를 판타지나 역사 속에 자리매김할 수 없었기 때문이에요. 우리는 너희의 희망과 꿈에는 한계가 있다고 말하는 온갖 은근한 메시지를 받게 되었지요. 문학, 영화 등 다른 형태로 나타나기도 했어요. 나는 늘 제외되고 있다는 것을 깨달았지요. 나는 변두리에 있다고 "그들 중 하나가 아니다."라고 느낀 것을 기억해요.[13]

사실 아주 어렸을 때는 이런 것을 느낄 환경이 아니었지요. 어린 제리가 자란 곳은 남부에서 이주해 온 흑인들 스무 가구가 모여 살던 얼햄 거리였고, 오른쪽으로 돌면 유대인 동네, 왼쪽으로 돌면 이탈리아인 주거지가 나오긴 했지만 늘 자기 동네에서만 놀며 자랐으니까요. 그래도 자기네 동네 밖으로 가면 비교적 최근에 이주해 온 유대인들과 이탈리아인들 동네에서는 저마다 그쪽 문화의 느낌이 있었고, 어린 제리는 그때부터 큰 세상에 대해 생각했던 것 같다고 하네요. 텔레비전이 없었기에 뭐든 그리고 만들고 하며 하루 종일 바쁘게 놀았는데, 그중에서 그림에 유난히 관심이 많았대요. 형제들과 같은 방을 쓰니 자기 공간이 없는 것은 당연한 일. 그는 자기만의 공간을 스케치북에서 발견하고, 종이와 연필을 들고 피아노 밑에 피난처를 마련했다고 합니다. 아들의 재능을 알아본 부모는 미술 과외를 받게 해 주었는데, 특히 엄마는 왜 다른 애들은 중간 이름이 있는데, 이 아이만 없느냐는 사람들의 물음에 이렇게 대답했다고 하네요. "제리로 충분해요. 이 애는 그 이름으로 유명해질 테니까. 난 알아요."[14]

제리는 중학교에 들어가자 백화점 앞길 건너 가판대에서 신문을 팔게 됩니다. 늘 가판대 위에 스케치북을 놓고 행인들을 그리고, 백화점 진열장 안의 마네킹들을 스케치하곤 했는데, 신문을 사러 온 유명한 만화가 존 리니가 제리의 재능을 알아보지요. 그는 자기 작업실까지 구경시켜 주면서 제리에게 그림을 계속 하라고 격려해 줍니다. 제리는 그를 보며 그림으로도 밥을 먹고살 수 있다는 가능성에 눈을 뜨게 됩니다.

제리는 더빈스 직업고등학교에서 상업 미술을 공부하면서 장차 아내가 될 글로리아를 만나게 됩니다. 그런데 이때 '너는 주류가 아니라 주변인'이라고 제리가 도장이 찍히는 사건이 생기지요. 고교 4학년 때 선생님이 미술 전공 학생들에게 장학금 정보를 알려 주는 것까진 좋았는데, 흑인 학생들은 전문 예술가가 될 기회가 적으므로 신청해도 소용없을 거라는 얘기를 한 것이랍니다. 이 말에 고무공 튀듯 확 튀어오른 제리는 당장 상담 교사 사무실로 내려가 자기 것뿐 아니라 다른 두 흑인 동급생 몫까지 원서를 챙겨 왔답니다. 제리와 흑인 친구 하나는 그 장학금을 받게 되었고요. 제리는 흑인들에게 은근히, 또는 터놓고 드러내는 "너는 더 나아갈 필요가 없다."라는 메시지에 야무지게 반기를 든 거지요.

필라델피아 미술관 미술대학에서 전액 장학금을 받고 공부한 그는 첫 아이가 태어난 후 보스턴으로 이사해서 러스트크래프트 카드회사의 디자이너로 일합니다. 살림

집 겸 작업실이 비좁아 그림판을 목욕통에 놓고 변기 뚜껑에 앉아 그림을 그리곤 했지요. 그런 환경에서도 그는 점차 활동 영역을 넓혀 나가 광고·주식회사의 연간 보고서, 구두 가게를 위한 그림, 패션 업계 쪽 그림 등 온갖 일을 다 하며 이름을 알리다가, 6년 만에 자기만의 아트 스튜디오인 '칼레이도스코프*'를 세우고 첫 그림책을 내게 됩니다. 당시의 보스턴은 민권 운동 참여자들의 온상인 동시에 출판업의 본거지였지요. 젊은이들, 특히 예술가들이 일자리를 찾으러 왔습니다. 그는 당시 보스턴의 분위기를 이렇게 말합니다.

> 1960년대 보스턴의 젊은이들은 민권운동에 지대한 관심을 가졌고 또한 흑인들의 주류 참여가 정말 부족하다는 인식을 갖고 있는 사람들이었어요. 동시에 출판계는 글 작가이자 그림 작가인 사람들이 매우 부족했지요. (…) 내겐 아이들이 넷 있었는데, (흑인으로서의) 자신들을 반영해 줄 책을 찾고 있었지만 어려웠어요. (…) 보스턴에는 모든 요소들이 갖추어져 있었고, 나는 필요한 때, 필요한 장소에 있었던 것이지요.[15]

그런데 그가 처음부터 흑인을 주인공으로 그렸던 것은 아닙니다. 주로 민담 위주로 그렸기에 아프리카계 미국인(흑인)보다는 아프리카인들의 문화를 묘사했지요. 첫 그림책은 서아프리카의 거미 아난시에 대한 여러 이야기들을 다룬 *The Adventures of Spider*(거미의 모험)입니다. 살짝 각지고 강한 검은 선과 즉흥적인 선들이 유쾌한 인물들을 창조해 냈다는 평을 받는 이 책 이후 여러 책을 낸 그는 *The Patchwork Qulit*(패치워크 퀼트) 그림에서 전환점을 맞게 됩니다. 즉, 구체적인 인물들을 그리고, 역사적 정확성을 요구하는 배경이나 의상에 주목하게 되지요. 그리고 『미랜디와 바람오빠 *Mirandy and Brother Wind*』를 내놓습니다.

---

* 프랑스어로 만화경이라는 뜻이에요.

『미랜디와 바람오빠』, 열린어린이, 2004

 이 책에서 미랜디는 곧 다가올 어린이 케이크워크에서 함께 춤출 짝으로 바람을 고르지요. 바람을 잡으면 바람이 그 사람 소원을 들어준다는 옛말도 있거든요. 하지만 모퉁이 가게 아저씨 말대로 후추를 뿌리고 조각이불을 확 펼쳐 바람을 잡아 보려 해도 소용이 없었어요. 그다지 신통치 못한 점쟁이 포인세티아 아주머니의 말대로 작은 병에 사과술을 가득 담아 기다렸지만, 바람오빠는 그야말로 바람처럼 병 속에

제리 핑크니 77

들어왔다 나가 버렸지요.

 그래도 미랜디는 결국 닭장 안에 바람오빠를 가두는 데 성공했어요. 그렇다고 미랜디가 바람오빠와 춤을 추었을까요? 어리숙한 친구 에젤이 함께 춤추고 싶은 소녀에게 비웃음만 당하자, 미랜디는 닭장에 가두어 놓은 바람오빠에게 살짝 소원을 빌고 에젤과 춤을 추고 상을 받는답니다. 그토록 바람오빠와 춤을 추고 싶어 했으면서도 결국은 덜 떨어진 친구에게 따스한 마음을 주는 미랜디를 그린 제리 핑크니는 미국 남부의 농촌 풍경과 에젤이 젖 짜는 모습, 닭들이 낳은 알을 챙기는 할머니의 모습, 호롱불을 밝힌 부엌과 엄마의 모습 등을 시대에 맞게 정확하고 아름답게 묘사했습니다. 바람 또한 높다란 신사 모자를 쓰고, 은빛 망토를 두른 투명한 바람 오빠로 형상화 되었지요. 수채화는 상큼하고, 신통치 못한 점쟁이 아줌마를 비롯한 마을 사람들은 하나같이 자기만의 이야기가 따로 있음 직한 개성 있는 얼굴입니다.

 제리 핑크니가 처음부터 인물을 이렇게 그린 건 아니랍니다. 한때 교재에 삽화를 그리던 시절, 그는 온갖 인종들을 대표하는 인물들을 그리면서 그저 간단하게, 갈색에 물을 섞어 얼굴에 칠하거나, 노란색을 칠하는 것으로 마무리를 했대요. 그야말로 인종별 '살색'을 칠해 준 거지요. 그러다가 퍼뜩 그게 얼마나 잘못된 건지, 그렇게 함으로써 개개인을 제대로 보고 있지 않다는 것을 깨달았다고 하네요. 그 후 그는 언제나 자기가 그린 인물들에 인격과 품위를 불어넣으려 애썼다고 합니다.

 이 책으로 1988년 칼데콧 영예상을 받은 제리 핑크니는 글 작가인 패트리샤 맥키색과 남부의 인종차별을 담은 『나의 특별한 장소 *Goin' Someplace Special*』도 함께 만들었지요. 또한 크레올의 설화를 그린 *The Talking Eggs*(말하는 달걀들), *John Henry*(존 헨리)에서도 각각의 인물들을 빛나는 수채화로 생생하게 묘사하였고, 그는 이 책들로 1989년과 2000년에 칼데콧 영예상을 받았어요.

 특히 존 헨리는 어린 시절 그의 흑인 영웅이자, 버지니아 산속에 길과 철도를 닦는데 크게 이바지한 모든 노동자들의 상징이었지요. 2002년에는 한스 크리스티안 안데르센 원작인 『나이팅게일 The Nightingale』을 그림책으로 내놓으면서 원작의 배경인 중국을 모로코로 바꾸어 검은 아프리카인들과 화려한 의상 및 이국적인 건물과 정원 등을 아름답게 표현했습니다. 이렇게 개성과 품위가 있는 흑인들을 그려낸 제리 핑크니는 미국 우편국의 흑인 문화유산 시리즈의 우표 12장을 디자인하기도 했답니다.

제리 핑크니는 흑인들을 주변인이 아니라 개성을 가진 인물들로 생생하게 담아내는 한편, 동물 그림에도 관심을 갖습니다. 특히 이솝 우화의 동물들 이야기를 통해 유머 감각과 상상력을 가지면서, 동물을 그리는 데 창의적인 눈을 뜨게 되었다고 하는군요. 그는 『이솝 이야기』에서 여러 인종들을 그리면서, 동물들도 재미나고 독특하게 묘사했어요. 이 중 「사자와 생쥐」 그림은 나중에 『사자와 생쥐』 한 권으로 나오게 될 그림에 비해서는 힘이 덜합니다만, 힘센 사자가 그물에 걸려 있고 연약한 생쥐가 매듭을 끊어 내는 장면에서 둘을 같은 눈높이로 처리 대등한 관계로 보여 주지요. 「개미와 베짱이」에서 눈이 또록또록한 개미들은 여름에 결사적으로 일해야 한다는 사명감을 가진 듯한 표정입니다. 「까마귀와 물병」에서 까마귀 깃털을 세밀하게 묘사한 것이나 「고양이 목에 방울 달기」에서 모여 있는 쥐들이 서로 다른 고민스런 표정들을 짓는 것이 재미있지요.

농장의 동물들을 다룬 그림책도 있습니다. 바로 'The Little Red Hen'이라는 전래동화를 그 나름대로 다시 만든 『꼬꼬닭 빨강이를 누가 도와줄래?』지요. 아마존에서 'the little red hen in books'로 검색하면 무려 800종이 넘는 매우 다양한 책이 나옵니다. 본래 내용은 암탉이 밀알을 뿌리고 키우고 거둬 빵을 만드는 것이지만, 피자는 물론 유월절 무교병을 만드는 내용도 있더군요. 제가 오래전에 본 그림책은 해리엇 지퍼트가 그린 작고 간결한 책이었는데, 제리 핑크니가 그린 『꼬꼬닭 빨강이를 누가

『꼬꼬닭 빨강이를 누가 도와줄래?』, 열린어린이, 2008

도와줄래?』는 판본이 크고 그림이 시원시원하고 유쾌합니다.

판권 정보가 나온 면에 시원스레 농장 풍경이 펼쳐집니다. 빨간 암탉 책을 볼 때마다 병아리들은 있어도 수탉은 안 보이는 게 궁금했는데, 제리 아저씨는 이 농장의 울타리에 턱 하니 올라앉은 수탉 한 마리를 그려 놓았군요. 이야기 구조는 단순합니다. 꼬꼬닭 빨강이가 병아리들에게 줄 먹이를 찾아 돌아다니다가 밀알을 발견하지요. 그것을 심고, 으쓱으쓱 자란 밀을 거두고, 낟알을 털고, 방앗간에 가져가 가루로 내고 빵을 굽기까지 개, 쥐, 돼지, 염소는 도움을 전혀 주지 않아요. 그러다 빨강이가 마침내 빵을 구워 내자, 다들 먹겠다고 몰려오지만, 단호한 빨강이 아줌마는 야무지게 거절합니다.

주제는 간결합니다. 일하지 않은 자, 먹지도 말라! 우리나라 정서라면, 나 한번 꾹 참고 착하게 굴면 두루 좋지, 미운 놈 떡 하나 더 준다는 심정으로 빵 쪼가리라도 던져 주거나 콩 한 쪼가리라도 나눠 먹겠지만, 바지런한 빨강이는 노동 윤리를 철저히 지키는 암탉이었답니다.

이 책에서 제리 핑크니는 동물들의 특성을 잘 이용하고 있습니다. 암탉이 다른 동물들에게 도와 달라고 말하는 부분이 보통은 'Who will help me(누가 도와줄래)?' 'Not I(난 싫어).' 이런 식인데, 제리 아저씨의 책에서는 조금 다릅니다. 개에게는 구멍을 잘 판다며 밀알을 심을 때 도와 달라고 하고, 쥐에게는 꼬리로 탁탁 때리면 낟알을 털기 쉽다면서, 방앗간에 낟알더미를 가져갈 때는 염소에게 힘도 세고 착실하다면서, 빵을 구울 때는 돼지에게 내가 만든 음식을 좋아하지 않느냐면서 도와 달라고 하지요.

또한 작가는 이 그림책에서 풀숲의 자잘한 곤충들과 농장의 이곳저곳을 꼼꼼하게 묘사하고 있습니다. 빨강이가 벌레와 열매를 찾아다니는 장면에서는 날벌레들과 블루베리가 보이지요. 또 개구리가 벌을 잡아먹으려고 혀를 날름 내미는 장면도 있고 밀알에 정신이 팔린 빨강이 뒤에는 지렁이가 두리번거리고 있군요. 낟알을 터는 장면에서는 빈 밀대에 개미들이 기어오르고 벌이 윙윙대며, 방앗간에 가져갈 때 도와 달라는 장면에서는 거미가 열심히 집을 짓고 있지요. 또한 농가 부엌에서 볼 수 있는 오래된 무쇠 오븐이나 체 등, 옛 농가의 살림살이도 잘 묘사되어 있어요. 크기에 대한 정확성과 시선과 동작의 변화 또한 주목할 부분입니다. 동물들이 모여 있는 장면에서 투실투실 살찐 돼지 분홍이나 훌쩍 키 큰 염소 까망이는 빨강이의 시각에서 보면 정말 한참 크군요.

씨앗에 대해 의논할 때 모두들 빨강이가 모자에 담아 내민 씨를 한 시선으로 바라보고 있지만, 밀을 심을 때는 안 도와주겠다며 다 같이 도리질하고, 거둘 때는 아예 멀찍이 떨어져 있고, 낟알을 털 때 되자 슬금슬금 피하지요. 그러나 꼬꼬닭 빨강이가 빵을 오븐에서 꺼내는 장면에선, 향긋한 냄새가 솔솔 풍기는 바람에 염소와 돼지와 쥐는 눈을 모은 채 벌써부터 창밖에 대기 중이고 개도 기대감에 부풀어 신 나게 뛰어오고 있군요.

해님마저 코를 높이 들고 노릇노릇한 빵 냄새를 맡고 잠자리까지 날아들지만, 빨강이는 손사래를 쳐 내쫓고 빵에 블루베리 잼을 발라 병아리들과 맛있게 먹지요. 조그만 병아리들은 빨강이가 부리로 밀대를 쓱쓱 자르고 발톱으로 낟알을 타닥타닥 털어낼 때 열심히 도와주었거든요. 아마존의 한 독자는 이 단호한 노동윤리에 동감을 표시하며 "모두들 이 책을 어린이책이라고 했다. 하지만 나는 십대용 책이라고 생각한다. 십대들이란 모든 것을 가져야 한다고 생각하면서 막상 하는 건 아무것도 없다."[16]라고 지적하고 있답니다. 자식 키우는 부모라면 대개 공감하지 않을까요?

참, 방앗간 아저씨가 흑인인 것, 기억하나요?『이상한 화요일 *Tuesday*』에서 데이비드 위즈너가 자신을 샌드위치 먹는 남자로 그려 넣었듯이 가끔씩 자기를 그림책에 넣어 독자를 즐겁게 해 주는 작가들이 있는데, 제리 핑크니도 그 대열에 합류하고 있군요. 빨간색 윗도리에 작업복을 입고, 빨강이의 손에 블루베리 잼을 쥐여 주는 방앗간 아저씨가 바로 제리 핑크니랍니다. 어떻게 아느냐고요? 왼쪽 구석에 붓, 펜, 물감들이 있고, 결정적으로 스케치북에 빨간 암탉 한 마리가 그려져 있으니까요. 게다가 생긴 것도 똑같답니다. 그리고 블루베리 잼은 처음에 살짝 암시가 되었어요. 빨강이가 처음 밀알을 발견할 때 풀숲에 블루베리가 열려 있었거든요.

  이 아저씨는 안데르센의 『미운 오리 새끼 *The Ugly Ducking*』도 살짝 변형을 합니다. 미운 오리 새끼를 긍정적으로 봐주는 사람들을 넣어준 거지요. 눈이 가물가물한 할머니와 암탉과 고양이가 사는 어느 오두막에 갔을 때, 암탉과 고양이는 미운 오리 새끼에게 알도 못 낳고 그르렁거리지도 못하느냐며 다그쳤지만, 할머니는 "무슨 소리야, 비록 보잘것없지만, 이 오리도 꼭 알을 낳을 거야. 그러니 데리고 있어 봐야겠어."라고 따스한 마음을 보여 주지요.

  또 얼어붙은 강에서 미운 오리 새끼가 다리가 얼어붙어 꼼짝 못할 때, 강가를 지나던 아저씨가 얼음을 깨고 미운 오리 새끼를 꺼내 양털 외투 속에 포근히 감싸 주고 그의 아이들은 따뜻하고 재미나게 오리 새끼를 대해 주지요. 또한 원작에서는 어미 오리가 다른 새끼들과 다른 미운 오리 새끼를 내쫓지만, 제리 아저씨가 그린 책 속의 어미 오리는 "이 애는 비록 못생겼지만, 키도 크고 힘도 세요. 그러니 다른 오리들보다 더 멋지게 살아갈 거예요."라고 편들어 주지요.

  작가는 여러 가지로 복선을 넣어 줍니다. 겨울이 되어 하얀 새 떼가 긴 목을 쭉 뻗은 채 남쪽으로 힘차게 날아가는 장면에서 온 세상은 눈에 덮였고, 미운 오리 새끼의 깃털에도 하얀 눈이 부슬부슬 얹혀 있지요. 곧 하얀 백조가 될 거라는 암시로 보이는군요. 또한 오른쪽에는 겨울에도 열리는 빨간 열매들이 보입니다. 힘든 과정을 겪은 뒤 열매가 열리듯이 미운 오리 새끼도 역경을 견뎌 내고 화려하게 피어날 날이 올 거라는 것을 암시하지요.

  동물들의 표정도 다양합니다. 농장의 동물들이 미운 오리 새끼를 괴롭히는 장면을 보세요. 닭들은 수군거리고, 오리들은 못마땅해 죽겠다는 표정입니다. 사냥개가 다가온 장면에서 사냥개의 날카로운 이빨과 분홍 혓바닥, 커다란 얼굴, 희번덕거리는 눈은 어린 오리 새끼에게 어마어마한 위협으로 다가오지요. 미운 오리 새끼가 홀로 물속으로 나가는 장면에서는 메기도 딴청을 부리고 개구리도 본체만체합니다.

너무 잘 알려진 이야기에 삽화를 그릴 때는 작가들도 부담스러울 듯한데, 등장인물을 더해 내용과 그림이 한층 풍부해진 이 책으로 제리 아저씨는 2000년 칼데콧 영예상을 받습니다.

제리 핑크니는 안데르센 이야기뿐 아니라 전래 동요(마더 구스 라임)인 「*Three Little Kittens*(아기 고양이 세 마리)」를 가지고 『세 마리 아기 고양이 *Three Little Kittens*』라는 그림책을 만들지요. 알다시피 전래 동요는 두운이나 각운(rhymes)들이 척척 맞아요. 제리 핑크니는 자식들을 키우고 손주들과 증손자들과 함께 놀아 주면서 늘 이 전래 동요를 읽어 주었어요. 전래 동요는 운이 척척 맞긴 하지만, 그 운을 맞추다 보면 엉뚱한 단어를 끼워 넣게 되지요. 그래서 내용이 터무니없어지는데, 그것을 'nonsense rhyme'이라고 해요. 제리 핑크니는 전에는 넌센스 라임에 대해 좀 부정적인 입장이었는데, 새삼 이런 것이 자신의 상상력을 펼쳐 주는 장점이 있다는 것을 알게 되었다고 해요. 가정에서 고양이들을 키우고 관찰하고 심지어 기록하기까지 했던 것이 좋은 참고자료 역할을 했다고 합니다.

표지를 보면 눈동자가 또록또록한 아기 고양이 세 마리가 빨강, 노랑, 파랑색 장갑을 끼고 있지요. 목에는 리본과 방울과 스카프를 매고 있네요. 속의 표제지를 보니 쯧쯧, 바깥에서 새들이 저마다 즐겁게 날아다니고 있는데, 집 안에서 그 새들을 바라보는 고양이들의 눈동자가 재미있군요. 얼마나 나가 놀고 싶겠어요. 한 마리는 새를 보며 입맛까지 다시고 있어요. 그런데 엄마가 아기 고양이들에게 벙어리장갑을 선물하지요. 의자에 앉혀 놓은 인형이 쥐 인형이라는 점에서 작가의 재치가 드러나네요. 탁자 다리 뒤에 숨어 있는 진짜 쥐도 보이고요. 어느 담대한 쥐가 고양이 집에 들어왔을꼬?

 아기 고양이들은 장갑을 끼고 밖에 나가 신 나게 장난치며 놀다가 그만 장갑을 잃어버렸지요. 엄마의 매서운 눈길! (저도 올 겨울에 장갑 세 켤레를 떴는데, 공들여 뜬 장갑을 아이가 잃어버리고 오면 눈이 세모꼴이 될 것 같아요.) 엄마가 장갑을 찾아와야 파이를 준다고 하니 아기 고양이들은 다들 도로 나가 장갑을 찾아와서 파이를 먹을 기대로 잔뜩 부푼 표정을 보여 줍니다. 아, 그런데 너희들은 왜 장갑을 끼고 파이를 먹는 거니? 당연히 더러워져서 또 엄마한테 꾸중 듣고, 열심히 장갑을 빨고 빨랫줄에 곱게 널고… 엄마는 아기 고양이들에게 장갑과 같은 색 모자를 선물로 줍니다. 뒤표지에 나온 따스한 모자를 쓴 아기 고양이 세 마리의 뒷모습에 절로 미소가 번집니다. 제리 핑크니는 이 책이 모든 할아버지 할머니, 엄마, 아빠들이 이 훌륭한 라임을 아이에게 들려주는 작은 불씨 역할을 했으면 좋겠다고 하는군요.

 이 책에서는 고양이들의 인형 정도로나 나오는 생쥐가 『사자와 생쥐』에서는 당당한 주인공 역할을 합니다. 제리 핑크니는 이솝 우화 삽화를 그리면서 이 이야기가 마음에 쏙 들었다고 해요. 생쥐 때문에 잠이 깬 사자가 화가 나서 생쥐를 죽이려 했다가 용서해 줬더니 나중에 그물에 걸린 사자를 생쥐가 구해 주었다는, 너무도 잘 알려진 내용이지요. 제리는 언뜻 보기엔 달라도 너무 다르지만 속으로는 똑같이 위대한 두 주인공에게 매혹을 느꼈어요.

 나는 이 안에 매우 강렬한 도덕이 있다고 생각해요. 『이솝 이야기』를 그리면서, 나는 보기에는 전혀 반대지만 내면적으로는 크기가 똑같은 이들에게 매력을 느꼈어요. 대체 어느 아이가 사자에게 반응을 보이지 않겠어요. 정글의 위엄 있는 왕인 사자에게는 뭔가 마력이 있지요. 자, 그 대척점에는 생쥐가 있고요. 생쥐는 아주 작지만 한 마리가 마루를 볼볼볼 지나가면, 누구나 뒤쫓아 뛰어가요! 이 우화에서는 많은 일들이 일어납니다. 만약 사람들에게 가장 좋아하는 우화들을 말해 보라고 하면 많은 경우, 이 이야기가 5위 안에 들 거예요.[17]

사자는 무척 힘이 세고 생쥐는 연약해 보이지만, 한쪽은 용서를, 한쪽은 보은이라는 덕목을 갖고 있지요. 그래서 제리는 사자와 생쥐를 완벽하게 일대일 관계로 두고, 표지도 정확히 같은 크기의 패널 그림을 나란히 배치하지요. 이들은 각 그림 안에서 엄청난 힘을 뿜어냅니다. 제리는 배경을 아프리카의 세렌게티 초원으로 정했어요. 그는 '작가의 말'에서 이렇게 설명합니다.

나는 자연보호구역 바로 옆에 살면서, 주변의 숲에서 들려오는 온갖 소리와 졸졸졸 시냇물 흐르는 소리와 다람쥐들의 합창 소리에 매료되었다. 특히 다람쥐들의 합창 소리는 이야기를 부드럽게 만들려면 동물들의 소리를 이용하는 것이 좋겠다는 아이디어를 떠올리게 해 주었을 뿐만 아니라 독자의 상상력과 함께 서사를 끌어가는 그림들을 그릴 수 있게 해 주었다.

나는 해를 거듭할수록 동물들의 삶에 대한 호기심과 존경심이 점점 커졌고, 동물들에 대한 관심 또한 똑같이 점점 커졌다. 그 이후, 나는 이 우화의 무대로 드넓은 지평선과 풍부한 야생동물들이 살고 있는 아프리카의 탄자니아와 케냐의 세렌게티 국립공원을 선택하였다. 그리하여 두고두고 훌륭한 이야기로 전해지고 있는 이 우화 속, 두 주인공뿐만 아니라 그들의 양면성과도 같은 아주 멋진, 그렇지만 아직 상처받기 쉬운 야생을 무대로 그릴 수 있었다.[18]

이 세렌게티 초원의 그림은 매우 평화롭지요. 나무를 중심으로 얼룩말, 기린, 타조, 코뿔소, 코끼리, 사슴, 사자, 오랑우탄, 그리고 하늘을 나는 새들까지 초원의 삶을 누리고 있고, 수사자는 한가롭게 하품을 합니다.

드넓은 초원에서 연못가로 배경은 점차 좁혀집니다. 이곳에서 생쥐는 누군가의 발자국 안에 들어앉아 있군요. 혹 사자의 발자국 아닐까 싶어 구글에서 이미지 검색을 해 보니, 맞네요, 사자 발자국! 생쥐의 꼬리가 발바닥을 둥글게 말고 있는 모습이 독특하군요. 앞으로 사자가 생쥐의 보호 아래 들어올 것이라는 복선이겠지요. 그런데 생쥐가 발자국 일부(왼쪽)를 파헤쳐 놓았어요. 이 또한 사자의 낮잠을 방해하게 될 거라는 또 하나의 복선이겠지요.

그 복선이 이루어진 장면에서, 화가 난 사자가 생쥐를 낚아채지요. 제리는 배경 그림을 영리하게 사용합니다. 그때까지는 연못이니 나무니 풀숲, 나비, 벌레 등 배경 그림이 있지만, 사자가 생쥐를 막 잡아먹으려는 절체절명의 순간에는 아무것도 없습니다. 어마어마하게 사나운 눈, 날카로운 이빨, 연약한 생쥐의 공포에 휩싸인 눈… 온 우주 공간에 오로지 그 둘뿐이지요.

사자의 자비 덕분에 생쥐가 놓여나 보금자리 굴로 가는 장면에도 복선이 하나 깔려 있군요. 생쥐의 꼬리가 멀리 있는 사자를 무지개처럼 둥글게 감싸고 있는 것으로 보아, 나중에 생쥐가 사자를 거두게 되겠지요?

인간들이 덫을 치고 간 뒤, 사자가 어슬렁거리며 걸어가는 장면을 보세요. 카메라 각도를 위에서 아래로 내려 잡듯이 그려서, 이미 알 것 다 아는 원숭이들과 새들은 나무 위에서 긴장하며 내려다보고 있고, 아무것도 모르는 사자만 어슬렁거리며 걸어가지요. 사자가 고함을 으르르르 어홍! 내는 소리는 멀리 있던 생쥐의 귀에까지 들리는데, 그때 생쥐는 부지런히 나무를 갉고 있다는 점에 주목해 주세요. 이 생쥐의 이빨이 그만큼 튼튼하다는 것, 갉지 못할 것 따위 없다는 것을 슬쩍 알려 주지요. 생쥐는 곧장 사자가 묶인 동아줄을 사각사각 갉기 시작합니다.

작가는 이 부분에서 생쥐가 동아줄을 갉는 게 얼마나 힘든지를 제대로 나타내기 위해 씨름해야 했다고 합니다. 그림을 보면 동아줄의 굵기가 엄청나고, 매듭은 수도 없으니, 생쥐가 시간과 노력을 엄청나게 들여야 했다는 게 충분히 강조되고 있네요.

「사자와 생쥐」, 별천지, 2010

생쥐는 아마 일생 갚을 것을 그날 하루에 다 갚았을지도 모르지요. 마침내 그물에서 벗어난 사자와 어렵게 힘쓴 생쥐가 눈을 맞추고 있는 모습을 보세요. 아까와 달리 매우 감사 어리고 다정한 눈길을 주고받고 있지요?

그런데 이야기는 여기서 끝나지 않는군요. 생쥐는 매듭 뭉치 하나를 입에 물고 보금자리로 돌아갑니다. 새끼 쥐들이 그것으로 갉는 훈련을 하는군요. 작가는 이 책을 단순히 '너그러움과 보은'을 주고받는 사자와 생쥐에만 초점을 맞춘 게 아니라 '가족'까지 생각했다고 해요. 세렝게티 장면을 보면 사자에게도 가족이 있고, 마지막 장면에서는 생쥐에게도 가족이 있지요. 제리 핑크니는 이들이 혼자가 아니라 가족으로 뭉쳐 세렝게티에 살고 있고, 이 초원은 함께 어우러져 살아가는 곳임을 보여 주고 싶었다고 해요. 어린이책 편집자인 로저 서튼은 『혼 북』에 실린 인터뷰에서 '사자와 생쥐 중 누가 영웅인가?'라고 작가에게 물었어요. 제리 핑크니는 이렇게 대답했지요.

> 나는 생쥐가 영웅이라고 생각해요. 우리는 사자가 위엄 있는 존재이며 정글의 왕으로 모든 것을 지배하고 크고 작은 다른 동물들을 두려움에 떨게 할 정도로 강하다고 상상해요. 이런 사자는 작은 생쥐를 귀찮고 하잘것없는 존재로 여기겠지요. 우리가 파리를 쫓듯이 말이에요. 그런데도 늘 위험을 경계하는 작은 회갈색 생쥐는 버림받은 자의 울부짖음을 정글에서 듣고, 본능을 무릅쓰고, 가정과 가족을 뒤로 하고 사자를 구하러 가요.[19]

작가의 말을 듣고 나니, 이제까지는 생쥐 혼자 쪼르르 가서 사자를 구해 주었다고 생각했다가, 가정과 가족을 뒤로 하고 어려운 길을 택한 작은 생쥐에게 존경심마저 드는군요. 제리가 생쥐에게 가족을 준 속뜻이 비로소 느껴집니다. 글을 쓰다 보면 인물이 저절로 말을 하게 되는 경험을 한다고 작가들이 말하곤 하는데, 제리 핑크니 역시 이 책이 이제까지의 자기 책들과 다른 점이 있다면 바로 그 점일 것이라고 하면서, 그럴 때 자기와 자기가 그려낸 동물은 하나가 된다고 합니다. 너그러운 행동에 대한 보답을 받은 사자, 보은을 위해 가족을 버리고 갔으나 다시 가족을 훈련시키기 위한 물건(매듭)을 가지고 돌아온 생쥐. 이들이 세렝게티를 더욱 풍성하게 합니다.

그런데 책 뒤표지는 에드워드 힉스의 그림인 「평화로운 왕국 The Peaceable Kingdom」에 대한 오마주라고 해요. 힉스는 '늑대가 새끼 양과 함께 살고, 표범이 새끼 염소와 함께 지내리라'로 시작하는 성경의 구절에서 영감을 받아 이 그림을 그렸고 제리는 이 그림에서 힉스의 동물들을 세렝게티의 동물들로 바꾸었지요.

『사자와 생쥐』가 나오자 2010년 칼데콧 상이 발표되기 전부터 그림책 세계는 술렁였어요. 그때까지 제리 핑크니는 다섯 번이나 칼데콧 영예상을 받았지만, 최고상인 칼데콧 메달을 받은 적은 없었고, 알 만한 사람들은 거기에 대해 살짝 의구심을 품고 있었다고 해요. 흑백 커플인 리오와 다이앤 딜런이 『모기는 왜 귓가에서 앵앵거릴까? Why Mosquitoes Buzz in People's Ears』와 Ashanti to Zulu(아산티 족에서 줄루 족까지)로 1976년과 1977년에 칼데콧 메달을 받은 적은 있지만, 흑인이 단독으로 상을 받은 적은 없었거든요. 만약 이 책이 상을 못 받는다면 '정의는 없는 것'[20]이라고 어린이 문학 전문가인 에이미 켈만이 말했을 정도로 이 책을 둘러싼 열광적 반응은 상당했었다고 해요. 상이 별것 아니라고 생각할 수도 있겠지만, 어린 시절 자기 인종에서 역할 모델이 없었던 제리 핑크니의 생각은 좀 달랐을 수도 있지요. 칼데콧 메달을 받은 직후, 전화 인터뷰에서 그는 이렇게 말했답니다.

나는 늘 내 자신과 내 일이 역할 모델이자 (가르침을 주는) 교사가 되었으면 했어요. 나는 학생들에게 말하곤 하지요. 앞뒤 재지 말고 사랑하고, 열정을 쏟고, 끈기 있게 달라붙을 수 있는 것을 찾아내라고.[21]

흑인 예술가가 그래픽 아트 분야에서 이름을 날릴 수 있다는 것을 보여 주고 싶었고, 자기 가족과 다른 흑인들에게 초강력 역할 모델이 되기 원했던 그는 70년 넘게 살아가면서 충분히 제 역할을 한 것 같습니다. 세상은 좀 더 다문화에 너그러워져서, 어린 시절의 그와 달리 손녀에게는 이제 온갖 국적의 친구들이 있고, 서로에게 별 다른 차이를 느끼지도 못하며, 어렸을 때부터 책 안에서 자신은 물론 친구들도 찾아낼 수 있지요. 손녀에겐 그게 자연스러운 일이겠지만, 그렇게 되기까지 할아버지가 일평생 노력해 왔다는 것을 알아주면 좋겠네요.

# Eric Battut

## 매혹적인 나무들, 매력적인 빨간색

### 에릭 바튀

1968년 프랑스 오베르뉴 지방에서 태어났습니다. 대학에서 법학과 경제학을 전공한 후, 리옹으로 건너가 디자인을 공부했습니다. 강렬하고 독특한 화법으로 주목받는 일러스트레이터입니다. 일본·대만·독일·스위스를 비롯한 여러 나라에서 전시회를 열었습니다. 2001년 『빨간 고양이 마투』로 알퐁스 도데 어린이 문학상을 수상하였고 2002년 『장화 신은 고양이』로 안데르센 상을 수상하였습니다. 대표작으로는 『스갱 아저씨의 염소』, 『실베스트르』, 『만약 눈이 빨간색이라면』, 『내 나무 아래에서』, 『새똥과 전쟁』 등이 있습니다.

어렸을 때 철봉대에 거꾸로 매달려서 바라보던 나무는 신기한 세상을 펼쳐 주었지만, 어른이 되어 벤치에 누워서 올려다본 나무는 편안하게 나를 감싸 줍니다. 햇살은 나뭇잎들 사이를 들락거리고, 눈길 닿는 곳엔 온통 연푸른 하늘과 녹색 나뭇잎들로 가득합니다. 나무는 나를 위로해 줍니다. 『내 나무 아래에서 *Pied de Mon Arbre*』도 그렇습니다. 나무에 대한 송시라고 할 만한 이 책의 표지에는 아주아주 커다란 나무가 자기 밑에 누워 있는 아이를 따스한 눈길과 포근한 입김으로 감싸 줍니다.

> 고요한 아침,
> 나뭇가지에 하얀 눈이 쌓였어.
> 힘껏 손을 뻗어, 나를 잡아 보겠니?
> (…)
> 하나, 둘, 셋, 열까지 세야 해.
> 은빛 달이 숲 위로 떠오르면
> 나를 찾아 봐.

나무의 나직나직한 말은 시가 되어 흐릅니다. 본문에서 왼쪽 작은 그림들은 그 아름다운 시가 담을 듯한 이야기를 자그마하게 보여 주고, 오른쪽 큰 그림들엔 그 이야기를 확대해서 담고 있군요. 그림마다 나무들은 앙상한 겨울나무, 들판에 초록색으로 온 잎들을 무성하게 달고 있는 나무, 막 심긴 어린 나무, 연인들이 기대앉은 하트 모양 나무, 크리스마스 트리에 이르기까지 다양하게 변주됩니다. 그리고 그 나무들은 모두 인간의 삶과 어우러져 있지요.

　이 책의 작가 에릭 바튀는 뉴욕을 찍은 어느 사진에서 영감을 받았다고 해요. 고층 건물 앞에 프랑스의 예술가 장 뒤뷔페의 조각이 보이는 사진이었는데, 그가 그려 놓았던 이미지는 한동안 포트폴리오 안에서 잠자다가 어느 날 다시 햇빛을 보게 되었지요. 에릭 바튀는 분재같이 장식적인 나무는 우리에게 슬픔만을 주니, 제대로 된 나무를 그려 인간과 나무와의 관계를 보여 주자 다짐합니다. 첫 이미지가 바로 『내 나무 아래에서』의 서류가방을 든 남자가 겨울 빌딩 앞에 서 있는 앙상한 작은 나무를 아련히 바라보고 있는 장면입니다.

　왼쪽에 일부만 나와 있는 조각이 바로 그가 사진에서 본 조각, 「나무 네 그루 함께 *Groupe de 4 arbres*」군요. 그림 속의 빌딩도 아마 실제 조각이 서 있는 뉴욕의 체이스 맨해튼 뱅크 빌딩일 거예요. 뒤뷔페의 조각은 나무 네 그루가 편편이 이리저리 끼워져 있는 형태로, 키와 크기와 방향이 서로 다르답니다. 그러나 에릭 바튀는 조각보다는 앙상한 나무를 통해 남자와의 관계를 보이고 싶었던 거지요. 그래서 다음 장면에서는 은빛 달이 떠오를 때 숨바꼭질을 하는 어린 아이들이 나오게 되었을 거라고 짐작합니다. 아마도 도시에서 황막한 삶을 살던 남자가 나무와 함께 노닐었던 어린 시절의 모습을 떠올린 것일 테지요.

　이 책에 나온 나무들은 인간의 삶과 어우러지며 사랑과 위로를 베풀어 주지만, 나무 역시 인간에게 위로를 바라기도 하지요. "기억해 주겠니. / 백 년 전의 내 모습을, / 너처럼 조그맣던 내 모습을…"이라는 장면에서 작가는 그 바람을 뭉클한 그림으로 보여 줍니다. 작은 그림에는 나이든 나무와 인간이 서로 어루만지고 있고, 큰 그림에는 아기를 안고 있는 젊은 부부와 그 아기가 태어난 것을 기리는 듯, 어린 나무를 심는 모습이 담겨 있지요. 아기가 자라며 온갖 삶의 편린을 겪고 나이 든 할아버지의 모습으로 바뀌듯, 어린 가지에 불과했던 나무도 세월이 지나며 백 살 먹은 나

『내 나무 아래에서』, 문학동네, 2001

기억해 주겠니.
백 년 전의 내 모습을.
너처럼 조그맣던 내 모습을……

무로 자라 많은 이들에게 위로와 사랑을 베풀지만, 그 속을 알고 보면 여전히 보호받고 사랑받고 싶은 작고 여린 나뭇가지일 수도 있지요. 겉모습은 변해도 우리 안에는 여전히 아기처럼 보호받고 싶은 본능이 있으니까요.

작가는 이 책의 작은 그림과 큰 그림 사이에 이야기를 실어 놓지만, 동시에 시간을 담아 놓기도 하지요. 그는 이렇게 말합니다.

사실,『내 나무 아래에서』의 양쪽 페이지에는 작은 이야기가 담겨 있어요. 작은 그림과 큰 그림 사이에는 시간이 흐릅니다. 몇 분이 될 수도 있고 한 세기가 될 수도 있지요 (…) 특히 우리는 그 이전과 이후를 마음껏 상상할 수 있을 것입니다. 정말이지, 내게 나무란 이야기를 풀어내는 힘입니다.[22]

이야기를 풀어내는 그 힘들을, 그는 창문을 통해 늘 바라보지요.

창문으로 정원의 과일나무들과 관상수들이 보입니다. 그 뒤엔 낙엽수와 활엽수 숲이 있지요. 얼마 전에 큰 삼나무가 죽었습니다. 폭풍이 불었거든요. 근처에 어린 전나무는 다 자란 자작나무의 키를 넘어섰지요. (…) 멀리서 보면 숲은 고요한 이끼로 덮여 있습니다. 가까이 가 보면 온갖 새로운 잎들과 모든 새로 난 가시들이 빛을 차지하려고 다투고 있지요. 이 균형과 힘의 배치에 나는 매혹을 느낍니다.[23]

그 매혹적인 나무들은 에릭 바튀라는 이름을 널리 알린『스갱 아저씨의 염소 La Chevre de Monsieur Seguin』에서는 꽤 공격성을 보여 줍니다. 알퐁스 도데 원작인 이 책은 에릭 바튀의 졸업 작품입니다. 그는 1968년, 프랑스의 오베르뉴에서 태어나 클레르몽-페랑 대학에서 법학과 경제학을 공부했어요. 그러면서도 샤갈과 앙리 루소를 좋아하고 늘 그림을 놓지 않았던 그는 1992에서 1993년 사이 일 년 동안 방에 틀

『스갱 아저씨의 염소』, 파랑새, 2013

블랑케트가 이렇게 마음을 다잡고 있을 때였어요.
늑대가 느릿느릿 여유롭게 블랑케트에게 걸어왔어요.
블랑케트는 작지만 단단한 뿔을 앞으로 뻗으며 세우고
늑대에게 돌진히 덤벼들었지요.
그러자 놀라운 일이 일어났어요.
늑대가 블랑케트의 강한 모습에 놀라 뒷걸음질을 치지 뭐에요!
아, 블랑케트가 얼마나 용기 있는지!
늑대가 블랑케트의 공격을 피해 잠시 숨을 돌리는 동안
블랑케트는 근처에서 새순을 뜯어 먹었어요.
입안 가득 풀을 우물거리며 다시 늑대와의 전투 준비를 했지요.

에릭 바튀 97

어박혀 그림을 그립니다. 모사도 해 보고 자기 그림도 그려 보았지만 아무리 들여다 보아도 엉터리 화가 같은 기분만 들자, 그는 제대로 미술 교육을 받겠다고 마음먹지요. 에밀 콜 미술학교 학생들의 그림을 보고 마음에 들어 그 학교에 등록해서 3년 동안 공부하고, 1996년 졸업 작품으로 『스갱 아저씨의 염소』를 그린 거랍니다. 이 책은 볼로냐 국제아동도서전에서 꽤 주목을 끌었지요.

표지는 온통 빨간 하늘과 땅. 나무들은 둥글고 너그러운 품은 간 곳 없이 뾰족하고 날카롭고 어둡군요. 새하얀 염소 한 마리 보이는데, 나이 어린 청춘이란 남들이 말리는 모험은 꼭 해야 직성이 풀리는 법. 어린 염소는 언제든 어두운 그림자가 짙게 깔린 나무 숲 속으로 뛰어 들어갈 준비가 되어 있군요. 이와는 대조적으로 스갱 아저씨의 집은 나지막하고, 노랗고 붉고 연둣빛. 녹색 색조를 자랑하는 나무들은 동글동글한 모습입니다. 뾰족한 나무 세 그루조차 표지에서처럼 검은 색이 아니라 진녹색으로, 둥근 나무들과 같이 어울려 있지요.

갓 부풀어 오른 찐빵처럼 동글동글한 건너 산은 다정한 엄마 품처럼 언제든 달려가기만 하면 포근히 안아줄 듯합니다. 전체적으로 따스한 녹색을 보여 주는 공간이지만, 산에 가고 싶어 마음이 울끈불끈한 흰 염소가 있는 곳만큼은 불타는 듯한 빨간색입니다. 보다 못한 스갱 아저씨는 염소를 축사에 가둬 놓았는데, 그곳 역시 빨간색이고 바깥 역시 염소를 유혹하듯 붉게 타오르고 있네요.

마침내 염소는 창문으로 도망쳐 산으로 가지요. 산 전체가 염소를 반가워하고, 밤나무들은 가지 끝으로 염소를 쓰다듬고 싶어 몸을 숙입니다. 그러나 어둠이 깔리고 늑대가 다가오는 장면에서 긴 삼각뿔처럼 뾰족하게 올라온 나무 두 그루는 마치 늑대의 시나운 이빨 같군요. 염소와 늑대가 싸우는 장면에서 작가는 수많은 나무들은 물론 날카로운 나무 그림자까지 동원해서 늑대의 공격성을 표현하고 있습니다. 그리고 목숨을 걸고 싸우는 작고 연약한 흰 염소는 붉은 석양에 걸려 있는 희끄무레한 구름처럼 스러질 운명이지요. 마지막 장면에서 스갱 아저씨의 집 너머로 보이는 산은 더 이상 둥글지 않네요. 그리고 그 산 너머로 새하얀 작은 구름이 하나 떠 있습니다. 아마도 저 세상으로 간 하얀 아기 염소일 거예요.

작가는 아름답고 유려한 이미지를 보이고 싶었다고 해요. 그래서 이야기를 간결하게 다듬고, 그 대신 이미지로 말하게 하려 했지요. 그 이미지에서 나무와 빨간색은 공격성과 위험을 보여 주지요. 또 등장인물은 매우 작게 묘사되고, 나무나 숲을 그린 배경은 매우 장대합니다. 인물을 찾아내고 표정을 알아보는 게 힘들 지경이지요. 프랑스어린이서점연합회와의 인터뷰를 잠깐 들여다볼까요?

Q: 당신의 작품에서는 인물들이 배경에 비해 매우 작군요. 인물을 찾는 게 게임이나 다를 바 없습니다. 당신이 세상을 보는 눈이 그런 건가요? 광대한 세상에서 인간의 존재가 그만큼 연약해서 그렇게 그린 건가요?

에릭 바튀: 『스갱 아저씨의 염소』의 첫 그림을 그릴 때 염소는 매우 작았고 늑대도 작았습니다. 붉은색 디자인이 가진 비극적 상황을 가장 잘 표현하기 위해 전 무엇이 최선인지를 보여 주고 싶었지요.[24]

그런 풍경들은 러시아의 작곡가 프로코피에프의 「피터와 늑대 *Peter and the wolf*」를 그림책으로 만든 『프로코피에프의 피터와 늑대 *Pierre et le Loup*』에서도 고스란히 보입니다. 작은 새는 플루트, 오리는 오보에, 고양이는 클라리넷, 할아버지는 바순, 늑대는 호른, 피터는 바이올린 등의 현악기들, 총소리와 사냥꾼은 큰 북으로 표현되었는데, 이들은 모두 매우 작게 나타나고 검은색, 파란색, 빨간색, 흰색으로 바뀌는 배경색과 나무와 해, 하늘 등은 마치 땅에서 폴짝대는 미물들에게, 어디 한번 신 나게 놀아 보아라, 내 봐주마, 하는 듯한 분위기를 풍기지요. 고양이와 오리와 피터와 나무 꼭대기의 새가 한꺼번에 나오는 장면을 보면, 작가는 나무의 큰 키를 더욱 강조하기 위해 나무를 아예 반만 보여 주고, 대신 물그림자에 전체를 길쭉하게 다 비춰 보이는 방법을 택하지요.

　하늘의 색과 물의 색은 거울에 비친 듯 서로 닮았고 그림은 매우 정적이지만 막상 그 그림 안에서 이루어지는 대화와 속생각은 매우 격렬하지요. 피터는 새에게 "조심해!"라고 외치고, 오리는 "저리 가, 꽥꽥!"하며 화내고, 고양이는 새를 보고 "나무로 뛰어 올라가서 확 잡아챌까?"라고 생각하고 있답니다. 작가의 유머 감각도 눈길을 끄는군요. 물에 비친 노란 해님을 보면 달걀 흰 자 한 구석에 노른자가 둥실 떠 있는 것 같거든요.

　나무와 빨간색 역시 『스갱 아저씨의 염소』에서와 같은 역할을 하고 있지요. 늑대를 암시하는 나무는 검고 기다란 음울한 나무지만, 피터의 나무는 빨간 사과가 주렁주렁 열린 둥글고 환한 나무지요. 처음에는 푸른색과 하얀색, 노란색이 밝고 명랑한 분위기를 주도합니다. 하지만 새빨간 배경이 나타나며 길쭉하고 검은 나무들은 앞으로 닥칠 위험을 슬며시 드러내지요. 아니나 다를까 늑대는 오리를 와락 덮쳐 삼키고 피터 집 앞까지 오지요. 그러나 같은 빨간 배경이라도 늑대가 처음 등장해서 오리를 삼키는 장면의 색은 으스스하지만, 겁 없는 피터가 울타리 안에서 늑대를 잔뜩 기다리는 장면의 빨간색은 밝고 환합니다.

　전래 동화를 그린 『빨간 모자 Rotkaeppchen』에서도 인물과 나무는 으스스한 역할을 맡고 있군요. 빨간 테두리가 뾰족뾰족한 검은색 사이프러스 나무들은 비스듬히 기울어져 있습니다. 빨간 모자가 하얀 거위들을 몰며 가는 길은 곧은길이지만, 배경의 나무들은 위험하게 기울어져 있군요. 빵 바구니를 들고 할머니 댁으로 가는 길의 나무들도 기울어져 있고 늑대를 만난 언덕에서도, 먼 길로 돌아 할머니 댁으로 가는 길에서도 검붉은 나무들은 위태롭게 기울어져 있습니다. 나무와 늑대와 밤은 모두 검은 색입니다. 해는 처음에는 노랗게 떠 있지만 오후가 되며 하얀색으로, 점차 노란색으로 바뀌더니, 늑대를 만날 무렵에는 붉은 노을이 지고, 할머니 댁에 이를 때는 이미 하얀 초승달이 떴습니다. 시간의 흐름은 덧없어서, 늑대가 빨간 모자를 꿀꺽 잡아먹은 마지막 장면에서는 나무마저 검은 어둠에 묻혀 보이지 않는데, 늑대가 바라보는 달은 빨간색이지요. 아마도 늑대는 달을 보며 빨간 모자를 생각하고 입맛을 다시는지도 모르지요.

나무란 늘 신비로운 존재지요. 에릭 바튀는 이렇게 말합니다.

> 나무에는 뭔가 숨겨 있기도 하고 드러나 있기도 합니다. 드로잉과 마찬가지로 감춰진 구조가 있고, 드러난 구조가 있지요. 내 드로잉들을 엑스레이로 투시하면 나무가 보일 거라고 말하는 게 아닙니다. 그렇지만 드로잉은 나무와도 같지요. 내가 한번도 생각해 보지 못한, 나무에 관한 어떤 것들을 이야기해 줍니다. 『빨간 모자』의 사이프러스 나무들을 보면 늑대들이 떠오르지요. 사실 그건 제가 미리 생각했던 부분은 아니었는데 말이지요.[25]

그런 나무들을 심고 다니는 사람에 대한 그림책도 있습니다. 『실베스트르 *Sylvestre*』에서 주인공 실베스트르는 매일 아침 정원을 가꾸고 나무를 심지요. 그는 작은 씨앗을 심으면 곧바로 싹이 트고 줄기가 돋아나고 커다란 나무로 자라게 하는 놀라운 재주가 있답니다. 그런데 어느 날 도시에 가서는 깜짝 놀라지요. 그곳은 나무 하나 없이 온통 회색뿐이었거든요. 실베스트르는 도시 곳곳을 돌아다니며 씨앗을 뿌려 나무가 자라게 하지요. 사람들은 기뻐하며 자기들도 나무를 심겠다고 약속합니다. 그런데 시간이 흐른 어느 날, 커다란 광장 한 가운데서 실베스트르는 나무를 심을 만한 자리가 비어 있는 것을 보며 슬퍼집니다. 사람들이 약속을 잊었다고 여긴 거지요. 그러나 그날 밤 눈이 내리고, 아침에 보니 커다란 전나무가 거기 서 있는 거예요. 꼭대기엔 노란 별을 달고서요. 그 전나무는 크리스마스 트리였던 거예요.

주인공 이름이 실베스트르인 것이 재미있군요. silva는 라틴어로 '숲'이란 뜻이고,

우리가 익히 아는 그리스 신화 속 목축의 신 판이 로마로 가면 목축 겸 숲의 신인 실바누스와 동일시되거든요. 그러니까 나무를 잘 가꾸는 재주가 있는 실베스트르는 숲의 신인 거예요. 그가 다른 책에서 보여 주었던 뾰족뾰족한 검은색 나무 대신, 이 책에서는 나무들이 크리스마스용 전나무 빼고는 다 동글동글하답니다. 공포를 주는 나무가 아니라 사람들의 마음을 따스하게 해 주는, 온갖 색깔로 피어날 생명의 나무들이지요.

그런데 눈 내리는 밤, 트리용 전나무들이 소리 없이 줄지어 지나가는 장면을 보니 문득 어느 영상물이 떠오르는군요. 해마다 수천만 그루가 트리용으로 베어지고, 시즌이 지나면 집 앞에 버려져 폐기 처분되는 내용이었어요. 우리나라야 생나무로 트리를 만드는 문화가 아니니 해당 사항이 없지만, 생나무를 자르지 말고, 정원에 있는 나무나 큰 화분 속 식물이나 분재를 이용하자는 메시지를 담은 그 영상물을 에릭 바튀도 보았더라면 이 그림책을 달리 그렸을 것 같아요. 혹 실베스트르가 생나무 트리를 꾸미지 말자는 운동에 앞장서지 않았을까요?

숲의 신은 생명을 살리는 데 앞장서겠지만, 전쟁의 신은 그렇지 않지요. 욕심, 우월감, 질투심 등 온갖 것을 부추겨 인간들이 서로 총칼을 들게 하니까요. 에릭 바튀가 좋아하는 작가 중 하나인 토미 웅게러는 『꼬마 구름 파랑이 *Die Blaue Wolke*』나 『곰 인형 오토 *Otto*』에서 인간의 잔인함을 감추지 않고 사실적으로 그려 냅니다. 에릭 바튀 역시 그런 주제를 다루긴 했지만, 매우 담담하고 동화적으로 그렸어요. 『새똥과 전쟁 *Bataille*』은 사이좋게 지내던 빨간 나라와 파란 나라의 왕들이 콧등에 떨어진 새똥을 보고 서로 웃다가 싸움이 커져 전쟁이 벌어진다는 내용입니다. 윗사람들이 돌격 명령을 내리면 죽어나는 건 아랫사람들이죠. 담담한 글로 묘사되었지만 함축된 의미에 외려 가슴이 저밉니다.

『새똥과 전쟁』, 교학사, 2001

날이 저물 무렵, 파란 나라는 싸움을 멈추었어요.
파란 나라 군인들은 지친 몸으로 돌아왔어요.
힘들고 슬픈 하루였어요.

날이 저물 무렵, 파란 나라는 싸움을 멈추었어요.

파란 나라 군인들은 지친 몸으로 돌아왔어요.

힘들고 슬픈 하루였어요.

(…)

해질녘이 되어서야 빨간 나라는 공격을 멈추었어요.

슬픈 날이었어요. 백성들은 눈물을 흘렸어요.

그러나 왕들은 전쟁을 멈추려 하지 않고 서로 땅굴을 파서 공격하더니, 엉뚱하게 파란 나라 사람들은 빨간 성에 들어가고, 빨간 나라 사람들은 파란 성에 들어가 있게 되지요. 그러다가 아이들이 뒤섞여 놀기 시작하면서 백성들은 창과 깃발을 내려놓습니다. 왕들도 사이가 좋아졌느냐고요? 아니요. 계속 싸우려는 왕들에게 사람들은 장기판을 놓아 주었어요. 왕들은 장기판 위에서 전쟁을 벌이고, 파란 나라와 빨간 나라 사람들은 빨갛고 파란 집을 지어 서로 옹기종기 모여 살았다는 이야기.

그림은 마치 레고 인형들을 보는 듯, 작고 동작도 뻣뻣합니다. 그러나 자세히 보면 넘어져 있는 시체들, 그 시체 앞에서 울며 서 있는 가족들, 부상당한 남편을 끌어안고 있는 아내, 무덤에 놓인 수많은 십자가들, 석양에 울며 지나가는 까마귀 떼 등 참혹한 전쟁의 모습이 남김없이 보이지요. 여기에 대해 작가는 이렇게 설명합니다.

어린이들을 폭력적인 그림으로 공격해선 안 된다는 데 동의합니다. 어린 시절이란 자신을 일구어 나가는 시기이며, 큰 변화를 겪는 시기기도 하지요. (그러나) 모든 것을 없앨 것까진 없습니다. 『새똥과 전쟁』에서 나는 전투 장면에 시체를 그려 넣었어요. 거기선 넣을 수 있었습니다. 어느 나라에서나 아이들은 전쟁 놀이를 합니다. 심지어 전쟁이 벌어졌을 때에도 그럴 겁니다.[26]

생각 있는 사람들은 바람직한 사회를 만들려 함께 노력하지만, 어리석은 사람들은 자기가 가만히 있어도 알아서 해 주는, 위대한 영도력을 가진 지도자를 꿈꿉니다. 제1차 세계 대전 이후 독일은 합법적 투표로 히틀러를 선택했고 그 결과는 재앙이었지요. 에릭 바튀는 『하얀 늑대처럼 Comme le loup blanc』에서 독재자가 장악한 사회를 그립니다. 각양각색의 토끼들이 모여 사는 토끼 마을, 맛있는 풀이 놓인 식탁이 보입니다. 기다란 수염과 새빨간 눈을 가진 새하얀 토끼가 제안을 하지요. 우리 마을이 너무 좁아 이렇게 많은 토끼가 살기 마땅치 않으니 솎아 내자고요. 그 제안에 갸우뚱거리는 토끼 하나 없이, 하얀 토끼가 정한 규칙을 그대로 따릅니다.

처음에는 키 작은 토끼들이 쫓겨 나가고, 그다음에는 수염이 짧은 토끼들이, 그다음에는 하얀 색깔과 다른 색깔을 가진 토끼들이 쫓겨나지요. 마침내 마을에는 규칙에 적합한 토끼 단 한 마리만 남게 되었어요. 그게 누구인지는 다들 아실 테고요. 그러던 어느 날, 기다란 수염에 새하얀 털과 번득이는 새빨간 눈을 가진 한 키 큰 토끼가 찾아옵니다. 이 토끼는 주인 토끼를 잡아먹고 사라졌어요. 그 뒤 쫓겨났던 토끼들이 다시 돌아와 마을을 이루고 살지요.

처음에 토끼들은 서열을 나타내는 직사각형 식탁에 주욱 앉아 있어요. 여기엔 맛없는 풀은 빼고 맛있는 풀만 놓여 있네요. 그러나 흰 토끼가 사라진 후 다시 돌아온 이들의 식탁을 보세요. 작은 네모 식탁들이 둥글게 원을 이루며 모여 있지요. 즉, 서열이 사라졌다는 의미겠죠? 게다가 작은 식탁들에는 저마다 알록달록한 토끼, 분홍 토끼, 갈색 토끼, 점박이 토끼 등이 섞여 있어요. 이들은 봄을 기다리며 맛있는 풀이든 맛없는 풀이든 맛있게 먹지요. 마지막에는 토끼들이 돌아와 피부색으로든 키든, 생김새로든 뭐든 가르지 않고 서로 더불어 사는 세상으로 가고 있는, 지극히도 낙관적인 모습을 보여 주어요. 이건 너무나 순순히 낙관적인 결말이 아닐까요? 하지만 에릭 바튀는 이런 생각을 갖고 있군요.

『빨간 고양이 마투』, 문학동네, 2001

아냐 아냐.
저녁밥으로는 새알보다 새가 좋겠어.
빨간 마투는 새알을 품었어.
깨뜨릴라 조심조심, 슬며시 눈을 뜨고 지켜보았지.

다른 토끼들이 돌아오지 않는 것은 있을 수 없다. 책의 결말은 희망적이어야 한다. 그렇지 않다면 난관을 헤쳐 나갈 수 없을 게 아닌가.[27]

내쫓긴 토끼들이 밖에서 어떤 생각을 했기에 돌아올 수 있었는지에 대한 묘사가 전혀 없이 곧바로 희망적인 결말이 보여 비약이 심하다는 생각이 드는 책이에요. 그 설명이 없는 한, 이 토끼들은 이런 세상을 금방 잊고 '위대한 영도력'을 갖췄다고 착각하는 지도자의 명령을 또 따르게 될 것만 같거든요. 적어도 '어리석지 않은 몇'을 보여 주었어야 하지 않았을까요?

그림 자체는 에릭 바튀답게 강렬한 빨간색과 검은색을 써서 으스스한 분위기를 만들지요. 냉담한 하얀 토끼의 표정이 음울한 분위기를 더욱 무겁게 하고요. 항거할 줄도 모르고 그의 규칙을 따르며 '날 잡아 잡수'하며 맥없이 두 팔을 늘어뜨리거나 턱이나 받치고 있는 등 무조건적인 추종자와 방관자의 자세를 보이는 어리석은 다른 토끼들의 표정은 독재자의 표정과 극명하게 대비되는군요. 작가는 한 장면을 현실의 사진에서 빌려 왔어요. 새로 등장한 키가 더 큰 하얀 토끼(토끼를 가장한 늑대지만)와 원래 독재자인 하얀 토끼가 악수를 하는 장면을 현실의 히틀러와 페탱이 악수하는 장면처럼 그렸거든요.*

에릭 바튀가 이렇게 '힘겨운' 책만 만든 건 아니에요. 고요한 성찰을 담은 『마음을 움직이는 모래 Sables émouvants』, 아이들의 꿈을 여러 가지 색깔로 묘사한 『만약 눈이 빨간색이라면 Si la neige était rouge』, 현실에서는 절대 귀엽지 않으나 그림책에서는 귀엽고 익살맞은 벼룩의 친구 찾기를 그린 『꼬마 벼룩 Petite Puce』도 있고, 새를 키우며 새록새록 정을 주는 고양이를 그린 『빨간 고양이 마투 Rouge Matou』도 있

---

* 당시 페탱은 프랑스의 수반이었어요. 전쟁이 끝난 뒤, 페탱은 나치 독일에 협력한 죄로 종신형을 선고 받습니다.

거든요. 그중에 빨간 마투가 눈길을 끄는군요. 새는 고양이의 먹잇감이지요. 고양이를 예뻐하며 돌보면 가끔 감사 선물로 쥐나 새를 사냥해서 갖다 주는 경우가 있다네요. 제 입에 넣고 싶은 거 꾹 참고 선물한 거라 아주 의기양양, 자랑스럽게 골골댄다는데, 이 책의 주인공인 빨간 고양이 마투와 새의 관계는 어떨까요?

길을 걷다가 신선하고 귀여운 새알을 본 빨간 마투는 꿀꺽 삼킬까 하다가 아무래도 새알보다는 새를 먹는 게 나을 것 같아 그 알을 품어 봅니다. 알에서 아기새가 나오자, 키워서 잡아먹는 게 나을 것 같아 해바라기 씨와 밀알을 먹여 키워 놓으니 무럭무럭 자란 아기 새는 휘리릭 날아가 버립니다. 그런데, 새가 도로 날아와 빨간 마투 곁에 내려앉았고, 이윽고 둘은 친구가 되어 재미나게 놀지요. 그러다 여름이 지나자 새는 따뜻한 나라로 날아가고, 봄이 되자 예쁜 아내와 귀여운 아기 새들도 함께 데리고 돌아와요. 마지막 그림에 보면, 빨간 마투는 등에 이들을 태우고 한 가족처럼 재미나게 노는군요.

이 책을 고양이와 새의 우정에 대한 책으로 볼 수도 있겠지만, 저는 모성 본능에 더 눈길이 가네요. 마투(Matou)는 프랑스어로 Tomcat, 즉 수컷 고양이란 뜻이에요. 암컷이 아니라 수컷으로 정한 이유가 있겠죠? 새끼를 돌보려는 마음은 대개 엄마 쪽이 아빠 쪽보다 훨씬 강하지요. 이 책은 모성 본능이라곤 없는 이 수고양이가 새알을 품고, 아기 새를 키우면서 모성(수컷이니 부성이라고 표현해야겠지만)이 생기는 과정을 보여준 것이라고 생각해요. 빨간색과 주황색 색상이 지닌 따스함도 그런 부성이 싹트고 피어나는 데 도움을 주겠지요? 그림이 에릭 바튀의 여느 그림들과는 조금 달라요. 다른 그림책들에선 등장인물을 깨알만하게 그려 숨은그림찾기를 할 지경인데 여기선 큼직하게 그려서 표정도 잘 읽히니까요.

실제로 에릭 바튀는 인물을 어떻게 그려야 할지 몰라 두려워하는 편인데, 빨간 마투는 큼직하게 그려서 비교적 작업 시간이 짧았다고 해요. 마투 표정을 보면 인물 그릴 때 두렵다는 작가의 말이 겸손처럼 느껴지지요. 품은 알이 깨질까봐 조심조심 한

쪽 눈을 슬며시 뜨고 지켜보는 모습, 날아가는 새를 잡으려고 발톱으로 헛애를 쓰는 가련한 모습 등 묘사가 좋으니까요. 배경 묘사에서도 재미난 부분이 눈에 띄는군요. 빨간 마투가 산보를 할 때 배가 고팠는지, 흰 구름 안의 동그란 노란 해가 마치 흰자 속의 노른자 같아 보이네요. 그는 달걀에 특히 애착이 있는 것 같아요. 앞서 말씀드린 『피터와 늑대』에서 오리와 작은 새가 등장하는 연못 장면도 비슷하니까요.

『빨간 고양이 마투』에서는 아예 주인공이 빨간색이고, 그의 책마다 빨간색이 많이도 보이지요. 그것은 작가의 고향 오베르뉴의 흙색이랍니다. 부모님과 자신이 다니던 초등학교의 창문 너머로 늘 붉은 현무암 산을 볼 수 있었다고 말하거든요. 그러나 검은색과 흰색에도 유난히 매혹을 느낀다는 그는 자기가 좋아하는 색깔들을 칠하고, 덧칠하며 일중독 아니냐는 소리까지 들을 정도로 많은 그림책을 만들었지요.

토미 웅게러와 에티엔느 드레세르, 요제프 빌콘, 비네테 슈뢰더*를 좋아한다는 그에게, 나는 빨간색과 검은색과 나무를 좋아하는 그대, 에릭 바튀를 좋아한다고 말하겠어요.

---

* 토미 웅게러는 『꼬마 구름 파랑이』를, 에티엔트 드레세르는 『일곱 난쟁이와 백설공주』를, 요제프 빌콘은 『아툭』을, 비네테 슈뢰더는 『개구리 왕자』를 그렸습니다.

# David Diaz

## 햇살처럼 뻗어 나가는 호기심

## 데이비드 디아즈

뉴욕에서 태어나 플로리다에서 자랐습니다. 고등학교 미술 선생님의 권유로 미술을 시작했습니다. 미술반에서 만난 아내와 결혼한 뒤 캘리포니아로 가서 본격적으로 일러스트레이션을 공부했습니다. 지금은 일러스트레이터이자 그래픽 디자이너로 활동하고 있습니다. '디아즈 아이콘'이라는 디자인 및 일러스트레이션 회사를 세우기도 했습니다. 이브 번팅과 함께 만든 첫 작품 *Smoky Night*으로 칼데콧 상을 받았습니다. 그 밖에 지은 책으로 『후안이 빚은 도자기』, 『집으로』 등이 있습니다.

\* 데이비드 디아스, 데이빗 디아즈 등 번역서마다 저자 이름의 한글 표기가 다릅니다. 여기서는 데이비드 디아즈로 통일합니다.

역사에서 늘 논쟁의 여지가 있는 주제 중 하나는 과연 기록을 어디까지 신뢰할 수 있는가, 하는 점이지요. 승자의 기록이 거의 대부분이고, 그것도 다 남아 있는 게 아니니까요. 김광규 시인의 '묘비명(墓碑銘)'이란 시가 그 문제를 가장 잘 지적하고 있어요. 시도, 소설도 읽은 바 없는 부자가 죽어 문인이 기린 훌륭한 비석을 남겼는데, 그 비석이 불의 뜨거움을 견디고 살아남았으니, 역사는 도대체 무엇을 기록하며 시인은 어디에 무엇을 남길 것이냐는 내용이지요.

기록이란 게 시각에 따라 제각각이라 상대방의 입장에서는 답답해서 가슴 칠 일을 만들어 내기도 합니다. 용산 참사를 보면서, 과연 이것의 '공적' 기록과 '사적' 기록은 얼마나 다를까, 책 동네에서는 이것이 어떻게 기록될까, 잠시 생각했습니다. 이념 때문에 고초를 많이 겪은 우리나라에서는 이념 그 자체이든, 그런 색깔이 덧입혀진 문제에 대해서든, 돌을 맞을까봐 입을 다무는 경향이 강하지요. 이런 주제가 그림책으로 기록되는 날이 올까요? 유모차를 끌고 촛불 시위에 참가한 엄마들의 이야기는 그림책으로 다루어질 수 있을까요? 자기 검열이 강한 우리 사회의 특성상 그런 그림책이 언제쯤 나올지 짐작가지 않는군요.

그런 점에서는 미국이 좀 더 자유롭지만, 그것을 어떤 시각에서 다루느냐에 따라 관계된 이들은 불편할 수도 있지요. 오래전에 이브 번팅의 글에 데이비드 디아즈가 그림을 그린 *Smoky Night*(연기 자욱한 밤)을 처음 본 순간, '아, 이 책은 그림은 참 좋은데, 우리나라에 번역되지는 않겠구나.'라는 생각을 했어요. 작가가 배경이 되는 구체적 사건을 명시하진 않았다 해도, 당시의 사회적 이슈였던 LA폭동을 다룬 데다,

흑인의 입장에서 기록된 것 같으면서도 정작 가해자인 백인 경찰관의 구타사건은 쏙 빼놓고, 피해자로 얽혀 있는 한인과 흑인 모두 사이좋게 살자는 내용을 담은 그림책이거든요. 역사 서술이 아닌 다음에야, 그림책이 모든 것을 다 기록할 의무는 없고 또 다 할 수도 없지만, 그래도 우리나라 사람들이 보기에는 폭동의 원인은 구렁이 담 넘어가듯 하고, 사이좋게 살아야 한다는 원칙만 강조한 마땅찮은 책이었지요. 그런데 나중에 이 책이 우리나라에서 번역 출간된 것을 보고 꽤 놀랐습니다.

  책을 펼치면 벽지 조각, 마대 조각, 페인트 부스러기, 각종 종이들이 뾰족뾰족 이를 드러내고 있습니다. 이것들은 핀으로 고정되어 있고, 왼쪽에는 까맣게 탄 성냥들이 보이는군요. 폭동의 와중에 누군가 방화를 하고 불길이 일어난 모습을 상징적으로 보여 주는 장면이지요.

  폭동이 일어났습니다. 창가에서 다니엘과 엄마는 사람들이 몽둥이를 들고 유리창을 부수거나 가게에서 텔레비전을 들어내고 있는 장면을 봅니다. 이 장면들은 검은 틀 안에 아크릴 물감을 써서 묘사했고, 배경에는 포장 랩, 깨진 유리 조각, 어지러운 문양의 포장지 사진들로 콜라주를 해 놓았습니다. 글은 하얀 네모 칸 안에 들어가 있지만, 그것조차 아래쪽을 뾰족뾰족 오려 놓아 위기감을 드러내지요.

  어린 다니엘은 그런 행동을 하며 신이 난 것 같은 사람들이 이해되지 않습니다. 신발 가게에서 신발을 던지는 사람들, 다니엘 가족은 가지 않는 김씨 아줌마네 가게에서 시리얼 상자와 쌀부대를 들고 나오는 사람들. 배경 사진에는 온 사방에 시리얼이 흩어져 있습니다. 처음 이 책이 나왔을 때는 분명히 팔 다리가 떨어져 나간 마네킹이 나오는 장면을 보고 섬뜩했던 기억이 있는데, 번역본을 보니 그 장면이 없네요. 비판 때문에 나중에 원본에서 빠졌거나 번역본 낼 때 알아서 뺐거나 둘 중 하나인 것 같군요.

  아무튼 이 모든 아수라장 속에서 어린 다니엘은 혼란스럽기만 하지요. 사람들은 그런 행동을 하는데 이상한 기쁨마저 느끼는 것 같았거든요. 파괴하고 훔치면서 이들은 행복한 듯 보입니다. 다니엘은 그 모습이 더욱 혼란스럽습니다. 그런데 바로 그날 밤, 엄마가 다니엘을 깨웁니다. 아파트에 불이 나서 대피를 해야 했던 거지요. 그런데 다니엘의 고양이인 재스민을 찾을 길이 없었어요. 공포에 사로잡힌 다니엘은 엄마와 대피소에서 하룻밤을 지내야 했는데, 거기서 다니엘과 마찬가지로 고양이를 잃어버린 김씨 아줌마를 만납니다. 평소에 두 집은 사이가 좋지 않고, 고양이들 역시 주인을 닮아 사이가 나빠 보기만 하면 서로 으르렁대곤 했지요. 다니엘의 엄마도 김씨 아줌마의 가게에서 물건을 사지 않았어요. 하지만 대피소에서 만난 이들은 고양이 걱정에 슬퍼하고 서로 위로했지요. 그때 마침 소방대원이 고양이들을 안고 들어옵니다. 늘 싸우기만 했던 고양이들은 소방대원의 품속에서 사이가 좋아져 있었어요. 김씨 아줌마와 다니엘네도 이런 상황을 겪으면서 서로 사이가 좋아지게 되고요. 결국 고양이들이 인간들에게 사이좋게 사는 방법을 가르쳐준 셈이지요.

책은 그렇게 끝나지만, 글쎄요. 한인 교포들의 가게를 흑인들이 방화하고 약탈하는 바람에 한인들이 생존권을 지키기 위해 총까지 들고 스스로 경비에 나서야 했던 그 상황을 우리가 알고 있는데, 그런 결말은 대단히 황당하지요. 다니엘이 보았던 약탈당한 가게는 사실상 김씨 아줌마의 가게니까요.

이브 번팅은 시각에 따라 논쟁적일 수밖에 없는 글을 썼지만, 그림을 그린 데이비드 디아즈는 이 책으로 칼데콧 상을 받아 유명해졌습니다. 그는 브라질 여행 때 했던 스케치에서 영감을 얻어 그림을 구상하고, 검은색 틀 안에 그림을 넣고, 배경에는 정교한 사진들을 오려 붙였어요. 이 그림들은 사건이 고조되면서 더욱 생생하고 격해졌다가 고양이들이 화해하고, 인간들도 화해하는 결말 부분에는 상당히 부드러워지지요. 이 그림들 덕분에 그는 샤갈이나 조르주 루오와 비교할 만하다는 평단의 평가를 받았어요. 그러나 위대한 화가들과 견주어지는 기분은 어떨까요? 그는 이렇게 말합니다.

이런 위대한 이름들이 제게 영감을 주긴 하지만 그들과 경쟁할 마음은 없습니다. 어떤 속박도 떨쳐 내고, 일러스트레이션을 통해 이야기하는 제 나름의 방식을 발전시키는 게

제 목표입니다.[28]

　나름대로의 방식을 발전시켜 그림을 그리겠다는 그의 소망은 초등학교 1학년 때부터 간직한 것이었다고 합니다. 선생님이 단어 빈 칸 채워 넣기를 시켰는데, 코 그림 밑의 'n＿＿se'의 빈 칸에 어린 데이비드는 착실하게 'O'를 채워 넣었지요. 그런데 가만히 보니까 그 O가 사람 얼굴처럼 생긴 거예요. 그래서 빨간 연필로 O에 눈 코 입을 다 그려 넣었지요.

　'일러스트레이터'라는 단어를 몰랐던 어린 데이비드는 그때부터 자기는 'drawer'가 되겠다고 마음 먹었다네요. '그리다'라는 뜻의 'draw'에 'er'만 갖다 붙이면 사람이 되는 줄 알고 "I will become a drawer."이라고 했겠지만, 선생님은 깔깔거리지 않았을까요? 'drawer'은 서랍이란 뜻이니까요.

　예술적 재능이 있으면 자식이 나중에 배를 주릴까봐 걱정스러운 게 부모의 마음이죠. 데이비드의 부모도 그림을 그만두고 '덜 불안한' 직업을 갖는 게 어떠냐고 제안했다고 해요. 그러다 데이비드가 16살 때 갑작스럽게 어머니가 세상을 떠나고 맙니다. 그림은 그의 슬픔을 위로해 주었고, 학교 선생님 한 분이 예술적 재능이 있는 학생들을 그림대회에 참석하게 하자 그는 나가는 대회마다 상을 받으면서 자신의 재능을 확인하게 되지요.

　초현실주의 조각가인 두안 핸슨 밑에서 도제로 7년간 일하기도 했던 그는 후에 포트로더데일 미술학교를 졸업하고 남부 캘리포니아로 터를 옮겨 그래픽 디자인 회사에서 일하다가 아예 '디아즈 아이콘'이라는 디자인 및 일러스트레이션 회사를 세웁니다. 그런데, 일러스트레이션의 세계란 게 자꾸만 빠져드는 묘한 매력이 있어, 나중에는 디자인 프로젝트가 들어와도 거절했다고 하네요. 이유는 단 하나, 진정한 열망인 일러스트레이션에 지금 몰두하지 않는다면 나중에 후회할까봐 그랬다네요. 『애틀랜틱 먼슬리』등 여러 잡지에 일러스트레이션을 싣고, 하코트 출판사의 의뢰로 책

표지 작업도 많이 했는데, 그중 하나가 그림책 편집자 눈에 들어 이브 번팅의 글에 그림을 그려볼 생각이 없느냐는 제안을 받게 되지요. 그래서 나온 *Smoky Night*으로 홈런을 친 거고요. 프레임 안의 강렬한 그림, 당시 일어난 사건과 관련된 사진을 콜라주해 배경으로 처리한 그림 스타일은 뒤이은 책인 『집으로 *Going Home*』에서 다시 한 번 보입니다. 이번에는 인물의 팔, 손 등을 자연스럽게 묘사하지 않고 마네킹처럼 뚝뚝 분할해서 표현하는 기법을 선보이지요. 그래도 멕시코 이주 노동자가 크리스마스 휴가를 맞아 고향으로 돌아가는 내용에 맞게 그림은 한결 부드럽고 정겹답니다.

데이비드 디아즈는 『집으로』의 표지에서 멕시코에서 보이는 따스한 크리스마스 풍경들을 둥글게 이어 보여 줍니다. 그 가운데 보이는 차 두 대. 지구는 둥글고, 가는 길도 둥글지요. 칸칸마다 색종이 장식, 꽃, 새, 성모 마리아, 땔감을 진 나귀, 자전거, 크리스마스트리, 천사, 별, 달, 양 등 기분 좋은 모습들이 가득합니다. 우리나라로 치자면 한가위처럼 풍성하고 아름다운 분위기지요. 집이나 고향이란 비록 실제로는 그렇지 않다 해도, 마음속에서는 이렇게 따스하고 풍요로운 추억으로 남아 있기 마련입니다. 데이비드 디아즈는 물질이 풍요롭진 않다 해도 정과 사랑, 즐거운 기억이 넘쳐나는 고향을 보여 줍니다. 그리고 그곳은 이주 노동자로서의 주인공 부모의 삶과 극명하게 대조가 되지요. 예전에 로스엔젤리스에서 샌프란시스코행 국도를 타고 가다가 오렌지 나무들이 줄 맞춰 끝도 없이 늘어서 있는 것을 본 적이 있습니다. 주황색 둥근 오렌지들이 주렁주렁 열려 있고 바람결에 실려 오는 오렌지향도 달콤했지만, 몇 시간을 달려도 그 평지에 농가고 뭐고 건물은 단 한 채도 보이지 않고 그야말로 망망대해처럼 눈길 닿는 곳은 지평선 끝까지 오렌지 나무들뿐인 것을 보고 좀 무서웠어요. 저 속에 한 번 들어가면 다시는 못 나올 것 같구나, 하는 생각과 함께 불법 체류자들이 돈 벌러 왔다가 이런 데로 엮여서 노예처럼 사는 경우도 있다는 말이 생각났거든요.

이 책에 나오는 카를로스네 엄마 아빠의 상황 역시 그리 좋아 보이지 않습니다. 찌는 듯이 더운 딸기밭과 토마토밭에서 일을 마치고 오면 엄마 아빠는 끙끙거리고 앓아눕지요. 왜 그곳을 떠나왔느냐는 아이들의 질문에 아빠는 늘 똑같은 대답을 합니다. "라 페를라에는 일감이 없거든. 우린 기회를 잡으러 이곳에 왔단다."

그 기회란 과연 어떤 기회일까요? 망아지를 낳으면 제주도에 보내고 사람을 낳으면 서울로 보내라는 말도 있고, 사실 도시가 농촌에 비해, 이른바 '개발국'이 '저개발국'에 비해 현실이 요구하는 경제적 교육적 기회가 많은 것은 분명하지요. 책에야 그려지지 않았지만, 이들이 기회의 땅으로 여기고 찾아온 미국이란, 지역 교육 사회의 세금이 모자라면 음악 수업이나 미술, 체육 수업이 가차 없이 없어지는 곳이기도 합니다. 멕시코 시골 동네보다 대체적인 교육 환경이야 낫겠지만, 상대적 박탈감을 더욱 심하게 느낄 수밖에 없는 곳이기도 하죠. 도시로 나가려면 어쩌면 10시간 이상 운전을 해야 할지도 모를 어마어마한 넓이의 과수원에 파묻혀 있는 마을, 게다가 농장 감독이 빌려 주는 집에서 살며 아빠 엄마가 자식들에게 주었다고 생각하는 '기회'를 누리는 10살짜리 누나는 "내가 보기엔 별로 대단한 기회를 얻은 것 같지 않지만."이라고 빈정대기도 합니다.

이들은 크리스마스 휴가를 맞아 고향 마을을 찾아가 보기로 하고 고물 자동차 안에 온갖 짐을 싣고 국경을 넘어 멕시코 땅에 들어섭니다. 그러나 나중에 다시 미국으로 돌아올 수 있을까 걱정하는 대화가 사뭇 슬픕니다.

"아빠, 우릴 돌려보내 줄까요?" 내가 물었어요.

"아무렴, 걱정 말거라. 우린 정식으로 허가받은 일꾼이고, 파펠레스도 가지고 있잖니."

"허가증이죠, 아빠." 내가 얼른 말했어요.

"그래, 파펠레스." 아빠는 늘 스페인어로만 말했어요. 아빠와 엄마는 영어를 몰라요. 일터에서는 굳이 영어가 필요하지 않으니까요. 그래도 나는 늘 부모님에게 영어를 가르쳐 드리려 합니다.

『집으로』, 열린어린이, 2005

　못 사는 나라 사람들이 잘 사는 나라로 들어갈 때, 행여 거부당할까봐 가슴 떨러하는 어린 아이의 마음과, 아이를 안심시키려는, 영어를 모르는 아빠의 마음이 고스란히 느껴집니다. 같은 장면에서 멕시코 땅을 보고 햇살 가득한 겨울 하늘을 향해 자꾸 입맞춤을 보내는 엄마의 얼굴 표정을 보세요. 작가는 인물들을 모두 마네킹처럼 그렸지만, 가만히 보면 눈빛으로 속마음을 잘 드러내고 있지요. 이 장면에서 고향 멕시코에 대한 엄마 아빠의 마음과 아이들의 마음은 뚜렷하게 대비됩니다. 엄마의 눈길은 그리움에 사무친 듯 애잔하고, 아빠 역시 그리던 고향의 바깥 풍경을 반가우면서도 슬픈 눈길로 보고 있지만, 멕시코에서 태어났어도 미국에서 자란 아이들은 밖을

보는 게 아니라 그런 엄마 아빠의 모습을 보며 이상하게 여기는 표정이군요.

멕시코 땅에 들어왔어도 집으로 가는 길은 멀기만 합니다. 아이들 눈에는 이국적인 풍경이 펼쳐지는군요. 크리스마스 때라 집집마다 색종이 장식이 걸려 있고, 가로등에 꽃이 걸려 있는 마을들은 아담하고 아름답습니다. 땔감을 잔뜩 짊어진 나귀를 끌고 가는 할아버지도, 겨울털을 두툼하게 뒤집어쓴 양들도 정겹기만 합니다. 마을은 이렇게 축제 같은 분위기로 이들을 반겨 줍니다. 젊은 노동력을 흡수할 일감이 없어 떠나야만 했던 고향에 마침내 돌아온 엄마와 아빠는 할아버지와 고모의 환영을 받습니다. 그리고 엄마 아빠가 보내준 돈으로 산 나무 쟁기도 보았지요. 동네 사람들이 모두 모인 장면을 보면 아릿합니다. 잘 사는 나라에서 온 주인공 가족을(사실 그곳에서 빈민 취급을 받으며 험한 일을 하는데) 선망의 눈길로 보는 이들이 액자 그림 안에 들어 있고, 배경은 농촌의 옥수숫대, 나무 집, 짚으로 만든 도구들, 풀 등을 확대한 사진입니다.

밤 풍경입니다. 엄마 아빠는 할아버지 집 마루에서 자고, 아이들은 차 안에서 자기로 했지요. 물론, 아이들이 그냥 잠들 리가 없습니다. 소곤소곤 이야기를 하는데, '새로 장만한' 흰색 잠옷을 입은 엄마와 아빠가 나와 길에서 춤을 추지요. 농장에서 고된 일을 하며 끙끙 앓던 엄마 아빠가 이렇게 행복한 모습으로 춤을 추다니, 아이들에겐 이런 모습이 새롭고, 엄마 아빠가 젊고 아름답게 느껴집니다. 누나는 엄마 아빠가 언젠가 이곳에 돌아와 땅을 일구며 살 계획이라고 말합니다. 카를로스는 멋지다고, 언젠가 그 일이 자기들에겐 기회가 될 거라고 생각합니다. 아빠가 아이를 사이에 두고 엄마에게 별을 주는 모습을 보세요. 아이에게 좋은 교육 기회를 주려는 의지의 별, 아이를 함께 잘 키워 나가자는 바람의 별, 그리고 다시 고향에 돌아와 함께 땅을 일구며 살자는 희망의 별이라고 볼 수 있겠지요.

작가는 배경 사진에 선물 포장 리본을 쓰고 있군요. 바로, 엄마 아빠가 아이들에게 선물한 '기회의 땅'을 말할 수도 있고, 나중에 아이들이 커서 이 고향에게 가져다줄 선물, 즉 고향을 기회의 땅으로 만들겠다는 뜻일 수도 있지요. 또 크고 둥근 눈을 한 솜 인형 얼굴도 넣었지요. 인형의 동그란 검은 눈동자는, 그리던 고향에 돌아와 행복한 이들의 모습을 바라보는 눈길이라고도 볼 수 있고, 한편으로는 이곳을 잊지 않고 기억하며, 꼭 돌아오겠다는 다짐의 눈길이라고도 해석할 수 있지 않을까요? 데이비드 디아즈는 자신이 16살 때 잃은 엄마의 모습을 이 책의 엄마에 투영했다고 합니다. 또 그는 삽화뿐 아니라 전체 디자인을 맡아 컴퓨터의 도움을 받아 이 책을 위해 따로 서체도 만들어 냈답니다. 원작 표지의 'Going Home'을 보면, O 안에는 축제 같은 느낌의 별이 들어 있고, I, M, E의 요철 표시는 마치 집으로 향하는 자동차 바퀴 자국 같아요. 그런 면에서 번역본 표지에 원 제목을 함께 넣어 작가의 의도를 살려준 것은 세심하다고 할 수 있겠지요.

이제 데이비드 디아즈는 자기가 원고를 찾아 헤매는 게 아니라, 편집자가 보내 주는 여러 원고 중에서 마음에 드는 것을 고르는, 나름 유명한 그림 작가의 위치까지 올라갑니다. 그때 그는 자기에게 울림을 주는 글을 선택한다고 합니다. 아! 이 글이다, 하는 느낌이 있으면 그것을 다시 읽으며 스케치를 하고 여백에 이것저것 써 놓은 뒤 한동안 그것을 밀어 놓는다네요. 다음 단계인 첫 개념화가 그에겐 가장 어렵게 느껴지는 작업입니다. 데이비드 디아즈는 그것을 가장 흥미로운 그림을 그려 내기 위해 자신이 이 원고에서 무엇을 끌어낼 수 있는가 결정하는 단계로 정의합니다. 또한 이 단계에서 그는 어떤 도구를 사용하고, 어떤 기술을 쓸지, 그리고 원고를 어떻게 나눌지를 결정하는데, 또한 이미 아이디어의 샘물을 다 퍼 올렸다고 한탄하며 자신의 능력을 회의하는 단계이기도 하지요. 그는 책 한 권을 위해 보통 3~4개월 동안 작업하는데, 영감을 느꼈던 첫 이미지를 되도록 잃지 않으려 애씁니다. 궁극적으로 그는, 창작 과정이 얼마나 걸리든, 자신의 그림이 신선하고 그 자체가 이야기를 하게 되는 방향으로 나아가려 애씁니다.

『윌마 루돌프Wilma Unlimited』에서도 작가는 검은 프레임 안의 그림, 사진 콜라주 배경, 마네킹 같은 인물 표현을 고수하지만, 그림이 점점 부드러워지는 것을 느낄 수 있습니다. 구아슈, 수채화, 아크릴 물감으로 프레임 안에 그림을 그리고, 배경 사진은 부드러운 세피아 톤으로 처리했지요. 사실 이 사진들은 그가 직접 찍은 게 아니라 아내인 세실리아의 작품이라고 합니다. 같은 미술학교를 나온 세실리아 역시 예술가로 제 몫을 하고 있는데, 남편의 그림책 일을 돕기 위해 그 내용에 어울릴 만한 사진을 찍으러 다녔다고 하네요. 표지를 보면 무아지경에 빠진 듯한 달리기 선수의 모습이 보입니다. 팔다리는 물론, 손가락까지 시원스레 쭉쭉 뻗은 모습이나, 다음 장을 넘기면 흙에 새겨진 맨발자국. 그만큼 힘들게 거기까지 왔다는 것을 암시하겠죠?

1940년, 미국 테네시 주의 작은 마을에서 몸무게 1.8킬로그램짜리 여자 아기가 태어납니다. 그 시절, 그것도 남부인 테네시 주라면 흑인들을 인간으로 취급하지 않았던 곳이지요. 하지만 윌마는 어린 아이였기 때문에 아무것도 몰랐을 테고, 게다가 동네에는 흑인들만 모여 살았을 가능성이 99.9퍼센트라서 그저 뛰어 놀기만 하면 되었겠지요. 다음 장면을 보면 어린 윌마가 장난감 수레 위를 폴짝 뛰는 장면이 나옵니다. 데이비드 디아즈는 이 그림을 통해 윌마가 얼마나 활달한지 보여 주지요. 다른 장난감이 아니라 바퀴 달린 수레와 공이 배경에 있다는 것은 의미심장합니다. 잘 굴러가는 바퀴와 공처럼 윌마의 다리 또한 튼튼하다는 것을 암시하니까요. 그러나 윌마의 허리에 달린 리본을 보면 이중적 의미가 있는 듯도 합니다. 나중에 올림픽에서 메달을 받게 되는 것을 암시하는 게 아닐까 하는 생각이 들어요.

그러나 윌마는 5살 무렵 소아마비에 걸려, 엄마와 일주일에 두 번씩 버스를 타고 80킬로미터나 떨어진 내슈빌에 있는 병원에 다녔습니다. 병원으로 향하는 버스 장면을 보니, 이들은 흑인들이 앉을 수 있는 뒷자리에 앉아 가고 있지요. 작가는 배경에 빙글빙글 돌아가는 버스 타이어 사진을 넣었습니다. 그것도 'HEAVY(무거운)'라고 쓰인 타이어 말이죠. 앞으로 윌마에게 삶이 엄청난 무게로 다가옴을 암시하는 장면이지요. 학교에서 소아마비 학생을 받아 주지 않자 윌마는 장애를 극복하겠다고 마음 먹고 열심히 운동을 해서 보조기를 차고 입학 허락을 받습니다. 그러다 어느 일요일, 교회 앞에서 보조기를 떼고 한 발짝, 한 발짝 비틀거리며 용감하게 걸음을 떼어 놓습니다.

작가는 배경 장면의 변화를 통해 윌마의 행로를 암시합니다. 첫째, 윌마가 학교에서 뛰어놀지 못하고 농구하는 학생들의 모습을 관찰하는 장면은 흙바닥입니다. 그리고 보조기로 걸은 듯한 구멍이 나 있지요. 둘째, 그녀가 보조기를 떼고 있는 교회 앞 장면은 흙 위에 나뭇잎이 깔려 있는 장면입니다. 셋째, 교회에서 한 걸음 한 걸음 내 딛는 장면은 결이 난 나무판이 배경입니다. 넷째, 교회 맨 앞줄까지 걸어 나가는 장면에서는 반듯하고 평평한 타일이 고르게 붙어 있는 사진이 배경이지요.

이렇게 거친 면에서 평탄하고 단단한 면으로 바뀌는 배경은 윌마의 노력에 따라 열리는 길을 암시합니다. 계속 걷는 연습을 하는 윌마는 12살 때 보조기를 아에 치우고, 완전히 새로운 삶을 시작합니다. 농구를 시작한 거지요. 농구 장면에서 작가는 배경 사진으로 농구장 나무 바닥 사진을, 대학 코치가 바라보는 장면에서는 농구 골의 그물망 사진을 썼어요. 작가는 이렇게 그림과 배경 사진을 긴밀하게 결합시키고 있지요. 윌마의 팀은 테네시 주 대회 결승전에서 지고 말아요. 그러나 이 농구 시합을 관찰한 대학 코치가 그녀에게 장학금을 주고 테네시 주립대학 육상 팀으로 데려 갑니다. 가족 중에서 처음으로 대학에 들어간 거지요. 그리고 몇 년 후, 로마 올림픽 육상 경기에서 윌마는 100미터 달리기, 200미터 달리기, 400미터 이어달리기에서 금메달을 받았답니다.

100미터 달리기 장면을 보세요. 프레임 안의 그림에는 허리 부근의 결승 줄을 그렸고, 배경에는 100미터 끝을 알리는 흰색 줄이 그어진 흙바닥 사진을 쓰는 세심함을 보였군요. (그런데 당시 트랙은 흙바닥이었을까요? 그건 또 의문.) 마지막 주자로 배턴을 이어받는 장면은 데이비드의 그림들 중에서 가장 인상적인 장면입니다. 그는 배경을 철망으로 처리하고, 그림 액자에는 푸른 하늘을 담고 말처럼 질주하는 선수들의 모습을 담고 있습니다. 이 중에서도 가장 앞서 있는 윌마의 표정에는 강인한 의지가 담겨 있습니다. 철망은 역경이고, 푸른 하늘은 그 역경을 이겨 내고 비상해서 만나는 황홀한 세상을 상징하지요.

왜 윌마 이야기를 골랐느냐는 북페이지와의 인터뷰에서 그는 이렇게 대답했어요.

이 이야기는 정말 좋은 이야기입니다. 영감을 주기 때문이지요. 윌마 루돌프는 매우 많은 것을 이루었고 극복해 냈습니다. 나는 이 이야기가 대부분의 아이들에게 말을 걸 거라고 생각했어요. 대부분의 아이들은 스스로를 서툴다고 여기고 자신 없어 하며 어떤 면에서 부족하다고 느끼는 것 같아요. 윌마의 이야기는 장애를 가지고 있는 사람이 어떤 식으로 많은 것을 극복했는지 보여 줍니다.[29]

그는 이 책을 위해 아들 이름을 따서 'Ariel(에어리엘)'이라고 하는 독특한 서체를 개발해 냈습니다. 그는 서체에 대해 이렇게 생각하지요.

독특한 서체는 전체적인 디자인에서 한층 중요한 위치를 차지하며, 또한 그림을 좀 더 응집력 있게 도와줍니다. 'Wilma'라는 글자를 자세히 보세요. (살짝 겹쳐진) 기다란 V 모양들은 누군가가 뛰는 모습 같이 생겼지요. 저는 또한 살짝 깨진 흔적과 블록들을 글자에 덧붙였어요. 글자가 좀 더 가볍거나 어두워 보이게 하고 싶어서였죠. 그것은 물결을 일으키며 아주 작은 움직임을 만들어 냅니다.[30]

프레임 안에 그림을 넣고, 사진을 콜라주해 배경으로 삼고, 마네킹 같은 모습의 인물을 그린 그의 스타일은 이 책에서 마지막으로 쓰였습니다. 물론 그가 다양한 수단으로 나름 독특한 작업을 해 온 것은 사실이나, 스타일이 굳어지는 것은 썩 좋은 일이 아니

『후안이 빚은 도자기』, 은나팔, 2008

지요. 이제 그는 좀 더 다양한 스타일을 개발합니다. 컴퓨터 그래픽으로 서체를 개발하던 실력으로 포토샵의 에어브러시 기능을 활용해『후안이 빚은 도자기 The Pot that Juan Built』의 그림을 그린 거지요. 그러나 그가 현대 문명의 놀라운 소프트웨어로 그려낸 장인은 역설적이게도 사라진 옛것을 살려내고자 애쓰는 후안이었답니다.

후안은 열두 살 때 당나귀에 땔나무를 싣고 산에서 내려오다 질그릇 부스러기를 발견합니다. 옛 도시인 카사스 그란데스에서 쓰던 도자기 조각이었지요. 그 조각들은 후안의 삶의 빛이 됩니다. 옛 도자기를 다시 만들려고 오로지 그 빛을 따라 정진하게 되니까요. 책을 펼치면 왼쪽, 오른쪽의 서체와 문장의 길이가 확연히 다릅니다. 왼쪽은 짧은 글들로 계속 이어져 나가고, 오른쪽은 왼쪽을 자세히 설명해 주는 긴 글이랍니다. 그림은 전체를 보고, 글은 왼쪽이나 오른쪽만 읽어도 상관없는 구조지요.

왼쪽은 가장 마지막 단계부터 먼저 말하고, 그다음에는 마지막에서 두 번째 단계+ 마지막 단계, 그다음에는 마지막에서 세 번째 단계+두 번째 단계+마지막 단계, 이런 식으로 차곡차곡 쌓아가는 구조로 쓰였지요.

    불길
    연료인 젖소 똥 + 불길
    머리칼 그림 붓+ 연료 + 불길
    광석으로 만든 물감 + 붓 + 연료 + 불길
    짐승 뼈 그림 도구 + 물감 + 붓 + 연료 + 불길
    찰흙으로 도자기 빚는 과정 + 그림 도구 + 물감 + 붓 + 연료 + 불길
    찰흙을 언덕에서 파내는 과정 + 도자기 빚는 과정 + 그림 도구 + 물감 + 붓 + 연료 + 불길
    돌과 찰흙을 찾아다니는 과정 + 언덕에서 파는 과정 + 도자기 빚는 과정 + 그림 도구 + 물감 + 붓 + 연료 + 불길

즉, 그는 물감이 될 광석을 모으고, 부드럽고 하얀 찰흙을 찾아내 언덕에서 파내고, 납작한 옥수수빵인 토르티야 모양으로 바닥을 빚고 기름진 소시지 모양으로 찰흙을 감아올려 모양을 빚고, 짐승 뼈를 써서 만든 도구로 윤을 내고, 검고 붉은 물감을 머리칼 붓으로 그리고, 젖소 똥을 태운 불길로 도자기를 구워 냈답니다. 이렇게 장인은 옛것을 따르고, 데이비드 디아즈는 현대적인 소프트웨어의 에어브러시 효과를 이용해서 그림을 그려 색칠한 곳마다 해당 색이 환하게 빛나는 효과를 만들어 냈지요. 후안이나 손녀의 얼굴은 옆을 향해도 눈은 거의 정면을 향하는 스타일로 그렸는데, 이집트 벽화가 떠오르는군요. 도자기 자체에 보이는 문양도 재미있지만 태양과 빛 동그라미들로 펼쳐지는 햇살 자체가 그대로 또 문양을 이루고 있는 게 독특합니다.

이 책은 그림도 신선하고 내용도 좋아서 『스쿨 라이브러리 저널』에서 최우수 서적상을 받는 등 상복이 많았지요. 그러나 멕시코의 독자인 스펜서 맥컬럼은 아마존 서평에서 이 책에서 실수한 부분들을 날카롭게 지적하고 있습니다. "디아즈는 (후안) 케자다의 도자기에 자기 마음대로 문양을 갖다 붙이는 오만을 저질렀다. 만약 이 책이 고흐나 피카소와 같은 유명한 예술가에 대한 책이었다면, 그렇게 하지 않았을 것이다."[31] 외국의 독자인 우리는 잘 모르는 부분이지만 멕시코의 독자는 금방 알아보나 봐요. 하긴, 김환기의 달 항아리 그림 문양에 외국 그림 작가가 엉뚱한 문양을 갖다 붙였으면 많은 이들이 알아보고 지적하겠지요. 또 그는 후안이 개발한 특징적인 찰흙 감기 방법이 있는데도 작가가 미국 남서부 인디언의 찰흙 감는 방법으로 후안이 도자기 빚는 모습을 묘사했다고 비판합니다. 또, 책에는 도자기에 윤을 내는 도구로 짐승 뼈나 말린 콩을 쓰는데, 그 말린 콩은 이 마을 어느 부엌에서나 볼 수 있다고 나와 있지만, 문제의 그 콩은 식용이 아닌 야생 콩인 칠리코트라며, 여느 부엌에서 쉽게 보이는 콩이 아니라고 지적하고 있습니다. (이것은 그림 작가가 아니라 글 작가의 실수지요.)

이 책 이후, 데이비드 디아즈는 여러 스타일을 실험해 봅니다. 수채화와 연필 그림을 그리기도 하고, *Angel Face*(천사의 얼굴)에서는 파스텔 그림을 그리기도 하며, 나무, 종이, 압착한 목질 섬유판을 바탕으로 쓰거나 깨진 도자기 조각들과 모래까지 배경에 넣고 있습니다. 그것은 자신이 '미친 도공', '정신세계는 살바도르 달리'로 여겨졌던 미국 최초의 아트 도예가 조지 오르의 영향을 받았기 때문이라고 말합니다. 조지 오르의 이미지에 영향을 받은 게 아니라 단 한 점도 똑같은 게 없이 새로운 방법을 탐색하는 그의 시도에 영향을 받았다는 거지요. 예술에 대한 자신의 시도를 한마디로 정의한다면 바로 '호기심'이라고 하는 데이비드 디아즈. 그 호기심이 햇살처럼 뻗어 나가기를.

# 3

## 이야기, 이야기, 우리의 이야기

엘레나 오드리오솔라   사라 스튜어트와 데이비드 스몰   베라 윌리엄스
케빈 헹크스   도널드 크루즈

배경 그림ⓒ케빈 헹크스

# Elena Odriozola

## 뜨개질로 나누고,
## 그림으로 나누고

### 엘레나 오드리오솔라

1967년 스페인에서 태어났습니다. 화가인 아버지와 할아버지의 영향으로 어렸을 때부터 그림에 관심이 많았습니다. 1990년부터 광고 회사에서 일하다가 1998년부터 그림책 작업에 전념하여 지금까지 50권이 넘는 어린이책에 그림을 그렸습니다. 스페인 국립 일러스트레이션 2등 상을 받았습니다. 『노란궁전 하품공주』는 프랑스, 이탈리아, 포르투갈에서도 출간되었습니다. 우리말로 옮겨진 책으로는 『안녕, 나의 별』 『이야기 담요』 『세 친구』 등이 있습니다.

중학교 때 비누로 두상을 만들어 오라는 방학 숙제가 있었어요. 개학해서 숙제 검사를 하던 미술 선생님은 그만 웃음을 터뜨렸지요. 두상마다 어린 예술가들의 얼굴과 너무나도 닮았거든요. 코가 큼직한 아이가 만든 것은 코가 큼직하고, 인중이 긴 아이가 만든 것은 남달리 인중이 길었답니다.

『이야기 담요 *The Story Blanket*』의 표지를 봅니다. 색실로 짠 폭신하고 도타워 보이는 담요 위에 아이들이 옹기종기 앉아 있네요. 볼이 발그레한 그 동그란 얼굴과 스페인의 그림 작가 엘레나 오드리오솔라의 얼굴을 번갈아 쳐다봅니다. 어렸을 때의 작가도 볼이 발그레하고 동그랬을 것만 같군요. 그 얼굴에서 몽글몽글 피어나던 호기심이 자라 이런 그림을 그렸을 것 같은 느낌. 이번엔 앞표지와 뒤표지가 다 보이게 『이야기 담요』를 널찍하게 펴 봅니다. 왼쪽 끝에 있는 멍멍이가 담요와 같은 색, 같은 무늬로 된 목도리를 포근하게 감고 있네요. 털실로 짠 담요, 털실로 짠 목도리. 이 둘의 색깔과 무늬가 같다는 점이 의미심장합니다. 게다가 털실과 이야기란 술술 풀린다는 공통점이 있습니다. 이야기 담요에서는 대체 어떤 이야기가 풀려 나올까요?

눈이 소복소복 쌓인 마을에 자라 할머니가 살고 있지요. 아이들은 할머니네 깔려 있는 낡고 포근한 담요에 옹기종기 모여 할머니의 이야기를 듣곤 합니다. 신발은 나뭇가지에 얹어 놓거나 매달아 놓았네요. 할머니가 되면 눈이 어두울 것 같지만 니콜라이의 신발에 난 구멍을 금방 알아채는 눈 밝은 할머니도 있답니다.

자, 할머니는 니콜라이에게 따스한 양말을 떠 주고 싶어요. 그런데 눈이 너무 많이 오는 바람에 털실 장수가 마을에 못 들어와서 실은 없고…. 이를 어쩐다? 할머니

『이야기 담요』, 국민서관, 2008

좀먹은 숄을 두르고 다니던
반찬 가게 아줌마는
살랑살랑 새 숄을 쓰게 되었고요.
할머니의 이야기를 들으러 온 아이들은
이제 담요 위에서 서로 바짝
다가앉아야 했어요.

는 털실 공 굴리듯 요리조리 생각을 굴려 봅니다. 오오, 담요를 살짝 풀어서 니콜라이에게 양말을 떠 주면 되겠군요! 그런데 그림을 자세히 보세요. 영화「집으로」의 할머니는 숟가락을 비녀 대신 꽂고 있는데, 이 할머니는 뜨개바늘을 꽂고 있네요. 「집으로」의 할머니는 아이가 '치킨'을 먹고 싶다니까 닭백숙을 해다 바치지요. 우리 문화란 애정이 '먹을 것'으로 표현되니 숟가락을 꽂았고, 이 책에서는 애정이 '뜨개질'로 표현되니 바늘이 비녀 자리를 차지하는군요.

할머니는 담요를 풀어 양말을 뜨고, 모두가 새근새근 잠든 깊은 밤에 눈길을 더듬더듬 헤치고 가서 니콜라이네 집 앞에 양말을 살그머니 놓고 오지요. 종종걸음으로 돌아가는 뜨개할머니의 머리에는 딸려간 빨간 털실이 흩날리고, 아무도 안 봤을 것 같지만, 슬그머니 바라보는 건 밤눈 밝은 흰 부엉이. 작가는 하얀 눈과 흰 부엉이, 빨간 털실과 둥싯 부풀어 오른 할머니 치마의 빨간 꽃무늬를 묘하게 따스한 정서로 대비시키고 있습니다.

여기서 이야기가 끝나면 너무 심심하죠. 어느 날, 우체부 아저씨의 가방에 남몰래 누가 목도리를 놓고 갑니다. 선생님은 따스한 장갑을 끼고, 좀먹은 낡은 숄을 두르고 다니던 반찬가게 아줌마는 새 숄을 두르고 나타나지요. 그런데, 보세요. 동네 사람들이 깜짝 선물을 받으면 받을수록 이야기 담요가 점점 좁아져서 아이들은 이제 서로 몸을 붙이고 앉아 있군요. 아기에겐 포근한 새 담요가 생겼고, 털이 드문드문 난 고양이는 폭신한 새 외투를 입고 한껏 몸을 부풀리며 가르랑댔답니다. 그리고 이야기 담요는 이제 한 올도 안 남았지요. 자, 여기서 아기가 두르고 있는 새 담요를 보세요. 새 한 마리가 빨간 털실을 풀어내고 있지요? 이렇게 작가는 깜짝 선물이 어디서 왔는지 독자들에게 실마리를 살짝 보여 주고 있어요. 그러나 마을 사람들은 실마리를 보고도 못 깨닫고, 누가 이 선물을 가져다주는지 그저 궁금한 마음만 모락모락 일어날 뿐. 그래도 눈썰미가 있는 건 아이들이에요. 한 자리에 모인 양말과 목도리와, 숄과 담요 등등을 보더니 그게 할머니네 낡은 이야기 담요 같다고 소리쳤으니까요.

아, 그러니까 할머니는 이야기 담요를 솔솔 풀어내서 사람들에게 필요한 것들을 뜬 거였어요. 이젠 사람들이 보답할 차례. 저마다 자기네 담요에서 털실을 풀어내 색색의 털실을 할머니네 문 앞에 쌓아 놓았어요. "할머니, 이야기 담요를 새로 짜 주세요."라는 글귀와 함께.

할머니네 집에 모아 놓은 털실 뭉치들을 보세요. 아직은 겨울이지만, 봄이 곧 올 거라고 살그머니 알려 주듯이 저마다 예쁜 꽃 모양으로 환하게 피어나 있지요? 다음 장에 보면 마을 사람들이 갖다 준 털실로 할머니는 알록달록한 새 이야기 담요를 짜 놓았어요. 아이들은 그 위에 옹기종기 앉아 있기도 하고 뒹굴거리기도 하며, 할머니의 이야기를 들었지요. 뭐든 서로 나누며 사는 어느 동네 사람들 이야기였어요.

여기서 끝나면 또 아쉽죠. 이번에도 할머니는 알렉산드라의 스웨터에 구멍이 뽕 난 것을 알아봤지 뭐예요. 물론 할머니는 깜짝 선물을 해 주고 싶었지만, 이야기 담요를 짜는 데 어느새 일 년이 흘렀나 봐요. 언덕에 쌓인 눈이 아직도 안 녹아 동네에서 털실을 구할 수가 없었거든요. 그래도 뜻이 있는 곳에 길이 있나니, 할머니는 빙그레 미소를 짓지요.

마지막 페이지 그림을 보면 마루 어디선가에서 올올이 풀려나온 실로 할머니가 뜨개질을 하고 있어요. 할머니 머리에 꽂혀 있던 뜨개바늘은 어디 있을까요? 당연히 손에서 열심히 제 할 일을 하고 있지요. 창밖의 풍경은 나뭇잎 다 떨어지고, 눈 쌓인 겨울. 그래도 안락의자에서 동그란 얼굴로 뜨개질을 하는 할머니를 보면 마음이 다사로워진답니다.

거울을 보고 몇 십 년 후를 상상해 그렸나 싶을 정도로 이 할머니와 닮은 엘레나 오드리오솔라는 스페인 바스크 지방의 산세바스찬에서 태어났어요. 바스크, 하면 피카소의 「게르니카 *Guernica*」와 분리 독립 운동이 떠오르는 곳이지요. 하지만 남의 나라 역사와 문화에 대해 그 나라 사람한테 섣불리 아는 척하면 안 된다는 것을 엘레나와의 이메일을 통해 깨달았답니다. 작가 인터뷰를 하느라고 몇 가지 질문을 보냈다가, 바스크 얘기가 나와서 "바스크의 분리 독립 운동을 이해해요. 우리나라도 일본의 지배를 받은 경험이 있기 때문에…." 어쩌고 저쩌고 몇 줄 써 보냈더니, 바스크 지방에 사는 사람은 어떨 것이라는 제 선입견을 단번에 무너뜨리는 답장이 왔더군요. "영어로 설명하자니 너무 어려운데 (…) 바스크 해방운동 같은 건 없어요. 극소수만을 대표하는 바스크라는 이름을 달고 사람들을 해치는 ETA라는 테러리스트 집단이 있을 뿐이지요. 그들은 극소수만을 대표해요. 적어도 날 대표하진 않지요. (…) 지금은 그 운동은 불가능하고, 난 이것을 이해하지 못해요. 어쨌든, 살인은 내게는 전혀 정당화될 수 없는 일이에요."라고 그녀는 썼어요.

전 순간 좀 창피해졌어요. 병아리 눈물만큼도 모르는 주제에 틀을 딱 만들어 놓고 아는 척했으니…. 어쩌면 바스크 지방 중에서도 프랑스와 가까운 해변 지역에 있고, 영화제가 열리는 산세바스찬이 고향인 엘레나로서는 스페인의 햇빛과 문화가 무엇보다도 중요하고, 또 그것들을 향유하며 자란 세대였는지도 모르지요. 어느 사이트를 보니 엘레나가 기억하는 한, 자기는 늘 손에 연필을 쥐고 있었다고 해요. 이건 무슨 소리? 아, 알고 보니 할아버지와 아버지도 화가였다네요. 고스란히 물려받은 그림 재주를 갈고 닦아 엘레나는 순수미술과 디자인을 공부하고 광고회사에서 8년 동안 일했어요. 그런데 뜻밖의 사실은 모델도 하고 아트 디렉터도 했다는 것! 그러다가 삽화가의 길로 접어들었지요. 원래부터 그렇게 할 생각은 아니었고, 그저 물 흐르는 대로 자연스럽게 그렇게 되었다고 해요. 그녀는 광고계에서 배운 모든 것은 글을 해석할 때 매우 도움이 되었고, 특히 말을 아껴야 한다는 것을 배웠다고 해요.

광고 일러스트레이터들이 그림책의 세계로 방향을 바꾸거나, 아예 겸업하는 일은 자주 있지요. 『바다가 보고 싶었던 개구리 The Frog Who Wanted to See the Sea』를 그린 기 빌루는 오랫동안 『애틀랜틱 먼슬리』에 촌철살인적인 일러스트레이션을 그렸고 『프레드릭 Frederick』『으뜸 헤엄이 Swimmy』의 작가 레오 리오니는 경제학자에서 광고회사의 아트 디렉터로, 다시 그림책 작가로 여정을 바꾸어 갔지요. 이들 또한 많은 것을 말하지 않고 아끼며 그림으로 표현하는 데 뛰어난 이들이에요.

그림쟁이들이 대개 그렇듯, 엘레나 오드리오솔라 역시 어렸을 때부터 글보다는 그림을 좋아했습니다. 영어로 된 동화책과 스페인어와 바스크어로 된 동화책들을 보며 자랐는데, 그림만 보고 또 보고, 자꾸만 다시 보고 그랬다네요. 자기가 그린 주인공 중에서 특히 아끼는 인물이 있느냐는 질문에는, 누구라고 꼽을 수는 없고 그림에 나온 여자애들을 다 좋아한대요. 사실 엘레나의 그림책에서는 대개 여자애들이 주인공입니다. 자신이 구체적으로 누구를 그리겠다, 이렇게 마음먹지 않은 담에야 대개 여자를 주인공으로 그리게 되는데, 그건 아마 자기가 여자이고 자매가 셋이라서 그런 것 같다고 생각하는군요.

*Vegetable Glue*(야채 딱풀)의 주인공도 볼이 빨간 여자애지요. 처음에 이 책을 보고 전 좀 당황했습니다. 아이의 팔과 머리와 코가 뚝뚝 떨어져 나가다니, 이런 그림을 그려도 되는 거야? 하는 생각이 들었거든요. 그러나 보면 볼수록 새록새록 재미있는 책이에요. 야채를 먹어야 건강해진다는 교훈을, 자 이 말씀을 따르라, 하고 도덕적으로 표현하지 않고, 운율을 이용해서 재미있게 쓴 글과 사뭇 엉뚱해 보이는 그림으로 즐겁게 내용을 전달해 주거든요.

표지를 보면 어마어마하게 큰 야채 딱풀이 커다란 통에 담겨 있지요. 엘레나표 볼이 발그레한 아이가 풀이 담긴 그 커다란 통을 올려다보고 있네요. 풀 색깔은 야채답게 녹색! 휘익~! 첫 페이지에 뭔가 날아가고 있고, 강아지가 열심히 그 뒤를 쫓아가네요. 어? 그런데 날아가는 건 나뭇가지가 아니라 팔! 이게 웬일입니까? 오른쪽에 서 있는 여자아이에게 팔 하나가 없네요. 글 내용을 보세요.

오른팔이 떨어지면             When my right arm fell off,

뭘 할지 난 알아요.　　　　　　　I knew what to do,

야채 딱풀로　　　　　　　　　　I stuck it back on,

도로 꼭 붙이지요.　　　　　　　With vegetable glue.

오오, 그러니까 야채를 먹으면 팔이 도로 붙는다 이거죠? 다음 장은 더 황당한 그림이 나와요. 머리통이 바닥에서 굴러다니거든요. 나(여자아이)는 자기 머리를 도로 제자리에 붙이지요. 그런데 뭔가 붙이려면 초강력 딱풀이 있어야 하잖아요? 그러니까 난 늘 야채 딱풀을 커다란 통에 보관하고 있어요. 뭐든 떨어지면 새것처럼 붙여 놓을 수 있게요. 그런데 이 풀은 가게에서 파는 게 아니에요. 어디에 있을까요? 그림을 보면 딱 보이죠? 바로 배 안에 있네요. 야채를 먹으면 몸이 야채 딱풀을 만들어 내요. 그래서 내 몸의 팔이든 다리든 뭐든 나한테 딱 붙어 있게 해 준답니다.

그런데 난 사실 케이크만 좋아해요. 그랬더니 특별 딱풀이 안 생겨서 재채기를 하니까 몸에서 뭐가 떨어져 나가 버려요. 아이고 저런, 진짜 난감한 그림 하나 나오네요. 바로 엉덩이가 떨어져 나온 그림이에요. 쯧쯧, 엉덩이까지 톡 떨어져 버렸으니 이를 어쩔까나, 원군인 할머니가 각종 야채를 들고 쌩 하고 달려올 수밖에요.

수잔 챈들러가 운율을 넣어 재미있게 쓴 글에 엘레나가 그린 재치 있는 그림이 고물고물 귀여운 이 책에서 가장 재미있는 장면은 동그란 엉덩이가 한쪽도 아니고 두쪽 다 바닥에 톡 떨어져 있는 그림이에요. 떨어져 나간 엉덩이 때문에 주인공과 강아지가 안절부절 못하는 모습이 어찌나 귀여운지 몰라요. 엉덩이가 푸짐한 어른들이야 책의 교훈과는 정반대로 야채를 사절하야, 그 결과 엉덩이를 자동 분리시키고 싶은 충동이 일어날 수도 있지만, 인절미반죽 같이 말랑말랑하고 예쁜 아이들 엉덩이는 꼭 붙어 있어야 한답니다. 그러니 야채 딱풀을 열심히 만들어야겠죠? 천진하면서도 난감해 하는 아이의 속마음을 잘 살린 이 책은 2004년 케이트 그린어웨이 상 후보작에 올랐어요.

엘레나의 그림은 전체적으로 부드럽고, 색조가 차분하면서도 여백이 많은 편이에요. 섬세하고 서정적인 그림의 여백은 매우 은은한 분위기를 자아내지요. 역시 여자애가 주인공이면서 은은한 여백과 화사한 패턴, 특이한 인물 형상을 보여 주는 『노란궁전 하품공주 *La princesa que bostezaba a todas horas*』를 열어 볼까요?

볼이 발그레한 공주가 하품을 합니다. 언제나 입을 벌리고 하품만 하다 보니 하품에 가려 입이 보이지 않을 정도네요. 벌레들은 언제든 공주의 입속으로 쏘옥 들어갈 준비를 하며 공중에서 떠돌고 있는 것 같아요. 그런데 하품이란 옆 사람에게 금방 옮겨가는 법. 왕도, 왕비도, 신하들도 연이어 하품을 하고, 정원사의 개와 고양이마저 하품을 하고, 심지어 이 그림책을 보며 글을 쓰고 있는 저도 하품을 하게 되네요.

날이면 날마다 하품을 하니, 왕은 금지옥엽 이 딸이 걱정스러워 견딜 수가 없습니다. 그래서 하도 돌아다녀서 밑창이 닳은 신발을 신고 궁전을 돌아다니며 걱정을 하지요. "공주는 왜 만날 하품만 할까? 따분한 걸까?"

글쎄요, 이유가 뭘까요? 배꼽 빠지게 재미있는 이야기를 해 주는 코끼리를 이웃 왕국에서 빌려와 봐도 마찬가지, 먼 나라에서 가지가지 맛난 음식을 가져다 대령해도 마찬가지, 보드라운 깃털 침대를 마련해 주어도 마찬가지, 달콤한 물약을 먹이거나 연고를 발라 줘도 마찬가지…. 딸이 너무도 귀한 나머지 왕은 딱 한 가지를 간과하고 있군요. 자기는 신발 밑창이 닳을 정도로 돌아다니면서 딸에게는 아무것도 안 하도록 뭐든 대령만 해 주고 있잖아요.

부모의 조바심과 정성은 아랑곳없이 공주는 그저 하품만 하다가 어느 날 정원을 산책하게 됩니다. 그런데 분수에 거꾸로 처박혔다 일어나는 하인의 아들의 입에 빨간 금붕어가 들어 있고 양쪽 귀에 게가 달린 모습을 보고 하하하 히히히 웃어 댔고, 그 사내아이의 선물인 개구리를 받은 공주는 신 나게 귀뚜라미도 잡고, 언덕에서 구르기도 하고, 연못에서 흙탕물도 튀기고, 술래잡기도 하며 놀았다는 내용. 하품할 새가 있었겠어요?

이 책에서 엘레나는 인물들의 목을 길게 하고 아래쪽은 한껏 부풀리는 식으로 그려 놓습니다. 특히 왕과 왕비 등, 어른들을 이렇게 과장해서 그리지요. 황금관을 쓴 왕이 딸을 염려하며 들여다보는 모습을 한번 보세요. 꼭 커다랗게 살찐 거위 같지 않나요? 왕의 손을 보면 마치 거위의 부리 같지요. 어미 새가 온 정성을 다해 새끼들을 돌보듯, 부모가 공주를 낫게 하려고 온갖 것을 해 보는 모습을 상징하는 게 아닐까요?

따스한 물에 갠 듯한 겨자색과 파란 잉크빛을 주색으로 한 색감은 은은하면서도 정결합니다. 또 왕과 왕비의 옷, 언덕, 풀밭 어디에나 나오는 꽃무늬는 고요한 그림에 살랑살랑 물 동그라미를 일으키는 역할을 하고 있지요.

엘레나 그림의 서정적인 분위기나 인물의 선은 리스베스 츠베르거의 영향을 많이 받은 것 같아요. 좋아하는 삽화가를 묻는 제 질문에 그녀는 이렇게 대답했거든요.

"리즈베트 츠베르거, 장 자크 상페, 볼프 에를부르흐, 카를 오 토 체쉬카, 아서 랙험, 샬럿 보크, 비올레타 로피즈 등 많아요."*

선이 곱고 인물 형상이 특이한 이 책으로 엘레나는 스페인 국립 일러스트레이션에서 2등상을 받았지요. 한국어, 일본어, 영어를 비롯해 많은 나라에서 번역본이 나왔어요.

여백을 넉넉히 주면서 현대적이면서도 서정적인 분위기를 자아내고, 더불어 유머 감각까지 보여 주는 그림책으로, 구스타보 마틴 가르소가 쓴 글에 엘레나가 그림을 그린 *Un regalo del cielo*(하늘의 선물)을 보여 드리고 싶군요. 불어판 제목은 *Le bébé et l'agneau*, 아기와 새끼 양이라는 뜻입니다. 표지는 마치 동양화를 보는 듯, 매화꽃

---

* 리즈베트 츠베르거는 『이상한 나라의 앨리스』, 장 자크 상페는 『꼬마 니콜라』, 볼프 에를부르흐는 『누가 내 머리에 똥 쌌어?』, 카를 오 토 체쉬카는 *Die Nibelungen*(니벨룽겐), 아서 랙험은 『니벨룽의 반지』, 샬럿 보크는 『줄넘기 요정』, 비올레타 로피즈는 *El catalejo*(망원경)을 그린 작가입니다.

이 핀 나무 같은 나무에 털실로 포근하게 짠 새둥지가 하나 보이네요. 그 안에는 누가 들어 있으며, 뒤표지 왼쪽에서 열심히 뜨개질을 하고 있는 새는 또 누구일까요? 이것은 과연 무엇을 상징할까요? 세상의 엄마들은 다들 종종종종 바쁘고, 특히 아이가 어리면 더욱 바쁘고 피곤하지요. 책의 그림처럼 예쁜 꽃구경 할 새도 없고, 정신이 하나도 없으니 핸드백도 잃어버리고, 손전화도 어디다 두었는지 모르죠. 그래도 아기를 잃어버리는 일은 드물어요. (자기 애 잃어버렸다며 울고 불고 찾아다녔는데, 나중에 보니 등에 업혀 있더라 하는 얘기도 있지만.)

그런데 사람 엄마도 피곤하고, 엄마 양도 피곤하고, 하나는 공원에서, 하나는 풀밭에서 곤하게 잠들어 있다 보니 그만 아기들을 잃어버린 거예요. 아기가 탄 유모차는 스르르 강기슭에서 미끄러져 강물을 타고 동동… 새끼 양은 잠자리 잡으러 가다가 그만 멀리까지 가게 되고…. 유모차 타고 동동 떠가는 아기가 나온 장면의 그림을 보세요. 맑은 물에 아기 그림자는 물론 빨간 잎, 노란 잎이 물에 비치는 장면이 평화롭기 그지없습니다. 물과 하늘을 나누지 않고 그림자만 그려줌으로써 새하얀 여백에 큰 의미를 준 솜씨가 기막힙니다. 물과 하늘이 일치가 된 이 새하얀 공간을 통해 아기는 완전히 다른 세상으로 여행하게 되는 거지요.

그게 어떤 세상이냐고요? 사람 엄마 대신 엄마 양이 돌보아 주는 세상이죠. 아기들을 잃은 양쪽 엄마들은 애타게 아기들을 찾아다니다가 상대방의 아기들을 발견하게 되고, 그 애들을 자기 애 대신 돌보게 되거든요. 낳은 정보다 키운 정이 크다는 말이 있다는 게 이들에게도 고스란히 적용되는 듯. 사람 엄마는 새끼양을 보듬어 안고 살고, 엄마 양은 털이 없는 사람 아기가 추울세라 부지런히 뜨개질을 해서 아기 몸을 감싸 줍니다.

그러던 어느 날, 양치기가 양떼 틈에 있는 사람 아기를 발견하고 엄마에게 알려 주지요. 양쪽 엄마들은 자기들이 상대방의 아기를 키웠다는 것을 깨닫고, 수없이 많이 뽀뽀를 하고 서로 자기 아기를 데리고 갑니다. 그런데 아기들은 키워준 엄마를 잊지 않는군요. 이 그림을 보세요. 사람 엄마에게 안겨 지나가던 아기는 양털 외투를 입은 아줌마가 지나가자 그쪽으로 가려 버둥거립니다. 엄마 양의 내음이 흘러나왔을까요? 말 못하는 아기의 속마음을 잘 표현했네요. 잊지 않기로는 엄마들도 마찬가지. 아기를 안고 공원에 앉아 있는 엄마는 새끼 양이 그립고, 엄마 양은 사람 아기가 그리워 애타합니다. 유모차에 새끼 양을 태워 놓는 게 그리움을 달래는 방법이랄까요? 다들 자는데, 엄마 양만 잠 못 이루고 애절하게 앉아 있군요.

마지막 그림이자 표지 그림이기도 한 장면을 보면 새 한 마리가 뜨개질을 하고 있어요. 아기와 새끼 양 이야기를 하다가 난데없이 웬 새 그림이냐고요? 엘레나는 이것이 이 책의 요약이라고 말합니다. 뜨개질하는 것은 엄마 새이고 뜨개질한 둥지에 포근히 들어앉아 있는 것은 노란 아기 새와 꼬리털이 복슬복슬한 새끼 여우지요. 그러니까 자신과 종이 전혀 다른 동물의 아기도 자기가 짠 둥지 안에서 고이고이 키우는 엄마를 나타내는 장면이지요. 아무래도 이야기 담요를 풀어 동네 사람들에게 필요한 것을 떠 주는 할머니 그림을 그리다가 그녀는 뜨개질하는 새에 꽂혔는지도 모르겠군요. (혹은 그 반대였을 수도 있고요.) 엘레나에게 뜨개질은 사랑으로 돌보는 마음을 상징한다고 할 수 있네요.

아이가 잠드는 밤에 장난감들이 제 세상을 만나 신 나게 돌아다니는 이야기는 많습니다. 그리고 새벽빛과 함께 장난감들은 아무 일 없었다는 듯이 제자리로 돌아가곤 하지요. 장난감 주인인 아이는 장난감들이 놀다 간 흔적을 어딘가에서 발견하고 고개를 갸우뚱하고요. 그런데 안토니오 벤투라의 글에 엘레나가 그림을 그린 *Cuando sale la luna*(달이 둥싯 떠오르면)은 제 예상을 살짝 빗나가네요.

자, 여기서도 달이 둥싯 떠오르고 잘 시간이 되면 장난감들이 슬슬 박스에서 나와 놀려고 하지요. 그런데 엘레나는 첫 페이지에 달을 그려 놓지 않고, 태엽을 감은 물고기를 그려 놓았네요. 태엽은 감아 놓으면 풀러질 운명이니, 달이 나오는 시간에 태엽이 풀려가며 장난감이 생명력을 얻는다는 것을 상징하겠지요. 주인인 아이는 눈을 살짝 감고 자는 척합니다. 곰 인형은 눈을 동그랗게 뜨고 있네요.

달빛이 비치면서 장난감들이 돌아다니기 시작하지요. 아이는 자는 척하면서 이 모든 광경을 자세히 보고 있습니다. 곰 인형도 아까는 이불 속에 곱게 들어가 있었는데, 같이 놀고 싶다는 듯이 팔을 이불 밖으로 내밀고 달팽이가 노는 것을 바라보고 있지요. 코끼리 인형은 나무로 만든 쥐를 쫓아다니고 고무 펭귄은 그 모습을 바라보지요. 코끼리와 쥐가 나무 트럭을 타고 조용히 오다가, 쥐가 그만 경적을 울립니다. 아, 이거 상당히 시끄럽겠지요? 저는 아이가 '시끄러워! 나 좀 자야 하니까 제발 조용히 해 줘!'라고 할 줄 알았어요. 그런데 마지막이 반전이네요. 아이는 '내가 아까부터 보고 있었어.'라고 말하는 이유가 자기가 애지중지하는 곰 인형이 깰까봐 그러는 거였답니다. 그런데 어쩌니, 네 곰 인형은 아예 이불 밖으로 나와 앉아 있는 것을.

장난감도 운명이 여러 갈래. 부모에게 열 손가락 깨물어 아픈 자식이 있기 마련이듯, 아이들도 유난히 애지중지하는 장난감이 있지요. 다른 것들은 장난감 박스 안에 넣어 두면서도 어떤 것은 주인과 한 이불 속에서 포근하게 같이 자는 뿌듯함을 누리지요. 주인은 그게 인형을 아끼고 사랑하는 길이라고 여길지 몰라도, 곰 인형의 입장에서는 그렇게 자는 것보다는 달빛 아래 다른 장난감들과 함께 노는 것이 훨씬 좋을지도 모르겠어요. 특히 첫 번째 그림에서 아이와 곰은 한 이불 속에 있지만 서로 등을 대고 누워 있죠. '동상이몽'을 꾸고 있음을 제대로 보여 주는 장면이죠.

각 페이지마다 엘레나는 위치와 각도를 달리 잡아 페이지마다의 관찰자를 확실히 등장시켜요. 이를테면 태엽을 감은 물고기는 장난감 박스 꼭대기에서 시간의 사령관 노릇을 하고 있지요. 곰은 장난감들의 놀이를 내려다보고, 새는 코끼리가 테이블 밑에 처박히는 것을 보고, 펭귄은 그 모든 장면을 위에서 내려다봐요. 한 가지 아쉬운 점이 있다면 표지군요. 토끼 인형 두 마리가 그 장난감 박스 위에 앉아 하얀 달을 바라보는 모습인데, 주제를 명확히 읽어낼 수 없어 안타깝네요.

엘레나가 노벨상 수상 작가인 파블로 네루다의 『안녕, 나의 별 Oda a una estella』에 그린 아름다운 그림도 눈길을 끕니다. 밤하늘에서 영롱한 별 하나를 조심스레 떼어 낸 주인공은 그것을 집으로 가져와 침대 밑에 숨겨 놓지만 별은 어디서나 빛나며 한없이 퍼져 나가지요. 주인공은 별을 훔쳐 온 뒤부터 갑작스레 불편해지고 불안해진 일상과 사람들의 수군거림을 못 견디고 별을 강물 속에 살며시 놓아 줍니다.

간절한 사랑이 욕심으로 바뀌고, 그 욕심을 버림으로써 자유를 얻는다는 파블로 네루다의 은유적이고 아름다운 시는 엘레나의 그림으로 부드럽고 애절하게 번져 갑니다. 늘 그렇듯 여백을 살리고 자연스럽고 은은한 파스텔 색으로 그림을 그렸지만, 이번에 그녀는 모노타이프를 더해 재미있는 효과를 얻어 냅니다. 하얀 별빛과 등장인물들의 옷, 수풀, 나뭇잎, 강물과 빨간 물고기 들은 그 기법 덕분에 살짝 도드라져 평면적인 그림에 생동감을 주지요.

섬세하고 부드러운 이 책과 다른 분위기의 책도 있어요. 톰 맥래가 글을 쓰고 엘레나가 그림을 그린 『반대로 The Opposite』라는 그림책이에요. 누구나 생각과는 반대로 되어 버리는 상황을 자주 만나게 되지요. 피아노 연습할 때는 참 잘하다가, 친척들 앞에서 보란 듯이 치려 하니 손가락이 꼬이는 아이도 있죠. 남들 앞에 서서 노래를 부르려는데, 갑자기 머릿속이 하얘지며 가사가 생각 안 나는 경우도 있죠. 이 책의 주인공 네이트도 하는 일마다 반대로 되는 황당한 일을 겪지요. 네이트가 아침에 일어나 보니, 천장에 '반대로'가 서서 자기를 바라보는 게 아니겠어요? 웬 황당함…? 네이트는 말했죠. "천장에 서 있으면 안 돼. 내려와!" 아아, 그러나 '반대로'가 왜 '반대로'겠어요? 반대로 행동하니까 '반대로'지. 반대로는 그냥 반대로 천장에 서 있었어요. 네이트의 방을 보면, 개구리 그림도 얌전히 서 있고, 로봇도 의자 위에 다부지게 서 있고, 네이트도 엉덩이를 침대에 꼭 붙이고, 인형도 침대에 등 붙이고 누워 있는데, '반대로'만 반대로 달려 있으니 참 묘한 일이죠?

『안녕, 나의 별』, 살림어린이, 2010

말없이 솟아 있는
높다란 빌딩 꼭대기
그곳에서
고요한 어두움을 향해 몸을 기울이면
북 밤하늘을 만질 수 있을 것만 같아요.
나는
간절히 원하는 마음을 담아
영롱한 별 하나를 조심스레 떼어 내요.

아빠를 불러 저기 반대로가 있다고 일러 봐도, 반대로는 네이트의 말과는 반대로 사라져 버리고, 우유를 시리얼 그릇에 부으려 해도 반대로 솟구치고…. 아이로서는 억울해 죽을 지경이죠. 자, 아빠와 엄마가 나온 그림을 보세요. 제대로 세상에 사는 아빠와 엄마의 머리는 아주 단정한데 반대로 세상에 사는 네이트의 머리는 위로 삐죽삐죽, 쑥대밭이지요. 네이트는 학교에 가서 첫 수업을 합니다. 자기가 좋아하는 동물을 그리는 시간이지요. 그런데 또 일이 반대로 되고 말아요. 물감이 종이 위에 얌전히 있지 않고, 네이트의 머리로, 벽으로, 천장으로 튀고 이런이런, 선생님 얼굴에까지 튀어 버렸네요. 반대로는 선생님 책상 밑에서 키득키득 웃고 있었어요. 네이트는 억울하기 이를 데가 없어요. 내 탓이 아니고 반대로 탓이라고 가리켜 봤자, 벌써 모든 건 다시 반대로 돌아가 버리니까요.

이럴 때 울어 버리는 아이도 있겠고, 꾀주머니를 뒤져 보는 아이도 있겠죠. 억울함을 풀려면 꾀를 내야 하는 법. 네이트는 반대로를 다시 반대로 만들 방법을 궁리해 보고 이렇게 외쳐요. "내 손가락 바로 앞에 서 있는 것은 반대로가 아니야!" 그러자 일이 반대로 일어나죠. 갑자기 반대로가 네이트 바로 앞에 나타나 버렸으니까요. 이게 웬일? 반대로는 네이트의 말과 반대로 되어 버린 상황에 황당해졌어요. 어? 이게 먹히네요? 네이트는 배시시 웃었어요. "자, 난 오늘 반대로와 함께 있어서 너무 즐거웠고, 영원히, 영원히 반대로가 나와 함께 있길 정말 바라노라." 이제 어떻게 되었을까요? 네이트의 말과 반대로 되어 버렸지요. 그림을 보면 반대로가 비명을 지르면서 피시시 피시시 색깔이 변하다가 연기로 바뀌며 사라져 버려요. 자, 이제 반대로를 만나게 되면 어떻게 해야 하는지 알겠지요?

이 책에서 엘레나가 그린 인물들은 역시 볼이 발그레하지만, 다른 책의 그림들에 비해 코가 유난히 길고 목도, 어깨도 없이 머리가 몸통에 딱 붙어 있어요. 뱀장어 같은 느낌이랄까요? 게다가 '반대로'는 유난히 미끄러운 모습입니다. 요리조리 잘 빠져 나갈 것 같은 느낌이지요. 내가 원하는 대로 되지 않고, 요리조리 미끄러져 가는 상황을 딱 맞게 표현해 주는 인물 묘사네요. 엘레나는 그림을 그릴 때 어느 정도 '표현의 자유'를 누릴까요? 대개는 자기가 텍스트를 해석해서 그리지만, 가끔은 '검열'을 받을 때도 있다고 합니다. 여자애의 머리를 더 길게 그려 달라는 주문을 하는 정도는 납득이 되지만, 도가 지나치다고 생각되는 요구는 단호하게 거절한다고 합니다.

책을 고를 때 글도 중요하지만 아무래도 그림을 더 눈여겨보게 된다는 엘레나. 어린 시절에 어른들이 읽어 주는 고전 동화 이야기를 들으며 솔솔 잠이 들다가도 그분들이 슬며시 얘기를 줄여 버리면 눈을 반짝 뜨고 말했다네요. "아니에요, 아니에요. 이야기가 그게 아니잖아요. 더 해야 해요." 그러던 꼬마 여자애는 자라서 그림으로 업을 삼게 되었군요. 길기만 한 털실로 목도리와 담요를 떠서 나누어 주는 할머니처럼 엘레나도 연필로, 붓으로, 그리고 무엇보다 따스한 마음으로 그린 그림을 나누어 우리를 포근하게 감싸 주고 있네요.

Sarah Stuart &
David Small

파릇파릇 돋아나는
희망의 새싹

## 사라 스튜어트와 데이비드 스몰

그림책을 만드는 부부입니다. 사라 스튜어트는 글을 쓰고 데이비드 스몰은 그림을 그립니다. 사라 스튜어트는 텍사스에서 자랐으며, 라틴어와 철학을 공부했고 한때 교사였습니다. 그녀는 『뉴욕 타임스』에 어린이책 서평을 쓰고 있으며, 때때로 시를 발표하기도 합니다. 데이비드 스몰은 미국 디트로이트에서 태어나 자랐습니다. 어려서부터 그림을 그리기 시작했습니다. 예일 대학에서 미술을 전공했으며, 같은 학교에서 석사 학위를 받고 미시간 대학과 뉴욕 주립대학 등에서 학생들을 가르쳤습니다. 두 사람은 그림책 여러 권을 함께 작업했습니다. 그중 『리디아의 정원』으로 1998년 칼데콧 영예상을 받았습니다. 데이비드 스몰은 2001년에 『대통령이 되고 싶다고?』로 칼데콧 상을 받았습니다.

근시에 빼빼 마르고 수줍음을 잘 타던 소녀가 있었습니다. 집에 손님이 오면 봉제 인형들과 책을 한 아름 안고 옷장 속에 몇 시간씩이나 숨어 있곤 했지요. '사라 스튜어트'라는 이름의 이 소녀가 편안한 마음으로 있을 수 있던 곳은 옷장 말고도 두 곳이 있었어요. 동네 도서관과 할머니의 텃밭이었지요. 그녀는 이렇게 회상해요.

    도서관과 텃밭은 둘 다 조용한 곳이고, 나는 그런 곳이 필요했어요. 아주 어렸을 때가 생각나요. 내 머릿속에서는 나의 뮤즈들이 내는 여러 목소리들이 진지하거나 가끔 엉뚱한 이야기들을 나누었어요. 그래서 도서관에 가서 책을 펼쳐 놓고 공상에 빠져 있는 것은 행복 그 자체였어요. 그리고 할머니의 텃밭에서 나는 흙을 파거나 꽃다발을 만들거나, 고랑 안에 누워 고요함에 귀 기울일 수도 있었어요. 그런 기나긴 오후를 하늘을 쳐다보며 지냈던 것을 기억하니, 도서관과 텃밭에 공통적으로 흘렀던 게 또 하나 생각나는군요. 두 곳에는 다 질서가 있었어요.—분류된 책들이 체계적으로 꽂힌 서가들과, 이름표가 붙은 채소과 꽃들이 질서 있게 줄지어 심겨 있었지요.—그것은 나를 차분하게 해 주고 안심시켜 주었어요. 혼돈스런 내 머릿속에서 이어지는 대화가 방해받지 않고 진행될 수 있었던 것이지요.[32]

고요한 그곳에서 가만히 앉아 있거나 누워 있는 소녀의 머릿속에서는 온갖 공상들이 제멋대로 뒤엉켰고, 소녀는 그것을 일기에 꼬박꼬박 기록하곤 했습니다. 이 소녀는 자라서 이 대학 저 대학을 옮겨 다니며 라틴어와 철학을 공부했지요. 시는 언제나 그녀의 친구였고요. 그중 한 대학에서 미래의 남편인 데이비드 스몰을 만납니다. 그것을 그녀는 "마치 내가 샴쌍둥이에서 떨어져 있다가 다시 합쳐진 기분이었어요."[33] 라고 표현합니다.

사라의 영혼의 샴쌍둥이 데이비드 스몰은 디트로이트 출신입니다. 두 살 때부터 그림에 천재성을 드러낸 그는 미술관에서 하는 수업을 받았는데, 그때 디에고 리베라의 벽화에서 영향을 받아 한동안 집의 지하실 벽에 벽화만 그려 대기도 했지요. 그런데 이 꼬마가 처음으로 그림을 그렸던 종이는 코닥에서 나온 엄청나게 큰 노란색 엑스레이 필름 포장지였어요. 의사인 아버지는 그것을 버리는 대신 박스에 모아 갖다 주곤 했어요. 대부분의 사이트에는 그의 서정적인 그림은 어린 시절 여름 방학 때마다 갔던 인디애나 시골 할머니 댁에서 풍요한 자연을 즐길 수 있어서였다고 나옵니다. 그래서 저는 잔잔하고 서정적인 그의 그림책을 보면서 그가 평범하고 평온한 어린 시절을 보낸 줄만 알았어요.

그런데 데이비드 스몰이 자기 치유를 위해 쓰고 그린 자전적 그래픽소설인 『바늘땀Stiches』를 보면서 생각이 완전히 바뀌었지요. 그가 겪은 상처투성이 어린 시절은 독자에 불과한 제가 감당하기 힘들 정도였거든요. 시골 외할머니 댁에서 풍요한 자연을 즐겼다고는 하지만, 그 시절은 한편으로는 정신질환이 있는 외할머니의 행동과 눈빛을 두려워했던 때이기도 했지요. 집은 웃음이라곤 없는 음울한 분위기였고, 의사인 아빠는 자동차에만 관심을 쏟고, 레즈비언이었던 엄마는 늘 돈, 돈, 돈을 입에 달고 살면서 툭하면 잔기침을 하거나 휙, 휙, 문짝을 후려치듯 닫곤 했고, 형은 그 누구와도 소통을 거부하고 지하실에서 드럼만 두드리고 있고, 어린 데이비드는 앓아눕는 것으로 언어를 대신했던 그 시절… 아빠는 아이에게 당시에 기적의 광선으로 알려진 엑스선을 치료차 쬐이곤 했고, 결국 그것은 청소년기에 암으로 나타났지요. 목에 달린 암 덩어리를 떼낸 수술 후유증으로 그는 14살 때 갑상선과 성대 하나를 잃고, 그 여파로 소리를 낼 수 없었어요. 낼 수 있는 소리라곤 '악' 정도.

데이비드와 엄마와의 관계는 우산으로 정의됩니다. 목소리를 잃은 아이는 꿈속에서 비를 맞다가 쓰레기통 옆에 있는 우산을 보고 '엄마!'라고 외치며 펼쳤지만, 그 우산은 갈기갈기 찢어져 전혀 비를 가려 주지 못하는 우산이었지요. 데이비드는 차를 훔쳐 도망갔다 잡혀 교도소에 갇히기도 하고, 교화 학교에 보내졌다가 세 번이나 도망치기도 했어요. 그러다 상담 치료사의 말에 처절한 현실을 직시합니다. '네 어머니는 널 사랑하지 않아. 미안하다, 데이비드. 하지만 사실이야. 널 사랑하시지 않아.' 처음에는 일주일에 5회, 점차 3회로 줄어 가며 이 상담사와 만났는데 무려 15년을 만났지요. 그 사람에 대해 데이비드는 이렇게 감사하고 있습니다.

내게는 완벽한 부모이자 내가 나이게 그냥 놔두는 사람이었고, 내 모습 그대로의 나를 사랑해 준 사람이었고, 나를 그저 받아들이는 사람이었어요.―그리고 그는 진정 나를 사랑했어요. 그래서 그것(심리치료)이 매우 효과적이었다고 생각해요. 그는 진심으로 나를 걱정해 주었어요. 내겐 목소리가 없었기에 그는 나 대신 말해 주어야 했지요.[34]

자신을 있는 그대로 받아들이고, 그림 실력을 칭찬해 준 치료사 덕분에 데이비드는 차츰 치유되었고, 고등학교 3학년 때 집을 나와 본격적으로 그림에 몰두했지요. 책을 좋아했던 그는 원래는 글쓰기에 몰두하고 희곡을 썼으나 그림이 훨씬 낫다는 친구의 조언을 듣고 그림으로 길을 바꿉니다. 그리고 예술은 그의 집이자 고향이자 목소리가 되어 주었습니다. 그리고 계속 소리를 질러 성대를 굵게 만듦으로써 목소리도 웬만큼 되찾을 수 있었지요.
하지만 그는 이 책을 만들면서 다시금 엄마에게 시달렸다고 하는군요.

그러나 내가 특히 엄마를 그리기 시작했을 때, 종이 위에서 엄마 얼굴을 보았을 때, 그리고 내가 어떤 각도에서든 그녀를 그릴 수 있다는 것을 깨달았을 때, 그리고 엄마의 모든 모습을-그녀가 가진 오라를-다시 불러낼 때, 그녀가 마치 다시 나와 있는 것 같았어요. 내가 마치 그 유령들을 다시 불러낸 것만 같았고, 나는 정말 정말 날카로워지기 시작했지요. 왜냐하면 나이가 오십이 넘었는데도 내가 엄마를 인간으로 보는 게 불가능했기 때문이에요. 나는 그녀가 괴물이었다고, 내 행동과 내 생각과 내 꿈에 미묘한 영향을 끼쳐 왔다고 느꼈어요.[35]

그리고는 심지어 손가락에서 혹이 불쑥 튀어나오는 망상까지 겪었다고 하는군요. 같은 시기를 겪으면서 드럼 치는 행동으로 숨어들어, 결국은 드럼 연주자가 된 형은 동생이 이 책을 낸 뒤에 연락을 했다고 하는군요. 형은 이 책이 자기 어린 시절의 스냅 사진 같다고 말했지요. 그 역시 상처를 안고 살았던 세월이었으니까요. 형은 이 책을 자기 치료사에게 보여 줘도 되느냐고 물었다는군요.

그 힘든 삶을 다 이겨 내고 펜과 잉크, 파스텔의 색조가 너울대는 잔잔하면서도 재치 있는 그림들을 우리에게 선물해 준 데이비드 스몰과, 상처 많은 그를 영혼의 샴쌍둥이로 여기며 반려자로 함께 살고 있는 사라 스튜어트에게 감사하는 마음이 생기지 않을 수 없어요. 이들은 미시간 주의 작은 농촌 마을의 고택에서 세 자녀를 낳고, 키우고, 떠나보내고, 지금은 고양이와 함께 살고 있지요. 이곳에는 사과 과수원이 많아, 저도 근처에 살 때 사과 따러 가 본 적이 있어 풍경이 눈에 선합니다. 사라의 과수원과 텃밭은 홈페이지에 나와 있어요.

이들은 원래 함께 책을 만들 생각을 해 본 적이 없었다고 해요. 사라는 과수원과 텃밭에서 일하며 일기와 시를 썼고, 데이비드는 집에서 따로 떨어진 작업실에서 일했거든요. 그런데 어느 날 여행길에 사라는 차 뒷좌석에서 원고를 하나 썼고, 식탁에서 데이비드에게 그것을 보여 주었지요. 데이비드는 그것을 출판사에 보내 보라고 격려했고, 출판사 쪽에서는 데이비드에게 그림을 맡겼어요. 그래서 이 부부의 첫 책인 『돈이 열리는 나무 The Money Tree』가 나오게 된 거랍니다.

이 책은 재물에 대한 탐욕을 경계하는 내용입니다. 이런 주제를 다룬 여느 이야기들이 대개 그 재물 때문에 생긴 비극을 중요 사건으로 등장시키는 데 비해, 이 두 사람은 담담하다 못해 고요할 정도로 이야기를 흘려보냅니다.

표제지에는 눈밭에서 땔나무를 주워 말 등에 실어 집으로 돌아오는 여인의 모습이 보이는군요. 그 여인을 개와 고양이와 염소들이 반가이 맞아 줍니다. 그런데 이 집 마당에 나무 한 그루가 자라나고 있었지요. 1월, 2월, 3월… 5월이 되자 나무에는 잎사귀 대신 돈이 가득 열려 있었어요. 아주머니는 돈을 따서 아이들에게 선물로 줍니다. 6월, 7월, 8월, 9월로 바뀌며 이 나무에 몰려들어 돈을 따가는 사람들은 점점 많아졌고, 10월, 11월이 되자 매서운 겨울바람을 맞으며 사람들이 나무 아래에서 눈을 파헤치고 있었어요. 12월이 되자 아주머니는 나무를 베어 냅니다. 추운 겨울을 따뜻하게 나야 하니 말이지요. 마지막 장면에는 난롯가에 노란 불이 다사롭게 타오르고, 옆에 그득 쌓인 장작이 보이는군요.

9월 장면을 주목해 볼까요? 둥글게 떠오른 가을 보름달 아래 사람들이 나무에서 미친 듯이 돈을 따고 서로 많이 가지려 다투기까지 하지요. 이 장면을 보니 두 가지가 떠오르네요. 우선, 광기는 영어로 'lunacy'에요. 형용사인 'lunatic'은 달의 형용사인 'lunatic'과 같고요. 서양 문화에서 보름달이 뜨는 날 정신병 발작이 많다고 하는데 돈에 대한 집착으로 광기어린 사람들과 보름달의 빛을 연관시킨 장면이라고 할 수 있어요. 두 번째는 달 말고는 모든 게 실루엣으로 처리되어 있다는 점이에요. 그렇게 함으로써 사람들 개개인의 모습은 가려지고 탐욕적인 행동만이 극대화되는 거지요.

그런데 다른 사람들의 탐욕을 이 아주머니는 강 건너 불구경조차도 하지 않고 그저 묵묵히 자기의 할 일만 하지요. 이 아주머니의 생활은 바로 사라와 데이비드 둘의 생활이라고 짐작됩니다. 1월 장면의 긴 탁자는 퀼트 테이블이군요. 테이블에 고정된 퀼트와 실패와 바늘, 골무가 보이네요. 또한 캔버스가 놓인 이젤, 붓들, 구겨진 종이가 보입니다. 주로 퀼트를 하고 그림을 그린다고 짐작할 수 있군요. 2월에는 책을 편 채 책꽂이 앞에 서 있는 것을 보니 긴 겨울을 책을 읽으며 보내나 봐요. 그런데 다른 책 제목은 다 흐릿하게 나왔지만 'TOLSTOY(톨스토이)'는 분명히 보이는군요. 데이비드 스몰은 자신이 엄청난 독서가라면서, 톨스토이, 체호프, 플로베르, 토마스 만 등을 좋아한다고 인터뷰에서 말한 적 있습니다.[36] 3월에는 연을 날리고 4월에는 완두콩을 심고, 5월에는 봄맞이 축제 기둥인 메이폴(Maypole, '5월의 기둥'이란 뜻)을 만들고 6월에는 장미꽃을 따고… 이렇게 아주머니의 일상은 돈에 대한 사람들의 광기어린 집착과 전혀 상관없이 담담하게 이어지지요.

이 부부가 함께 만든 책 중에서 가장 널리 알려진 것은, 『도서관 *The Library*』과 『리디아의 정원 *The Gardener*』입니다. 『도서관』은 사서이자 독자이자 친구인 메리 엘리자베스 브라운을 기리기 위한 것이지요. 그런데 주인공 소녀는 사라와 똑 닮았네요.

주인공은 어릴 때부터 앉으나 서나, 침대 속에서나, 캠프에 가서나 책 읽기에만 몰두하고, 어른이 되어서도 여전히 책만 모으고 읽으며 살다가 더 이상 책 한 권을 둘 공간이 없어 아예 그 집을 통째로 기증해 버리죠. 그 누구와도 소통하지 않고 오로지 책과 더불어 살았던 주인공이 세상과 소통하겠다는 마음을 먹자, 한 사람의 소유물이었던 수많은 책은 도서관의 장서가 되어 많은 아이들이 드나들며 책을 읽고 빌릴 수 있게 된 거예요.

사라 스튜어트가 시인이라서 그런지 원문을 소리 내어 읽어 보면 박자도 맞고 소리도 척척 맞아 참 재미있어요. 첫 장면을 소리 내어 읽어 보세요.

| | |
|---|---|
| **Elizabeth Brown** | 엘리자베스 브라운이 |
| **Entered the world** | 이 세상에 나왔어요. |
| Dropping straight down from the **sky**. | 하늘에서 뚝 떨어져 내렸지요. |

『도서관』, 시공주니어, 1998

**Elizabeth Brown**  엘리자베스 브라운이
**Entered the world**  이 세상에 나왔어요.
Skinny, nearsighted, and **shy**.  마르고, 눈 나쁘고, 수줍음 많은 아이였지요.

주인공이 책을 기증하러 법원에 가는 장면 첫머리도 읽어 볼까요?

**Elizabeth Brown**  엘리자베스 브라운은
**Walked into town**  그날 오후에 당장
That very **afternoon**.  시내로 걸어 나갔어요.

**Elizabeth Brown**  엘리자베스 브라운은
**Walked into town**  행복한 마음에 휘파람을 불며
Whistling a happy **tune**.  시내로 걸어 나갔어요.

『리디아의 정원』, 시공주니어, 1998

　박자와 소리가 척척 맞는 글에 어울리게 그림 또한 경쾌하지요. 엄마가 빨래를 널고 있는데 갑자기 하늘에서 뚝 떨어지는 아기, 주인공이 물구나무선 채 책을 읽을 때는 인형도 함께 물구나무서기를 하고 있고, 눈이 나쁜 말라깽이 아가씨는 사라의 모습 그대로지요. 그리고 책 말고 거의 어느 장면에나 나오는 것들이 두 개 있어요. 그 중 하나는 어린 시절 사라가 옷장 안에 들고 들어가곤 했던 것이랍니다. 한번 찾아보세요. 또한 실제 인물의 전기라는 점을 살려 데이비드는 그림을 액자 틀 안에 넣었어요. 그러나 주인공이 하늘에서 뚝 떨어져 내릴 때와 책이 집 안에 넘쳐나는 장면에서는 그림이 틀을 벗어나는 유머 감각을 보여 주지요.

　『리디아의 정원』에는 책 대신 꽃이 넘쳐납니다. 이 책을 보면 제가 텃밭을 가꿨던 첫해가 떠올라요. 무작정 밭에다 씨를 뿌린 후 돋아난 연둣빛 가녀린 새싹에 황홀해진 것도 잠시, 비 내린 다음 날 가 보면 수도 없이 돋아난 새싹, 새싹, 새싹들…. 그 중에 어떤 것이 잡초고 어떤 것이 원래 심은 건지를 몰라서 상추, 오이, 토마토, 참외의 어린 싹에 이름 모를 여러 풀까지 뒤섞어 한꺼번에 키웠던 과거가 있지요.

　하지만 이 책의 여자아이는 저와 달리 아주 야무집니다. 리디아가 할머니와 함께 토마토를 거두고 있는 시골집의 텃밭은 구획도 반듯반듯 잘 되어 있고 무엇이든 풍성하죠. 가을 하늘 아래 제 무게를 못 이겨 고개를 숙인 해바라기, 커다란 잎사귀 속에서 단단히 여문 양배추, 여기저기 툭툭 떨어져 있는 토마토, 가을바람에 곳곳에서 한들거리는 색색가지 꽃들…. 그런데 이렇게 즐겁고 풍요롭고 흐뭇한 정경도 잠시, 경제 공황기의 어려운 집안 형편 때문에 리디아는 도시에서 빵집을 하고 있는 외삼촌네 집으로 가게 됩니다. 자연의 풍요로운 색감에 젖어 지내던 아이에게 낯선 도시의 어둡고 황량한 기차역이 어떤 느낌이었을지, 그림책을 펴 보시면 알 수 있습니다.

그러나 리디아는 늘 뚱한 삼촌과 시멘트 건물에 붙어 있는 무뚝뚝한 빵집 건물에서 봄을 읽어낼 줄 알고, 그 봄을 바로 자기가 틔워 내는 재기 발랄한 소녀랍니다. 리디아는 할머니에게서 꽃씨와 구근을 우편으로 받아 여기저기 바지런하게 꽃을 심지요. 6월이 되자 빵집 건물은 꽃으로 뒤덮여 기막히게 아름다워졌고, 사람들은 모두 행복한 표정으로 거리를 오갑니다. 꽃 한 송이를 들고 가슴 저미게 행복한 표정으로 꽃내음을 맡으며 가는 낡은 옷차림의 아저씨, 진열장 앞에 피어난 꽃을 보고 있는 아줌마들, (귀여운 개들은 서로 뽀뽀하고 있답니다.) 자동차 뒤 유리창에 매달려 밖을 쳐다보고 있는 아이들의 모습. 빵집 이층의 작은 베란다에서는 리디아와 엠마 아줌마가 꽃에 물을 주고 다듬느라 바쁩니다.

이 책의 이야기 구조는 매우 단순합니다. 빵집 건물뿐 아니라 자기만의 비밀 장소(책을 보시면 압니다.)에 꽃을 가득 심어 놓고 (말은 쉽지만 겨울부터 내내 씨앗을 구하고, 화분이 될 만한 수십 개의 그릇을 모으고, 질 좋은 흙을 구해 담고, 씨를 심고, 물을 주고, 싹 틔우고, 잡초 뽑아 주고…. 굉장한 노력이 들어가는 일이지요.) 삼촌에게 그 화사한 정원을 보여 주니 무뚝뚝이 삼촌도 그만 감동해서 아이를 꼭 껴안는다는 이야기인데, 자기가 속한 작은 세상을 꽃으로 변화시키는 아이의 마음 씀씀이와 노력이 하도 예뻐서 저도 그 애를 꼭 껴안아 주고 싶어집니다. 꿈을 가진 사람은 예뻐 보이고, 그 꿈을 이루려고 노력하는 사람은 한결 더 예뻐 보이니까요. 그래서 그런지 표지를 다시 보면 계단 위에서 해바라기 화분을 가슴에 안고 한 손으로는 꽃삽을 높이 쳐들고 있는 리디아의 모습이 온 세상을 다 가진 듯하군요.

리디아의 마음은 편지로 전해지지만, 작가인 사라의 마음은 일기장에 담겨 있지요. 사라는 어려서부터 일기장을 들고 다녔다고 해요.

> 나는 아주 어릴 때에도 어디 가나 일기장을 들고 다니면서 내 비밀 장소 (도서관과 텃밭을 말함) 중 한 곳에서 공상에 잠기곤 했어요. 나는 속마음을 적어 두곤 했지요. 지금 읽어 보면 무슨 말인지도 모르지만, 예전에 한 그런 낙서들은 내가 작가의 삶에 머뭇머뭇 내딛는 첫발이었어요.[37]

그것은 『한나의 여행 The Journey』에서 말없는 친구인 일기에게 마음을 털어놓는 한나에게 투영되지요. 한나는 아미시(Amish) 소녀입니다. 아미시가 무엇이냐고요? 우리나라로 치면 청학동 사람들이라고 할 수 있을까요? 아미시는 미국에 사는 1800년대 네덜란드 이주민의 후손들로, 옛 생활 방식을 그대로 따르는 농업 공동체 안에서 검소하고 금욕적인 생활을 하는 이들이에요. 기계류는 되도록 쓰지 않고, 자동차 대신 마차를 쓰고, 전기도 안 쓴다고 해요. 미국 전역에 흩어져 살고 있는데, 여행을 하다 보면 가끔 'Amish Village'라는 표지판을 만날 수 있지요. 사라와 데이비드 부부가 살고 있는 마을 근처에도 아미시 마을이 있답니다.

이 책의 이야기는 표지에서부터 시작됩니다. 한나는 작별인사를 하고 있군요. 면지에서는 장면을 멀리 잡아, 아미시 마을에서부터 한나가 탄 마차가 떠나는 광경을 묘사하지요. 먼동이 틀 무렵, 한나는 시카고행 버스에 오릅니다. 그리고 마침내 도착한 시카고는 전철이 지나가고 차들과 사람들로 붐비는 곳이군요. 백화점에서 드레스를 대어 보는 장면 바로 다음 장에는 아미시 마을에서 클라라 숙모가 만들고 있던 파란 붓꽃 색 옷을 한나가 몸에 대어 보는 장면이 나오지요. 반듯반듯 바둑판처럼 정돈된 도시의 도로를 보고 한나는 아미시 마을에서의 퀼트를 연상했나 봐요. 아주머니들이 가로세로 줄이 분명한 퀼트판에서 한 땀 한 땀 뜨는 장면이 나오거든요. 도시에서의 마지막 날 미술관에 간 한나는 모네의 「건초더미 Meules(fin du jour, automne)」*를 보면서 무슨 생각을 했을까요? 바로 다음 장면에, 같은 풍경의 건초더미가 나오네요. 아미시 마을에서 가을이면 볼 수 있는 풍경이니까요. 이제 한나는 아미시 마을로 돌아온 거지요. 그리고 뒷면지에는 도시 여행에서 돌아온 한나를 따스하고 반갑게 맞아 주는 마을 식구들이 보이는군요.

 글 작가인 사라 스튜어트는 말을 극히 아꼈습니다. 한나는 말없는 친구인 일기에게 도시의 화려함을 신 나게 늘어놓지도 않고 고향 마을에 대한 그리움을 폭포처럼 쏟아내지도 않습니다. 간결한 글에 즐거움과 그리움이 살짝 묻어날 뿐이지요. 그리고 글은 도시 부분에만 있고 마을 부분에는 들어가 있지 않지요. 데이비드 스몰은 도시와 아미시 마을의 그림을 테두리부터 다르게 그립니다. 양면 중 3분의 2는 대도시 풍경, 3분의 1은 한나의 일기 내용과 일기 쓰는 모습이 나오는 도시 부분은 각진 네모 테두리 안에 들어 있습니다. 그러나 아미시 마을은 각진 테두리 없이 둥글둥글 그려져 있지요. 또한 잔잔한 그림에서 우리는 한나의 마음속 깊이 깃들어 있는 아미시 마을에 대한 한없는 애정을 느낄 수 있습니다. 곱고 나직나직한 글과, 그 글을 더욱 풍요롭게 해 주는 그림이 어우러진 이 책은 늘 시간여행자로 살아가는 우리의 모습을 담아낸 아름다운 책입니다.

 예전에 미시간의 어느 옷감가게에서 아미시들을 본 적 있습니다. 높직한 모자를 쓴 남자와 단순한 옷차림에 옛 스타일의 모자를 쓴 여자와 소녀였는데, 어쩌면 그 소녀도 이 책의 한나처럼 도시로 처음 구경나온 것이었을까요? 그 애는 저를 보고는 일기장에 이렇게 썼을지도 몰라요. '오늘은 태어나서 처음으로 아시아 사람을 보았어.'

---

* 모네의 '건초더미'는 아침, 한낮, 저녁 등 시간의 흐름과 날씨 및 계절 변화에 따른 색상의 변화를 포착해 낸 작품 연작이에요. 이 시리즈 25점 중 6점을 시카고 미술관에서 소장하고 있어요.

낯선 환경에 처한 소녀가 힘겨워 하다가 새로운 희망의 싹을 틔우는 이야기는 데이비드 스몰의 단골 주제로 자리 잡습니다. 『엘시와 카나리아 Elsie's Bird』와 The Quiet Place(고요한 보금자리) 같은 주제의 변주거든요. 『엘시와 카나리아』의 글은 사라 스튜어트가 아니라 제인 욜런이 썼지만, 분위기는 매우 비슷해요. 사람들과 배들과 갈매기들로 북적거리는 보스턴에 사는 꼬마 아가씨 엘시는 그 도시의 온갖 소리를 사랑하며 즐겁게 지내지요. 그런데 엄마가 갑자기 세상을 떠나자 마음이 휘청대던 아빠는 엘시를 데리고 머나먼 서부로 이주합니다. 너른 풀바다뿐인 것 같은 그곳에도 풀 사이를 스치는 한낮의 바람 소리와 깊은 밤 들려오는 은은한 풀벌레 소리가 있었지만, 보스턴의 소리를 그리워하는 엘시에게는 들리지 않습니다. 엘시의 친구라곤 함께 데리고 온 카나리아인 티미뿐이었지요. 서부를 거부하고 아예 문 밖을 나서지 않는 생활을 고집하던 엘시는 어느 날 새장 문이 열려 티미가 밖으로 날아가는 바람에 티미를 잡으려고 밖으로 뛰어나왔다가 너른 풀바다 속으로 들어가게 되지요. 그리고 그 안 어딘가의 시냇가에서 티미와 만나게 되고, 드디어 초원의 소리들을 듣게 됩니다.

> 바람이 쏴아아 풀들을 물결치며 내는 소리를,
> 기러기들이 기다란 'V'자로 날아가며 가늘게 끼륵거리는 소리를,
> 모래언덕에서 두루미들이 뚜르룹뚜르룹 서로 부르는 소리를,
> 상큼한 참제비고깔 꽃들이 기다란 줄기 위에서 감실거리는 소리를요.

이 아름다운 소리들을 듣게 된 엘시는 이제 초원에 마음을 열고, 티미 및 아빠가 새로 데려온 암탉들과 수탉, 개와 함께 시끌벅적하게 살게 된다는 이야기지요.

얼핏 보면 그림이 지나치게 단정해서 심심한 것 같지만, 자세히 보면 여릿여릿한 색깔들이 다채롭게 들어가 있고, 그 색깔들은 모두 '소리'를 대신하고 있어요. 보스

턴 항구의 풍경에서 보이는 수많은 배들, 기러기들, 마차와 말들, 행상인들은 저마다의 소리를 내고, 동네의 풍경에서 보이는 느릿느릿한 마차와 말, 뛰어가는 개들, 아이들의 줄넘기, 나뭇가지에 앉아서 부리를 벌린 새 또한 그들만의 소리를 시끌시끌 들려주지요.

그러나 서부 네브라스카에 도착했을 때, 너른 하늘과 너른 풀바다는 가로로 쭉쭉 그어져 마치 움직임도 없고 아무 소리도 나지 않는 듯 고요해 보입니다. 울적하고 슬픈 엘시의 마음은 사선으로 기울어진 벽돌집과 창틀로 표현되지요. 발랄하던 엘시의 마음은 그만큼 아래로, 아래로 기울어져 갑니다. 아빠가 마차를 몰고 떠나는 장면에서 엘시는 집 안에 있고, 티미는 새장 안에 있지요. 그런데 밖에 놓여 있는 신발이 보이나요? 아빠의 부츠지만, 신발이란 신고 나가는 목적을 가진 물건이지요. 이제 곧 엘시가 바깥으로 나가게 된다는 암시를 넌지시 해 주는 장면이네요.

티미는 엘시를 위로하고, 또한 엘시를 밖으로 이끄는 중요한 역할을 하지요. 엘시가 티미를 찾고 소리를 듣게 된 시냇가 장면을 보세요. 둥글게 퍼져 나가는 물결은 엘시가 앞으로 듣게 될 온갖 초원의 소리들을 대표합니다. 소리란 둥근 모양의 파동으로 동심원을 그리며 퍼져 나가게 마련이니까요.

이 책에서는 소리를 잃었던 엘시가 소리를 되찾으며 초원 생활에 적응하지만, 사라 스튜어트가 글을 쓰고 데이비드 스몰이 그림을 그린 *The Quiet Place*에서 언어도 풍경도 낯선 미국에 이민 온 멕시코 소녀 이자벨은 새롭고 낯선 것들의 홍수 속에서 고향의 이모에게 편지를 쓰면서 이민 생활에 정착하게 되지요.

하얀 달과 새벽별들이 초롱초롱한 멕시코의 한 마을, 아빠와 오빠는 차에 짐을 싣고, 엄마와 이자벨은 이모를 껴안고 작별 인사를 합니다. 현관 계단 층층이 꽃 화분이 있는 그 풍경은 마치 『리디아의 정원』을 보는 듯하군요. 이제 짐을 다 싣고, 태양은 환하게 떠오르고, 이자벨네 식구는 떠납니다. 태양은 이들의 희망을 보여 주는 장치지만, 모든 게 낯설고 새로운 여행길에, 카페에서 점심을 먹던 중, 사람들이 스페인어로 이야기하는 것을 이자벨이 듣는 장면은 애달프기까지 합니다. 그 익숙한 언어를 하나라도 놓칠세라 눈과 귀를 쫑긋 열고 있거든요. 엄마와 아빠와 오빠는 자신 없는 모습으로 처져 있고요. 그리고 마침내 도착한 미국 중북부 미시간 호수에 가까운 곳의 새 집. 눈이 하염없이 내려 아이는 고향에서는 책으로만 보았던 눈천사도 만들어 봅니다. 아이가 자기 몸으로 눈 위에 그린 커다란 눈천사는 새로운 세상이 주는 신기한 일면입니다. 그 순간만큼은 그 신기한 세상이 아이의 온 세상을 차지하고 있지만, 그 새로움은 덧없지요. 제 계절이 아닌데 내린 눈은 곧 녹아버릴 테니까요. 신기함이 낯섦에 먹혀 버리는 것은 바로 다음 장면에 나옵니다. 아이와 눈천사는 오른쪽 구석에 몰려 있고, 고향과는 전혀 다른 전체 풍경 – 철제 굴뚝에서 검은 연기가 무럭무럭 나는 공장 지대가 펼쳐지며, 기계화된 사회 속의 한 부속품에 불과한 이민자의 모습을 보여 주니까요.

  그러나 온갖 새로움과 낯섦을 아이는 박스 속에서 이모에게 편지쓰기로 이겨 냅니다. 엄마는 멕시코에서 하던 대로 생일파티 음식 장만 서비스를 시작하고, 아이는 종종 엄마를 따라다니며 돕지요. 생일 주인공 아이들은 커다란 선물을 받고, 아이는 그 선물의 껍데기인 빈 상자를 얻습니다. 그러나 과연 그게 껍데기로 남아 있을까요? 아이는 박스를 칠하고, 장식해서 고요한 보금자리를 만들고, 마침내 자기 생일 파티를 이곳에서 엽니다.

  생일파티 장면은 펼침면으로 되어 있습니다. 어른들은 춤추고 노래하고, 멕시코의 춤동작도 배우고, 아이들은 아이들대로 신나게 놀고, 이자벨은 스페인어 노래를 꼬마 손님들에게 가르쳐 주지요. 그리고 짜잔! 접힌 면을 펼치면 박스로 만든 보금자리 집 안에서 아이들이 창밖을 향해 소리 지르고 노래하고 있군요. 그런데 이 보금자리는 박스 하나로 만든 게 아니라, 여러 개로 꾸민 집이에요. 특이하게 만들었다 싶었는데, 앞면지로 돌아가 비교해 보니, 바로 고향 멕시코의 집을 본 따는 한편, 나름대로 새롭게 꾸민 보금자리였어요! 아이들로 시끌시끌한 더 이상 고요하지 않은 '고요한 보금자리'는 이자벨이 이민 생활에 적응한 모습을 보여 주는 훌륭한 장치입니다.

사라와 데이비드 부부가 함께 만든 책들 외에도 데이비드 스몰은 글과 그림을 혼자 맡아서 『머리에 뿔이 났어요 Imogene's Antlers』, George Washington's Cows(조지 워싱턴의 소들), Paper John(종이의 달인 존), Princess Says Goodnight(공주님의 밤 인사) 등을 냈어요. 또한 『율라리와 착한 아이 Eulalie and the Hopping Head』 『대통령이 되고 싶다고? So, You Want to Be President?』 시리즈, 『공룡이 공짜 When Dinosaurs Came with Everything』 등은 다른 이들의 글에 데이비드가 그림을 그린 책들이에요.

이 중에서 주디스 세인트 조지가 글을 쓴 『대통령이 되고 싶다고?』는 글도 콩 튀듯 팥 튀듯 하는데다 그림도 엽기 발랄한데, 2001년 칼데콧 상을 받았어요. 그러나 미국 대통령들 얘기라 그런지 제겐 금방 와 닿지 않고, 같은 시리즈 중에 『탐험가가 되고 싶다고? So, You Want to Be An Explorer?』가 훨씬 더 재미있더군요. 탐험의 대상을 이 지구뿐 아니라 멀리는 우주, 가까이는 인체 내부의 세계까지 설정한 게 인상적이지요.

재미있고 엽기 발랄한 그림들도 좋지만, 살면서 느끼는 작은 희망들을 간결하고 아름답게 표현하는 사라의 글과 따스하고 서정적인 그림 속에 자잘한 위트를 뿌려 주는 데이비드의 그림이 어우러진 책들을 더 보고 싶어요. 이들의 그림책을 보며 위로를 얻고 마음이 파릇파릇 밝아지는 이들이 분명히 있을 거예요, 그렇죠?

# Vera B. Williams

## 우물 안 개구리는 물렀거라

## 베라 윌리엄스

1927년 미국 캘리포니아에서 태어났습니다. 대학에서 그래픽 아트를 공부했습니다. 미국 뉴욕과 캐나다 온타리오의 대안학교에서 학생들을 가르쳤습니다. 공동체를 만들어 생활하고 비폭력을 지지하고 여러 사회 활동에도 참여해 왔습니다. 사람살이의 따스함이 배어나오는 작품을 많이 만들었습니다. 『엄마의 의자』, 『또, 또, 또 해주세요』로 칼데콧 영예상을 받았습니다. 우리말로 소개된 책으로 『체리와 체리 씨』, 『내게 아주 특별한 선물』, 『우리들의 흥겨운 밴드』 등이 더 있습니다. 2004년 한스 크리스티안 안데르센 상을 받았습니다.

제 친구가 딸을 데리고 가구점에 갔더니 아주 예쁜 아기 의자가 두 개 진열되어 있더래요. 남자애 것은 공 무늬, 여자애 것은 빨간 장미꽃 무늬 커버를 씌운 의자였는데, 요 딸내미, 그 장미꽃 무늬 의자를 보자마자 외쳤답니다. "'엄마의 의자'다!" 판매원은 갸우뚱. "이건 아기 의자인데?" "'엄마의 의자'여요!" "아닌데. 아기 의자인데…."

그 아이가 외친 '엄마의 의자'는 바로 베라 윌리엄스의 『엄마의 의자 *A Chair for My Mother*』에 나오는 푹신하고 예쁜 빨간 장미꽃 무늬 의자랍니다. 이 책에서 주인공 여자애는 가난한 동네에서 엄마와 할머니와 살고 있지요. 이 책에는 이름이 안 나오지만 후속편에서 '로사'라고 나온답니다. 엄마는 블루타일 식당에서 웨이트리스로 일합니다. 어느 날 로사와 엄마가 신발을 사러 나갔다 돌아와 보니 옆집에서 난 불이 로사의 집에까지 번져 모든 게 다 타 버렸습니다. 로사는 한동안 이모네서 살다가 마침내 작은 아파트를 구했지요. 로사는 식당에서 늘 서서 일하는 엄마가 집에 와서도 편안히 앉을 의자가 없어 늘 딱딱한 식탁 의자에 앉는 게 안타깝기만 합니다. 그래서 엄마에게 푹신한 의자를 사 주고 싶어서 유리병에 동전을 모으기 시작하지요.

책 표지를 보면 내용이 환히 보입니다. 파란 식당 안에서 엄마가 음식 접시를 나르다가 밖에 있는 딸아이를 보고 웃는 장면이 나옵니다. 둥싯둥싯 하얀 구름이 떠가는 파란 하늘을 보면 이들의 희망이 보입니다. 빨간 장미꽃 무늬 테두리가 그 희망을 구체적으로 드러내 주고 있지요. 이들은 나중에 빨간 장미꽃 무늬 푹신한 의자를 살 거니까요. 작가는 그림책에 경제적 이유로 슬픔을 겪는 사람들의 이야기를 담은 이유를 이렇게 말합니다.

『엄마의 의자』, 시공주니어, 1999

『엄마의 의자』는 어려움을 겪는 사람들의 이야기예요. 내가 자랄 때는 이웃 누구나 살기 위해, 집세를 내기 위해, 병원비를 내기 위해, 결핵을 치료받기 위해 버둥댔어요. 나는 삼부작(『엄마의 의자』『내게 아주 특별한 선물』『우리들의 흥겨운 밴드』를 말함)에서 그것들을 정말 표현하고 싶었어요. 사실, 내가 만드는 책들에 이것을 넌지시 드러내고 싶었어요. 이제는 이런 일에서 벗어났다고 말할 수 있어 좋긴 하지만, 어릴 때는 겪어야 했던 일이니까요.

고통은 어디에나 있다고 생각해요. 아이들도 생활비 때문에 힘든 것에 매우 민감해요. 그러니 그것이 아이들에게 부적합한 주제는 아니지요. 침대에 누운 아이들은 부모가 늘어놓는 걱정거리에 귀를 쫑긋 세우고 있어요. 그런 걱정거리 때문에 아이들은 슬퍼지고 불안해해요. 그래서 나는 그것이 정말 적절한 주제이고 그림책에 표현될 수도 있다고 생각해요.[38]

그런데 이런 슬픔과 걱정을 담은 그림책도 책장을 넘길 때마다 테두리는 바뀝니다. 로사가 블루타일 식당에 가는 장면에서는 파란 타일 조각 테두리이고, 불이 활활 탈 때는 불길 모양 테두리, 불길에 다 타 버린 새까만 집안을 들여다볼 때는 시든

꽃 모양 테두리이고, 유리병에 동전을 넣으며 희망을 품을 때는 빨간 장미꽃 무늬 테두리, 할머니와 함께 집안에 있을 때는 할머니의 마음이 담긴 찻잔 세트 테두리, 은행에 갔을 때는 달러($) 표시 테두리입니다. 작가는 이 테두리에 특별한 의미를 깃들여 놓았습니다.

> 난 (책 속의) 다양한 인물들이 먹고사느라 힘든 생활을 하면서도 감정, 호기심, 상상력, 모험 등으로 자기의 삶을 주도하기를 원했어요. 그래서 의자 책 시리즈의 매 쪽마다 그 복잡하고 다채로운 테두리를 그려 넣었는지도 모르겠어요. 불이 모든 것을 다 태워 버리고, 물질적으로는 가난하게 살고 있지만, 이들의 삶 자체는 풍요롭게 짜여 있다는 상징으로 말이지요.[39]

로사가 일에 지친 엄마에게 아름답고 폭신한 의자를 사 주고 싶어 하는 마음은 작가의 어린 시절에서 비롯되었습니다. 작가 역시, 힘겨운 삶에 슬퍼 보이는 엄마를 바라보며 그 슬픔, 그 힘든 표정을 단박에 없애 줄 놀라운 선물을 해 주고 싶었다고 하니까요. 아, 양심의 가책. 어린 시절에 저는 아랫돌 빼서 윗돌 괴고 윗돌 빼어 아랫돌 괴며 살던 엄마에게 '등록금 내놔라, 저녁 밥값 달라' 해 대며, 제 친구 말마따나 '빚쟁이'처럼 굴었거든요. 물론 요 시점에서 뜨끔하실 분들이 적지 않을 거라고 사료되옵니다만.

산다는 게 다 제각각이지만, 작가인 베라 윌리엄스도 참 남다른 삶을 살았습니다. 베라는 1927년에 캘리포니아의 이민자 가정에서 태어났지요. 여기저기 이사를 다니다가 마침내 뉴욕의 브롱스 지역에 자리 잡습니다. 이곳에서 지낸 어린 시절과 사춘기를 베라는 노래하고 춤추고, 읽고, 쓰고, 연극도 하며 보낸, 천국과도 같은 시절이었다고 기억합니다. 하지만 베라의 기억 속에는 아직도 호밀 빵과 버터, 수프에 들어간 닭발, 식사 시간에 엄마와 아빠 사이의 팽팽한 긴장과 같은 것들이 남아 있다고 합니다. 물론 요 아가씨는 그런 긴장을 애써 무시하면서 빵 껍질로 열심히 조각을 빚고 있었답니다. 물론 그 시절은 다른 집들과 마찬가지로 사랑과 돈 걱정이 끊일 새 없었던 시절이었지요.

나는 복작복작한 아파트에 살았어요. 부모님은 속삭이거나 소리를 질렀고 우리는 직장 문제, 전쟁, 유대인 학살, 흑인 폭력 사건 등 그분들이 하는 걱정거리 한가운데 내동댕이쳐졌지요. 내 친구들과 나는 『톰 아저씨의 오두막』『집 없는 아이』『행복한 왕자』『하이디』등의 책을 함께 읽고 울었어요. 그 책들은 정말 가난한 상태에서 참 많은 것을 하는 멋진 모험을 담은 이야기들이었어요. 우리 부모님들은 공산주의 쪽으로 기울어져 있었고, 실업자들과 쫓겨난 자들을 돕는 데 활동적이었지만 문학, 음악, 예술, 자연에도 헌신적이었지요.[40]

그러다가 다니게 된 토요 미술학교! 구세군에서 여는 이 학교에서 베라는 그림을 그리는 방법뿐 아니라, 시각적으로 자신을 표현하는 방법과 마음속 깊이 숨어 있는 느낌을 색깔로 끄집어내는 방법을 배웠다고 해요. 이 때 선생님이었던 플로렌스 케인이 후에 *The Growth of the Child Through Art*(미술을 통해 자라는 아이들)이란 책을 냈는데, 베라는 거기서 자기가 '린다'라는 이름으로 나온다고 뿌듯해 하는군요. 또, 아홉 살 때, 현대 미술관에 자기 그림이 전시된 적도 있었대요. 그 그림에 대해 루즈벨트 대통령의 아내인 엘리노어 루즈벨트에게 설명하는 모습이 뉴스에 나온 적도 있다고 하고요.

뛰어난 언어 감각을 지녔던 아버지의 영향을 받았던지 열일곱 살 때부터 그림책 작가를 꿈꾸던 베라는 노스캐롤라이나 주의 블랙 마운틴 대학에서 그래픽 아트를 공부하면서 한편으로는 공동체 생활에 뜻을 품습니다. 한동안 옥수수도 키우고, 버터도 만들고, 남편과 함께 직접 집을 짓는 일도 해 보던 그녀는 예술과 지역 사회를 연결하고 싶은 열망에 시인과 음악가, 도공들과 함께 '게이트 힐 공동체'를 만들지요. 베라는 그곳에서 17년 간 살며 아이들 셋을 키우고, 공동체 학교에서 미술과 요리, 글쓰기 등을 가르칩니다.

남편과 이혼을 한 베라는 1970년에 캐나다로 떠납니다. 한동안 온타리오 주의 시골에 있던 대안학교에서 미술, 요리, 글쓰기, 자연, 간호 등을 가르치고 빵집도 내 본 적이 있었다는군요. 캐나다의 대자연을 무척이나 사랑한 베라는 혼자 카누를 타고 유콘 강을 따라 500마일을 여행하기도 합니다. 이때의 경험은 후에 *Three Days on a River in a Red Canoe*(빨간 카누를 타고 강에서 보낸 사흘)에 담게 되지요.

이제 베라는 자기의 첫 책을 내기 위한 발걸음을 내딛습니다. 친구인 어린이책 작가, 레미 찰립이 책을 함께 만들어 보자고 권했거든요. 그런데 이때 베라는 밴쿠버의 어느 만에 떠 있는 집에 살고 있었어요. 카누 여행의 흔적이었는지, '지상의 방 한 칸'을 구하기가 힘들어서 그랬는지 모르겠지만 (아마 둘 다?) 물결에 흔들리는 집에서 그림을 그리자니 보통 일이 아니었겠죠? 베라는 이렇게 말합니다.

> 집배에 있는 도안 테이블에서 그림을 그리는 동안, 스탠리 공원의 원숭이들이 울부짖는 소리를 듣기도 했어요. 글자를 도안하고 있는데 배가 살살 흔들려서 작업을 자꾸 다시 하기도 했고요.[41]

첫 책인 *Hooray for Me*(만세, 나 만세!)가 나온 게 1975년. 그녀 나이 만 48세 때의 일이었습니다. 이후 베라는 그린윌로우 출판사와 연이 닿아 뉴욕으로 이사하지요. 젊은 시절 공동체를 세우고 살다가 다시 대도시로 돌아왔으니, 이상에서 현실로의 회귀라고도 볼 수 있겠죠? '쯧쯧쯧, 이상주의자의 말로가 그렇지, 뭐.'라고 하는 사람도 있었겠지만, 베라는 그 현실을 그냥 현실로 받아들이지 않습니다. 팍팍한 사회

『또, 또, 또 해주세요』, 열린어린이, 2005

를 조금씩 바꾸는 일에 그림책을 통해서건, 핵무기 반대 운동을 통해서건 자기 몫을 하기 시작한 겁니다. 실제로 베라는 반대 시위를 하다가 잠깐 감옥살이도 했었습니다.

자신이 백인이건만 베라의 그림책에 나오는 인물들은, 여태 제가 읽은 책들을 보면 매우 다양합니다. 『엄마의 의자』의 주인공인 로사는 멕시코 쪽 느낌이 드는 얼굴이고, 『체리와 체리 씨 Cherries and Cherry Pits』의 비데미는 흑인 여자애지요. 베라가 다문화주의를 뿌리로 삼고 있는 것은 『또, 또, 또 해 주세요 "More More More," Said the Baby』를 보면 확연히 드러납니다. 표지를 보면 알파벳 'O'들을 굴렁쇠 삼아 백인, 흑인, 황인 아기들이 놀고 있거든요.

이 책은 소품 세 개로 이루어져 있습니다. 첫 번째는 백인 아기인 'Little Guy'와 역시 백인인 아빠 이야기, 두 번째는 흑인 아기인 'Little Pumpkin'과 백인 할머니의 이야기, 세 번째는 황인인 'Little Bird'와 황인 엄마의 이야기입니다. 특이한 점 하나가 보이죠? 두 번째 이야기에서 아기는 흑인인데 할머니는 백인이지요. 우리나라도 요즘엔 왕년에 툭하면 자랑했던 '단일 민족'의 껍데기를 슬슬 벗고 있는 중인데, 미국이 아무리 다문화, 다인종 국가지만 그래도 현실적으로는 끼리끼리 몰려 있는 경우가 많아서 그런지, 아마존의 독자 서평에서는 이 부분을 가지고 티격태격하고 있더군요. 찬성파는 이 책에 나오는 인물들은 바로 네 이웃들이다, 라고 말하는 반면 반대파는 아기는 흑인인데 할머니는 백인이니 어인 일이냐, 이런 것 때문에 읽는 우리 아기가 헷갈린다, 라고 우물 안에서 개굴개굴….

첫 번째 이야기는 매우 생기발랄하게 시작합니다. 노란색, 주황색, 초록색이 어우러져 밝고 화사한 분위기에서 아기는 쪼르르 뛰어다니고 아빠는 아기를 잡으러 다니죠. 문제는 아빠가 아기를 공중에 획 던졌다가 팔을 잡고 흔들어 대는 장면. 저도 이걸 보면서 앗, 위험해요, 팔 빠지면 어떻게 해요! 라는 말이 절로 나왔으니, 다른 어른 독자들도 할 말이 많을 겁니다. 독자들의 근심은 아랑곳하지 않고 놀이에 빠진 아빠는 아기 배꼽에 뽀뽀하고, 아기는 "또, 또, 또" 해 달라고 까르륵대지요.

두 번째 이야기는 진달래색, 청록색, 녹색 등으로 색조가 조금 차분해진 배경에서, 아기가 뛰어다니고 할머니가 잡아서 놀아 주고, 안아 주고, 발가락 뽀뽀까지 하지요. 물론 아기는 까르륵대며 "또, 또, 또" 외치고.

세 번째 이야기는 분홍색, 초록색, 어두운 청색 등을 배경으로, 소파에서 자는 아이를 엄마가 안아서 살살 흔들어 주며 안고 재우다가 침대로 데려가 아기의 작은 눈에 뽀뽀해 주지요. 꿈나라에 가 있는 아기는 "또, 또, 또" 대신 '음, 음, 음'…. 자느라고 소리를 제대로 못 내서 그런답니다.

발랄하게 뛰어다니는 이야기가 흘러서 쌕쌕 잠을 자는 걸로 마무리가 되는 흐름도 좋고, 말랑말랑한 인절미 반죽 같은 속살에 쏙 박힌 (혹은 톡 튀어나온) 아기 배꼽에 쪽 뽀뽀하고, 그 작고 귀여운 발가락마다 뽀뽀하고, 살며시 감은 보드라운 눈 위에 뽀뽀하는 그림만 봐도 행복한 느낌을 주는 예쁜 책입니다. 아이들이 이 책을 읽으면 책의 내용대로 한 바퀴 더 해 달라고 할 것 같군요. 구아슈로 그린 따스한 색감의 이 책은 1991년 칼데콧 영예상을 받았습니다.

베라 윌리엄스 특유의 따스한 색감과 훈훈한 내용은 다른 책에도 이어집니다. 『엄마의 의자』 후편인 『내게 아주 특별한 선물 *Something Special for Me*』은 그 안락의자를 사고 한참 뒤의 일입니다. 엄마의 의자엔 이제 코코아도 묻었고, 얼룩덜룩해서 새 것처럼 보이지 않으니까요. 이 집 식구들은 지금도 계속 유리병에 동전을 모으고 있답니다. 거실 선반 위에는 조그만 코끼리, 사진 액자 둘, 화분 등과 더불어 동전이 반쯤 찬 유리병이 올려져 있군요. 이제 사흘만 지나면 로사의 생일이라 로사는 생일 얘기를 자꾸 하는데, 엄마는 의자에서 신문을 읽느라 하나도 듣지 않는군요. 드디어 딸아이는 엄마 발을 간질이고, 엄마는 로사를 잡으러 뛰어갑니다. 다사로운 노란색 거실에서는 행복감이 솔솔 풍겨 나옵니다.

이 시리즈에서 아빠는 아예 언급되어 있지 않습니다. 로사는 엄마와 외할머니하고만 살지요. 아빠 대신 이모와 이모부, 동네 사람들이 나오고, 이들 모두는 넉넉지는 않지만 친절하고 근면한 사람들로 묘사됩니다. 작가도 어린 시절 아빠가 감옥살이를 한 적 있는 것 같다고 하는데, 이때의 경험으로 인한 것인지 이 작가의 웬만한 책에는 늘 '아빠는 부재중'이지요.

사실 가족이란 존재는 가장 가까우면서도 가장 상처를 많이 주는 존재일 수 있지요. 아빠가 없어서 상처받는 아이들도 있지만, 아빠가 있어서 상처받는 아이들도 있으니까요. 제가 만약 그림책을 만든다면 아픈 마음을 뒤집어서 햇볕과 바람을 쐬게 해 주고 싶습니다. 하지만 베라는 저보다 몇 십 년 더 살아서 그런지, 그런 건 구태여 헤집어낼 필요도 없다고 생각하는 것 같아요. 그냥 아무 말 없이 토닥토닥 다독여 주고 포근한 색깔과 다사로운 글로 잘 덮어 주니까요.

로사와 엄마는 거울을 보며 재미있는 표정을 짓고 머리를 갖고 장난을 합니다. 그리고 유리병의 동전을 세어 보지요. 거긴 할머니도, 이모와 이모부도 함께 동전을 넣어 주셨기에, 그 돈으로 선물을 사면 로사는 할머니+엄마+자기+이모+이모부에게서 선물을 받는 거나 마찬가지랍니다. 이제 로사는 자기 선물을 사러 돌아다닙니다. 역시나 작가는 테두리에 마음을 쓰는군요. 로사가 롤러스케이트를 사러 갔을 때는 롤러스케이트를 신은 비둘기들이 노란 끈을 물고 있는 테두리(롤러스케이트 대회를 나타내는 듯), 백화점에 가서 물방울무늬 원피스와 파란 샌들을 고를 때는 물방울무늬와 여러 다른 무늬가 있는 테두리, 배낭 가게에 갔을 때는 산에 올라 하늘을 보는 걸 나타내는지 파란 하늘 테두리가 보입니다.

하지만 뭘 봐도 그게 유리병에 모은 돈을 쓸 만큼 특별한 선물은 아닌 것 같아서 결국 아무것도 못 산 로사는 울음을 터뜨립니다. 그러자 엄마는 로사를 엄마가 일하는 식당으로 데려갑니다. 맛있는 걸 먹다 보면 생각날 거라고요. 식당 안의 풍경을 보면 유리창 밖의 찻길에서 개 한 마리가 여유롭게 걸어가는데, 식당 안에서는 뒷자리의 호기심 많은 아기가 새로 온 이 손님들 쪽으로 가려고 아빠 품에서 버둥대고 있지요. 보기만 해도 귀여운 그림입니다. 파이와 아이스크림을 먹고, 주크박스에서 나오는 노래도 들은 로사는 기분이 좋아집니다. 밖에 나가 별님에게 자기가 뭘 갖고 싶어 하는지 알려 달라는 소원을 빌고 있는데, 어느 아저씨의 아코디언 연주를 듣게 되지요. 갑자기 자기가 아코디언 연주를 하면 친구들이 춤을 추고 탁자와 의자까지 춤을 추는 광경을 그려본 로사는 아코디언을 꼭 갖고 싶어집니다. 그래서 '가서 새 아코디언을 샀어요.'라고 하면 그저 그런 결론이라고 했을 텐데, 돈이 모자라서 이모의 도움을 받아 조그만 중고 아코디언을 샀다는 이야기.

사실 전 후편을 읽으면서 전편만큼 즐겁지 않았어요. 또 동전 모아 선물 사는 패턴이 지루했고 (그럼 로또 당첨되리?) 로사가 자신만을 위한 선물보다는 여러 사람에게 기쁨을 줄 수 있는 악기를 선택한 마음이 그다지 또렷하게 부각되지 않았거든요. 또 전편의 테두리는 작가가 온 정성을 기울인 것 같았는데, 후편에선 좀 밋밋한 느낌이었고요. 식당에서 만난 버둥거리는 아기 표정과 중고 아코디언 산 얘기만 재미있었는데, 뜻밖에 아마존에 올라온 조로 로페즈 님의 서평을 읽으면서 가슴이 뭉클해졌습니다.

"내 아내 로사는 아코디언을 연주했는데, 처음 그 악기에 접한 과정이 이 책의 주인공과 거의 똑같았습니다. 아내는 1999년 3월 23일에 암으로 사망했지요. 난 아내에게 선물했던 이 책을 읽을 때마다 눈물이 납니다…."[42]

같은 책을 봐도 각자의 경험에 따라 받아들이는 게 이렇게 다르군요. 아, 그분께 평온을.

로사는 이제 그 아코디언을 가지고 무엇을 할까요? 『우리들의 흥겨운 밴드 *Music, Music for Everyone*』에서 몸이 아픈 할머니는 이제 이 층에만 계십니다. 엄마가 일을

『우리들의 흥겨운 밴드』, 느림보, 2005

나간 후 늘 앉아 계시던 빨간 장미꽃 무늬 의자는 허전하게 비어 있습니다. 그것만 비어 있나요? 식구들이 함께 동전을 모으던 유리병도 비어 있지요. 할머니를 간호하는 데 돈이 많이 들거든요. 로사는 편찮으신 할머니를 위해 친구들과 음악을 연주해 드리곤 했는데, 어느 날 혼자 아코디언을 연주하다가 문득 텅 빈 유리병을 채울 아이디어가 떠오릅니다. 궁하면 통하는 법. 요 꼬맹이들은 아코디언, 북, 플루트, 바이올린을 가지고 아예 밴드를 차리는군요. 이들은 열심히 연습을 하고 마침내 친구네 파티에서 첫 연주를 하게 됩니다. 물론 처음에야 떨렸지만, 곧 신 나게 연주를 하는 아이들. 손님들은 음악에 맞춰 춤을 추었지요. 그리고 받은 수고비는 똑같이 나누고,

베라 윌리엄스 173

로사는 그 돈을 모두 유리병에 넣습니다. 그 돈은 아마 여태 손녀를 키워 주신 할머니께 따뜻한 음식을 드리는 데 도움이 되겠지요?

이 책에서도 작가는 테두리에 매우 신경을 썼군요. 타일 무늬 장식 테두리는 여전하지만, 테두리 자체가 주 그림으로 처리된 장면이 자주 보입니다. 연주 직전에 떨리는 아이들의 표정을 담아내기도 하고, 파티에서 연주가 끝난 뒤 네 명의 아이들을 안아 주는 각자의 가족들을 묘사해 주기도 합니다. 역시 이 작가답게 여러 인종이 섞여 있습니다. 그러나 이 책에서 가장 인상적인 그림은 네 명의 아이들이 열심히 연주하는 모습입니다. 특히 플루트 소녀와 북 아가씨는 서로 눈을 맞춰 가며 아주 똘똘하게 연주하고 있군요. 바이올린 아가씨는 그 장면에서 잠시 활을 놓고 자기가 어느 박자에서 들어가 줘야 할지 귀를 쫑긋하고 긴장해서 기다리는 것 같습니다. 아코디언 소녀도 마찬가지고요. 작가의 섬세한 면은 바로 이 장면에서 네 소녀의 표정을 통해 또렷하게 드러나고 있습니다.

이제까지 작가는 책의 페이지마다 그림과 글이 조화롭게 어우러져 서로를 설명해 줄 수 있도록 쓰고 그렸지만, *Ember Was Brave, Essie Was Smart*(엠버는 용감하고 에씨는 똑똑해)에서 그림과 글을 완전히 나눕니다. 아빠는 감옥에 가 있고, 엄마는 날마다 일을 나가고, 둘이서 서로를 돌보며, 하지만 즐겁게 살아가는 자매를 그린 책입니다. 이 책에서는 먼저 엠버의 뒷모습과 앞모습 초상화, 에씨의 뒷모습과 앞모습 초상화, 이렇게 그림 네 장면이 먼저 나오고, 그다음에 일상을 담은 시들이 나옵니다. '최고의 샌드위치', '엠버를 늘 울리는 질문', '이상한 날' 등의 제목을 단 시들이 쭉 나온 뒤, 마지막에 '엠버와 에씨의 앨범'이라는 장에 색연필 그림들이 나옵니다. 작가는 이 그림들을 주제의 변주곡이라고 설명합니다. 또한, 시가 나오는 부분에는 틈틈이 연필 데생이 곁두리로 차려져 있지요. 그건 때때로 들어가는 음표라나요?

언니인 에씨는 도서관에서 빌려온 책에 빠졌다 하면 고개를 들 줄 모르는 소녀지만 엄마 대신 동생 엠버를 돌봅니다. 아빠가 감옥에 간 건 '범죄'를 저질렀기 때문이고, 아무리 우리 아빠라 하더라도 그것은 잘못된 행동이라는 것을 동생에게 설명해 줘야 하는 그 나이에 감당하기 힘거운 짐까지 지고 있습니다. 이에 비해 엠버는 화가 나면 침대 밑으로 들어가 버리는 등 '천부적인 동생의 권리'를 지닌 아가씨지요. 이들은 서로를 '최고의 샌드위치'라고 부릅니다. 에씨와 엠버가 각각 샌드위치 빵 양면이 되고 가운데에 곰 인형을 껴 놓고 꼭 끌어안으면 정말 최고의 샌드위치가 되거든요. 불 꺼진 추운 날에도 이 아이들은 샌드위치 만들기 놀이를 합니다.

책의 주인공들은 엠버와 에씨지만, 전 이들이 사는 연립 주택 옥탑방에 아빠와 새로 이사 온 네이타-리가 마음이 쓰였습니다. 네이타-리는 엄마에 대한 그리움을 가슴 한켠에 꼭꼭 숨겨 놓고 있는 아이입니다. 나중에 엠버와 에씨의 아빠는 감옥에서 나와 집으로 돌아오지만 네이타-리의 엄마는 돌아올 수 없는 길을 갔으니 안타깝기만 합니다.

베라 윌리엄스의 한 학생이 물었답니다.

"선생님 책의 등장인물들은 다들 좀 힘거운 동네에 사는 것 같아요."
"아니, 그들은 집세가 싼 동네에 살 뿐이야."[43]

집세가 싼 작가의 아파트에 놀러오는 위층 여자아이가 있습니다. 흑인 여자아이인 비데미는 그림 그리는 걸 아주 좋아하지요. 그래서 작가는 그 애에게 줄 새 마커를 늘 준비해 놓습니다. 『체리와 체리 씨』에서 비데미는 작가가 주는 마커로 점을 하나 톡, 찍어 봅니다. 그리고 이어서 선을 긋지요. 그러면서 비데미는 알록달록한 마커로 그림을 그려 가며 이야기를 해 줍니다. 늘 '이것은'이라는 말로 시작하면서요. 먼저 전철 문을 그리지요. 문간에 서 있는 굵은 주름 아저씨는 하얀 봉지 하나를 들고 있습니다. 그 안에는 체리가 담겨 있답니다. 아저씨는 집에 가서 빨갛게 잘 익은 그 체리를 아이들에게 주지요. 아이들은 체리는 먹고 씨는 뱉어 냅니다. 비데미는 또 앵무새에게 체리를 갖다 주는 할머니, 계단을 단 두 걸음에 뛰어올라와 꼬마 동생에게 체리를 건네주는 오빠를 그립니다.

그런 비데미를 작가는 수채화로 그리지요. 작가와 비데미는 둘 다 표정을 잘 잡아내는군요. 작가는 푸른 빛이 도는 흰 눈자위를 가진 비데미가 그림 그리는 데 열중한 모습을 잘 잡아내고 있고, 비데미는 비데미대로 동생에게 손을 내미는 오빠의 뿌듯한 표정, 그게 뭔가 싶어 기대감에 가득한 눈으로 오빠에게 손을 내미는 꼬마 동생의 표정을 세심하게 잡아내고 있습니다. 비데미의 그림 이야기는 이어집니다. 체리 장수 아저씨에게 체리를 사서 한 알씩 먹으면서 씨는 따로 호주머니에 넣고 마당에 씨앗을 심고, 그럼 씨앗에서 싹이 트고 뿌리가 벋어 나고, 줄기가 생기고, 가지가 자라고 꽃봉오리가 맺히고, 연초록 잎이 나오고, 그 이파리 밑에 쏙 숨어서 체리가 자라지요. 비데미는 열심히 나무를 보살피면 마침내 체리가 엄청나게 열려 나이로비와 브룩클린, 토론토 등지에서 비행기를 타고 날아오는 친구들과 함께 체리를 나누어 먹지요. 아이들이 뱉어낸 체리 씨에서 또 싹이 트기 시작할 거고요. 이 책에서 비데미는 바로 어린 시절의 베라입니다. 어느 주인공이나 다 자기 속에 감춰져 있던 특성이 나오는 거지만, 비데미는 특히 그림을 그리면서 이야기를 만들어 나간다는 점에서 어린 베라 그 자체지요. 베라의 말을 들어 보지요.

글자 쓰기를 처음 배웠을 때부터 난 쓰기와 그리기가 매우 밀접한 관계가 있다는 것을 느꼈어요. 내 느낌과 생각, 상상력 등이 붓이나 연필, 펜을 통해 종이 위에서 글과 그림으로 바뀌며 흘러갈 때 내 영혼은 뭔가 특별한 것을 느꼈답니다. 그래서 수십 년 동안 수많은 공책을 시와 에세이, 이야기, 스케치, 만화, 꿈, 낙서, 광고나 연설을 위한 아이디어로 채우며 살았지요.[44]

그렇게 지금까지 78년을 살아온 베라 할머니. 무슨 책을 가장 좋아하느냐는 질문에 『치과의사 드소토 선생님 *Doctor De Soto*』이라고 말하니, 주변의 꼬맹이들 너댓 살짜리들과 공통점이 있지요? 꼬맹아, 놀랐지? 베라 할머니도 드소토 선생님 나오는 책을 좋아한대.

숲과 달과 강을 사랑하며, 자기 책에는 '가족'과 뉴욕 시의 다인종 동네가 어우러진 스프의 맛이 담겨 있다는 베라 할머니. 걸어 다닐 때, 샤워할 때, 잠잘 때, 깰 때, 새 이야기들이 새록새록 생겨난다니, 할머니의 생명력은 자기가 만든 책에 나오는 아이들처럼 파릇파릇하기만 합니다.

1927년생이니까 벌써 80세도 넘는 이 파릇파릇한 할머니는 2009년에 '엄마의 의자' 4부작을 이루는 네 번째 책, *A Chair for Always*(영원히 소중한 의자)를 냈답니다. 로사의 사촌 동생이 태어나던 날, 모든 식구들은 아기를 편안히 안고 있을 곳을 생각하지요. 할머니는 장미꽃무늬 의자의 천이 낡았다고 천갈이를 생각하고, 엄마는 이참에 낡은 의자를 새로 바꾸려는 생각을 합니다. 하지만 로사는 펄쩍 뛰지요. 그 의자는 가족의 '역사'를 고스란히 담고 있는 의자니까요. 따라서 가족이나 마찬가지니까요. 이렇게 의자 하나를 통해 가족의 역사를 4부작에 걸쳐 담은 베라 윌리엄스. 가난하지만 따스한 정을 담은 가족들의 이야기를 여전히 전해 주는 흰 머리 할머니, 언젠가 이 세상 떠나실 때는 고생하지 마시고 주무시다가 가볍게 하늘로 올라가세요.

Kevin Henkes

나도 알아, 그 느낌

## 케빈 헹크스

1960년 미국 위스콘신 주에서 태어났습니다. 1981년 첫 작품『가끔은 혼자서』를 출간한 뒤 약 30년 동안 많은 어린이책에 글을 쓰고 그림을 그렸습니다. 어린 시절의 경험을 바탕으로 아이들 세계를 진솔하고 재치 있게 표현하고 있습니다.『내 사랑 뿌뿌』로 1994년 칼데콧 영예상을,『달을 먹은 아기 고양이』로 2005년 칼데콧 상을 받았습니다. 청소년을 대상으로 한 성장소설『병 속의 바다』로 2004년 뉴베리 영예상을 받았습니다. 그 밖에 작품으로『난 내 이름이 참 좋아!』『웬델과 주말을 보낸다고요?』『우리 선생님이 최고야!』『세상에서 가장 큰 아이』『나에게 정원이 있다면』 등이 있습니다.

네댓 살 무렵, 제 증조할머니가 돌아가셨습니다. 초상 치르느라 집은 어수선했고, 바쁜 식구들이 아무도 눈길을 주지 않자 전 장독대에 홀로 올라가 발돋움을 하고 거의 제 키만 한 빈 항아리 속을 들여다보았죠. 어둡고 텅 빈 그 속에 대고 "아아아~" 하고 조심스레 부르니, 항아리는 신비롭게 떨면서 소리를 되울려 주었어요. 그 순간 세상은 고요해졌고, 온 우주에서 존재하는 것은 항아리와 저뿐이었지요.

꼬맹이가 별 걸 다 느꼈지요? 미국의 그림책 작가이자 소설가인 케빈 헹크스도 그랬나 봅니다. 그의 첫 책인 『가끔은 혼자서 *All Alone*』를 보면 어린아이가 홀로 고요한 세상 속으로 빠져든답니다. 첫 페이지에는 앞으로 이 꼬마가 누릴 것들이 간결하게 요약되어 있군요.

    혼자 있으면
    더 많은 소리가 들리고
    더 많은 것이 보여요.

아이는 나무들이 숨 쉬는 소리를 듣고, 나무뿌리가 이리저리 뒤엉켜 있는 것도 보고, 따스한 햇볕을 느끼고, 하늘만큼 커져 하늘을 맛보기도 하지요. 잉크와 수채화로 그린 그림은 마구잡이로 뒤엉켜 있는 것 같지만, 나뭇가지 틈새로 파란 하늘도 보이고 휘돌아가는 바람도 느껴지지요. 얼굴이 크게 묘사된 부분은 솔직히 좀 못 그려서 아쉽지만 멀리서 잡은 그림은 괜찮고, 가분수라서 혹시라도 뛰다가 휙딱 넘어지면 어떻게 하나 걱정스러울 정도로 꼬마의 모습을 사실적으로 그렸어요. 그런데 이 그림들은 작가가 열아홉 살 때 그린 것이더군요.

케빈 헹크스는 미국 위스콘신 주에서 태어났어요. 어릴 때부터 그림 그리는 것도 좋아하고 책도 매우 좋아했다고 해요. 그의 가족은 정기적으로 도서관에 다녔고 책을 빌려 오는 것은 그에게 아주 중요한 의식이었지요. 운 좋게도 자기 소유가 된 책들을 읽고 또 읽고 하면서 매우 '존중'했다는데, 존중하는 그 나름대로의 방식은 바로 어딜 가든 책을 갖고 다니는 것이었답니다. (이것은 나중에 『내 사랑 뿌뿌Owen』 이야기의 바탕이 되지요.) 게다가 어린 시절 사랑했던 책들을 아직도 갖고 있다니 그만하면 존중의 증거로 충분하지 않겠어요?

크로켓 존슨*과 가스 윌리엄스**의 책을 좋아했던 이 꼬마는 집 근처에 있는 미술관에 자주 들락거리며 자기는 언젠가 예술가가 될 것 같다고 생각했대요. 그런데 예술의 범위란 넓고 깊잖아요? 커 가면서 글을 쓰고, 드로잉하고, 색칠하는 것들을 좋아하게 된 케빈 헹크스는 그 셋을 아우르는 것이 그림책임을 새로이 깨달았다는군요. 그래서 고요함을 주제로 한 『가끔은 혼자서』를 열아홉 살 때 '쓰고, 그리고, 색칠한' 그는 위스콘신 대학 미술대학 1학년을 마치고 여름 방학 때 저금통을 털어 뉴욕으로 갑니다.

시골 쥐가 서울에 가긴 했는데, 그냥 구경하러 간 게 아니었어요. 출판사 목록과 포트폴리오와 견본 책을 들고 야무지게 길을 떠난 거지요. 월요일부터 출판사를 돌기 시작한 그는 화요일 아침에 그린윌로우 출판사의 유명한 편집자 수잔 허쉬맨과 계약을 하는 뜻밖의 성과를 거둔답니다. 수잔은 그때를 이렇게 기억합니다.

---

* 『해롤드와 자주색 크레용Harold and the Purple Crayon』의 저자인 만화가이자 그림책 작가인 데이비드 존슨 리스크의 필명이에요.
** 미국의 그림책 작가예요. 『샬롯의 거미줄Charlotte's Web』과 '초원의 집Little House on the Prairie'시리즈에 그림을 그렸어요.

케빈과의 인연은 열아홉 살 때, 그가 포트폴리오와 첫 그림책 견본을 들고 뉴욕으로 왔을 때 시작되었어요. 그는 선호도 순에 따라 출판사 목록을 만들어 왔지요. 그린윌로 우가 1순위였어요. 나는 고개를 들어, 내 사무실로 들어오는 소년 같은 분위기의 그를 언뜻 보았던 게 생각나네요. 이렇게 말했던 것 같아요. "뉴욕에 가겠다고 하자 어머니가 뭐라고 하셨지요?" 그는 살짝 당황스러워 보였고, 이렇게 말했어요. "어, 우셨어요." 그다음에 나는 그의 포트폴리오를 보았지요. 그것은 젊은이의 작품이었지만, 자기가 무엇을 하고 있는지, 어디로 가고 싶은지를 아는 이의 작품이기도 했어요. 그의 첫 그림책 『가끔은 혼자서』는 그가 그림책이 무엇인지 알고 있고, 자기가 완전히 편안하게 느끼는 곳이 바로 그 분야라는 것을 알고 있음을 보여 주었지요.[45]

수잔은 다음 약속이 어디냐고 묻고, 하퍼 앤 콜린스 출판사라는 말을 듣자, 그를 빼앗길 수 없다며 당장 계약을 하지요. 그래서 열아홉 살짜리 대학생은 계약서를 자랑스레 흔들며 고향집에 돌아옵니다.

어린아이가 욕조 안에 들어가서 온갖 재미있었던 일을 떠올리는 두 번째 책, *Clean Enough*(싹싹 닦아요)는 첫 책과 그림 스타일이 비슷하지만 유머 감각이 살아 있어서, 케빈 헹크스는 초등학교에 초대되면 주로 이 책을 읽어 준다고 합니다. 특히 목욕통 안의 얼음 조각 장면에선 가끔 폭소도 터져 오고, 아빠의 면도 크림을 비누 위에 얹어 케이크처럼 장식하는 장면에서 다들 웃는다고 해요.

첫 책과 두 번째 책은 사람을 주인공으로 했지만, 그 뒤부터 작가는 동물들을 무대 위로 올리지요. 사람이 하면 갸우뚱거릴 행동도 동물이 하면 아무렇지도 않기 때문에 동물을 쓰는 게 더 편하다고 대부분의 작가들이 말하는데, 케빈도 마찬가지에요. 게다가 사람 묘사가 뛰어나지 않으니 작가 본인도 고민이 많았겠지요.

동물이 주인공일 때 훨씬 유머를 많이 쓸 수 있다는 것을 깨달았어요. 사람 모델을 놓고 스케치할 필요도 없으니 말이에요. (…) 한동안 토끼들을 그려 보았지만, 쥐들이 가장 재미있다는 것을 알게 되었어요. 이제 내 쥐 캐릭터들 일부에게는 애착이 더욱 커졌으니만치 그들의 생활을 좀 더 탐구해 보고 싶어요.[46]

케빈 헹크스는 *Bailey Goes Camping*(베일리가 캠프에 갔어요)에서 일단 토끼를 주인공으로 내세웠어요. 아기 토끼 베일리는 형과 누나는 토끼 스카우트 캠핑에 가는데 자기는 어리다고 못가는 게 서러워요. 하지만 엄마 아빠가 집 안에서 여러 활동을 준비해서 마치 캠프에 간 것 같이 놀지요. 곰 사냥도 가고, 마시멜로도 구워 먹거든요. 따스하고 부드러운 내용에 연필 드로잉과 수채화가 맑은 이 책으로 주목을 받은 그는 『웬델과 주말을 보낸다고요?*Wendell*』에서 드디어 말썽꾸러기 생쥐 웬델과 겁많고 수줍어하는 소피를 등장시키지요.

얌전한 소피와 활달한 웬델이 며칠을 같이 지냈으니 소피가 얼마나 머리가 아팠겠어요? 게다가 또래라는 이유로 같이 놀아야 하고, 방도 같이 써야 하니 말이지요. 둘이 같이 노는 상황을 보면 작가가 어렸을 때 겪은 일이 아니고선 이런 게 나올 수 없다는 생각이 들 정도예요. 엄마 아빠 놀이에서 보통은 한 명씩 역할을 맡잖아요. 그런데 웬델은 엄마, 아빠, 아이 다섯 역할을 혼자 다 하고 소피에겐 강아지 역할을 줘요. 병원 놀이에선 혼자 의사, 간호사, 환자 노릇을 몽땅 맡고, 소피의 역할은 어이없게도 책상 위에 놓인 시계랍니다. 빵집 놀이를 할 때도 웬델은 빵 굽는 사람이고, 그럼 당연히 소피가 빵 사러 온 사람이어야 할 것 같은데, 하하, 소피는 구워 놓은 케이크 역할이랍니다.

이 세 장면에서 소피의 자세를 주목해 보세요. 강아지 역할에서는 옆으로 살짝 몸을 틀었지요. 시계 역할에선 반쯤 몸을 틀었고, 케이크 역할에선 아예 등을 보이고 뒤돌아 앉아 있어요. 불만스런 마음이 자세의 변화로 표출되지요. 결국 소방관 놀이

때 소피가 소방대장이 되고 웬델은 불타는 건물이 되어 물벼락을 맞고 둘은 친해지게 됩니다.

사실 웬델이 그동안 피해자가 되었던 소피를 이해하는 과정이 너무 생략되어 있긴 해요. 그러나 아이들의 세계란 으르렁거리다가 아주 작은 계기로 급작스럽게 돌변해서 친해지는 세계지요. 그러니까 내 아이가 친구와 틀어져 험담을 할 때 동조하지 마세요. 그 애들이 내일 단짝 친구로 돌변할지도 모르니까요.

케빈은 『용감무쌍한 사라 Shiela Rae, the Brave』에서 재미있는 캐릭터를 만들었어요. 용감하고 씩씩한 언니 사라(원서의 '쉴라 래'라는 발음이 서먹서먹했는지 번역서에서는 '사라'로 바꾸어 놓았군요.)와 연약하고 겁 많은 동생 루이즈예요. 사라는 동네에서 가장 덩치가 큰 개도 아랑곳하지 않고, 인도 위를 걸을 때도 갈라진 금만 밟으면서 성큼성큼 가네요. 금을 밟을까봐 조심조심 가는 앤서니 브라운의 『축구선수 윌리 Willy the Wizard』와 대조되지요?

사라는 눈 감고도 자전거 타기, 줄넘기를 빼앗아간 남자애 웬델을 줄넘기로 칭칭 묶어 두기 등 선머슴 같은 행동을 합니다. 하루는 학교에서 집으로 갈 때 평소 다니던 길이 아닌 길로 모험을 나섭니다. 처음에는 신 나게 펄쩍펄쩍 갔지만 문득 모든 것은 낯설어 보이고…. 당황해서 겁먹은 사라가 "엄마, 아빠, 루이즈!"라고 크게 부르자, 나타난 것은 누구일까요?

평소에 대담한 사라는 갑자기 겁쟁이가 되고, 연약한 루이즈가 외려 용감하게 언니를 잘 챙겼지만 루이즈가 반전 캐릭터는 아니에요. 사라가 루이즈에게 겁쟁이라고 할 때 루이즈는 조그만 소리로 "그렇지 않아."라고 중얼거렸거든요. 사람의 마음이나 성격은 천층 만층 구만층이니, 요 꼬맹이도 남들 앞에 적극적으로 드러내지 않았을 뿐이지 야무지고 용감한 구석이 있었던 거죠. 게다가 언니에 대한 애정도 남달라요. 사라가 두 손 놓고 자전거 탈 때 다른 친구들은 박수치며 환호하지만, 루이즈는 차마 못 보겠다는 듯이 작은 손으로 눈을 꼭 가리고 있으니까요. 언니를 걱정하며 몰래 뒤따라가는 모습을 여기저기 빨간 리본으로 살짝살짝 드러낸 그림이 귀엽군요.

이렇게 강하면서도 약하고, 약해 보이면서도 강한 사라와 루이즈를 만든 작가는 『체스터는 뭐든지 자기 멋대로야 *Chester's Way*』에서 나름의 방식을 철저히 고수하는 체스터를 소개합니다. 체스터는 샌드위치는 늘 깔끔하게 사선으로 자르고, 신발끈은 반드시 두 겹으로 묶고, 아침 식사도 늘 똑같은 것만 먹지요. 야구를 할 때도 첫 번째 공은 절대 치지 않고 세 번째 공은 반드시 치는 체스터는 자기와 한 콩깍지 안에 든 콩알들처럼 판박이인 친구 윌슨과 잘 지냅니다. 그런데 천방지축 자유로운 영혼 릴리가 동네에 이사를 오면서 둘은 혼란스러워지지요. 릴리는 용감하게 보이려고 일회용 반창고를 여기저기 붙이고 다니고, 지나가는 모든 차를 향해 손을 흔드는, 그야말로 천방지축인 아이였어요. 윌슨과 체스터는 릴리를 슬슬 피해 다녔지만, 자기들이 위험에 처했을 때 고양이 가면을 쓰고 나타나 구해 준 릴리와 친해진다는 이야기예요.

펜과 잉크로 그린 깔끔한 만화풍 그림에서 눈길을 끄는 장면이 있군요. 커다란 나무 밑에 나란히 앉아 있는 체스터와 윌슨의 뒷모습이 보이는 그림은, 둘의 생활 방식이 나무로 표현되고, 그 그늘 아래 있으면 늘 만족스럽고 편안하다는 것을 보여 주지요. 또 하나는 샌드위치 장면입니다. 이 아이들이 늘 사선으로 정확히 자르던 샌드위치를 릴리는 과자틀을 이용해 별 모양, 꽃 모양, 종 모양으로 다양하게 자르고 아이들은 멋지다고 환호하지요. 생활 방식의 변화를 대표하는 장면입니다.

그림도 재미나고 번역도 맛깔스러운데, 번역본 제목이 내용과 뉘앙스가 살짝 다르다고 느끼는 게 저만은 아닐 것 같네요. '제멋대로'는 원칙 없이 멋대로 행동하고 남을 전혀 배려하지 않는 것인데, 체스터는 나름대로 원칙이 확실하고 남에게 폐를 끼치지 않죠. 역자와 편집자가 이미 많이 고민했겠지만, 고지식하고 외골수인 느낌을 살려 주는 제목을 붙이면 더 좋을 것 같아요. '체스터는 만날 똑같아' 정도는 어떨까 싶네요.

『우리 선생님이 최고야!』, 비룡소, 1999

이 책에서 처음 나온, 상상력이 풍부하고 명랑한 릴리는 『릴리의 멋진 날 Lily's Big Day』에서는 슬링어 선생님의 결혼식에서 중요한 역할을 맡고 싶어 해요. 꽃 들고 가는 아이 역할이죠! 릴리가 선생님 눈에 들고 싶어 풀을 꺾어 선생님 지나는 길목에서 알짱거리는 장면에 픽 웃음이 나올 친구들도 있겠죠? 저도 왕년에 해 본 짓이거든요. 선생님이 조카인 진저에게 그 일을 부탁할 거라고 하자, 화가 난 이 꼬맹이는 곰 인형을 선생님으로 삼아 벌세우는 의자에 앉혀 놓는답니다! 그러나 결국은 꽃 들고 가는 아이의 '도우미'가 되어 야무지게 역할을 해낸다는 이야기.

그림책에서는 대개 어른의 역할이 많이 축소되는데 케빈은 반대예요. 슬링어 선생님은 영웅이나 신처럼 우상화되지요. 『우리 선생님이 최고야! Lilly's Plastic Purse』에서 슬링어 선생님은 예술가처럼 멋진 윗옷을 입고, 줄이 달린 코걸이 안경을 끼고, 'Good morning' 대신 눈을 찡긋하며 'Howdy'*라고 아이들에게 인사하고, 책상을

---

\* 남부 사투리인 'How do ye?'의 줄임말입니다.

줄 탁탁 맞춰 세우는 대신 둥그렇게 아이들을 앉혀 수업하지요. 릴리는 선생님이 좋아 날마다 선생님 놀이를 하고, 장래 꿈은 당연히 선생님이고, 학교 가는 게 정말 정말 좋아요. 그러던 어느 날, 할머니에게서 음악이 나오는 보랏빛 손가방과 체인이 달린 반짝반짝 선글라스를 선물 받자, 그것을 자랑하고 싶어 릴리는 수업을 자꾸 방해를 하게 되고, 결국 선생님은 릴리의 선글라스를 잠시 맡아 두겠다고 하시지요. 속상한 릴리는 선생님을 미워하다가 결국 잘못을 깨달아요.

눈치 없이 자꾸만 선생님을 방해하는 릴리에 대한 아이디어는 공항에서 나왔대요. 아빠를 엄청 귀찮게 하며 화를 돋우는 여자아이가 작가의 눈에 띄었는데, 그 애는 조그만 책을 들고 있었다고 하네요. 케빈은 그 광경을 보고 반짝, 생각이 떠올라 비행기에 올라타자마자 작은 책 대신 작은 손가방을 든 릴리에 대한 글을 써 내려갔지요.

선생님한테 손가방을 뺏기고 슬퍼하다가 화가 치밀고, 마침내 해소하는 방법을 찾는 장면에서 릴리의 표정 변화가 재미있어요. 선생님이 손가방을 돌려주고 쪽지까지 주자 선생님을 미워했던 게 부끄러워 어쩔 줄 모르는 장면에서는 릴리를 점점 작게 그리고 릴리가 기분 좋아하는 장면에서 네모 칸 밖으로 날아갈 듯이 그린 것을 보면 작가가 아이들의 마음을 재치 있는 그림으로 참 잘 비춰 준다는 생각이 들지요. 그는 이 릴리 책을 갓난아기 윌에게 바쳤어요. 예술가인 아내와 서로 교대로 아기를 돌보며 일하는데, 육아의 경험이 그림책 만드는 이에게 큰 변화를 주었을까요?

내가 아빠가 되자, 사람들은 "오, 이제 네 작업이 정말 좋아지겠구나! 새로운 아이디어도 엄청 얻게 될 거야."라고 하더군요. 그러나 내가 알게 된 것은, 좋은 책이란 외부 어딘가에서 (아이디어를) 얻는다기보다는 내 안에서 얻는다는 점이지요. 뛰어난 책을 만드는 이들에게 자녀가 없는 경우도 자주 있어요. 아마도 마음속 은밀한 곳에 아이디어가 숨어 있기 때문일거예요. 나의 경우는 형제가 다섯인 게 아마 도움이 되었을 거예요. 난 넷째였는데, 6년 동안이나 막내였기에 막내란 게 어떤 건지 잘 알았지요. 나중에

동생이 생기자, 형이 된다는 게 어떤 것인지도 알았고요.[47]

　오랫동안 막내였다가 갑자기 동생이 생겨 뜻하지 않게 질투의 화신이 되었던 경험은 『줄리어스, 세상에서 제일 예쁜 아기 Julius, the Baby of the World』에 재미있게 나와 있지요. 릴리는 새로 생길 동생 생각에 마음이 한껏 부풀어 있다가, 막상 동생이 태어나 엄마 아빠가 입에 "우리 아기는 세상에서 가장 예쁜 아기야"라는 말을 후렴처럼 달고 다니자 약이 올라 어쩔 줄 모릅니다. 나름 온갖 방법으로 아기를 무시하고 괴롭히지요. 이를테면, 인형들을 데리고 풀밭에서 소풍 놀이를 하며 아기는 초대하지 않는다든가, '세상에서 가장 나쁜 세균 줄리어스'라는 제목으로 노래를 불러 주는 방법으로요. 하지만 막상 사촌이 줄리어스를 비웃자, 피가 사촌보다 더 진한 릴리는 제 동생을 감싸고 예뻐한다는 이야기. 그중에는 시끄럽게 해서 엄마 아빠에게 꾸중 듣자 '아기가 가 버리면 다시 떠들어도 되는 거지요?'라고 묻는 부분이 눈에 띄는군요. 전에 제 이웃 꼬마도 동생이 태어나자 난처한 표정으로 "엄마, 얜 언제 자기 집에 가?"라고 물은 적이 있었거든요. 동생 본 아이들은 다들 고만고만한 짓들을 하나 봐요.

　작가는 『내 사랑 뿌뿌 Owen』에서 언제 어디서나 담요 뿌뿌를 끌고 다니는 오웬을 그립니다. 그런데 옆집 족집게 아줌마가 방해꾼으로 등장하네요. 저렇게 큰 아이가 담요를 질질 끌고 다니니 걱정도 안 되느냐는 말에 엄마 아빠는 아줌마의 조언대로 오웬에게서 담요를 떼내어 보려고 별별 방법을 다 써 보지만, 오웬은 어떻게 해서든 담요를 곁에 두지요. 마침내 엄마가 뿌뿌를 여러 조각으로 잘라 손수건을 만들어 줘요. 그래서 오웬은 어딜 가나 뿌뿌 손수건과 함께 있을 수 있게 된답니다.
　오렌지 주스, 포도 주스, 초코우유, 아이스크림, 땅콩버터 등으로 얼룩덜룩한 뿌뿌를 보고 오웬은 '뿌뿌는 나랑 똑같은 걸 좋아해.'라며 좋아해요. 오웬의 그 행복한 표정을 보면, 소중한 책들에 대한 케빈의 추억을 소개하지 않을 수가 없네요.

(그 책들은) 진정 사랑한다는 것을 보여 주는 온갖 과장된 표시, 즉 닳아빠진 책장, 좋아하는 삽화 위의 손가락 자국들, 앞뒤 표지에 크레용으로 큼직하게 써 놓은 내 이름과 주소, 장정에서 아련히 풍기는 상한 땅콩버터 냄새로 너덜너덜했다.[48]

그렇게 소중한 책들을 담요 뿌뿌로 바꾸어 어린이들의 마음을 잘 담아낸 이 책으로 케빈은 1994년 칼데콧 영예상을 받았어요.
　말썽꾸러기 친구나 용기를 뽐내려는 과장됨, 선생님에 대한 애정, 갓난 동생에 대한 질투, 소중한 물건 등 아이들의 일상과 친숙한 주제를 잘 찾아내는 작가는 이름에 대한 놀림도 지나치지 않습니다. 『난 내 이름이 참 좋아!Chrysanthemum』에서 크리샌써멈은 나무랄 데 없이 완벽한 아기에게 어울리는, '국화'란 뜻의 이름을 갖습니다. 참 예쁜 이름인데 뭐가 문제냐고요? 늘 자랑스러웠던 그 이름이 막상 학교에서는 돈, 이브, 로이스, 케이, 샘, 빅토리아 등 또래들의 놀림감이 되거든요. 크리샌써멈에 알파벳이 열세 자나 들어간다며 비웃고, 국화니까 벌레랑 같이 있어야 하는 거 아니냐고 놀리고…. 크리샌써멈의 자긍심은 바닥으로 주저앉고, 학교 가기 싫어하는 지경까지 이르지요.
　그러나 새로운 음악 선생님인 트윙클 선생님이 자신의 이름도 델피니엄, 즉 참제비고깔 꽃이라는 뜻이라며 크리샌써멈의 이름을 칭찬해 주자, 아이의 얼굴이 활짝 피어나고, 다른 아이들은 이제 그 이름을 부러워합니다. 슬링어 선생님이 인사도 남다르게 하고, 아이들을 줄 세우는 대신 둥글게 앉게 하는 '쿨한' 역할을 하듯이 이 책에서는 트윙클 선생님이 다름은 따돌림의 대상이 아니라 특이하고 멋진 것이란 생각을 아이들에게 단번에 내려 주지요.
　케빈이 만든, 개성이 넘치는 오밀조밀한 생쥐 캐릭터들은 어린이들에게 큰 인기를 끌었어요. 이렇게 인기가 있는 까닭은 아이들이 날마다 또래들과 부모들과 선생님들과 함께 겪는 일들을 감수성과 유머 감각을 가지고 사실성 있게 묘사하는 작가의 능력 때문이 아닐까요? 케빈 헹크스 책의 어린이들은 실생활의 특징인 불완전성과 희로애락으로 가득하다는 평도 있고, 저자는 어린이들을 본질적으로 이해하며, 안심하고 평온을 느낄 수 있게 해 주는 그림책을 만든다며, 그의 책에서 글과 그림은 매우 자연스럽게 하나로 어우러진다는 칭찬도 받지만, 가장 마음에 와 닿는 것은 작가가 마치 아이들이 놀 때 엿듣고 있는 것 같다는 평이지요.

이렇게 어린이들의 내면과 생활을 잘 묘사한 쥐들이 인기를 끄니 텔레비전 캐릭터로 만들자는 요청이 들어오지요. 그런데 자본주의 사회에 사는 여느 미국인답지 않게, 케빈은 딱 잘라 거절합니다.

제가 95세라면, 그리고 더 이상 내게 책을 만들 셈이 없다면, "좋습니다."라고 하겠지요. 그러나 지금, 릴리가 텔레비전 시리즈가 되면 릴리 이야기들을 자꾸 새로 써야 할 테고, 그렇게 되면 나와 앞으로 나올 책들이 대단히 삐거덕거릴 것만 같아요.[49]

쥐는 이것으로 충분하다고 생각했는지, 케빈 헹크스는 고양이로 살짝 방향을 틉니다. 목탄으로 그린 『달을 먹은 아기 고양이 Kitten's First Full Moon』는 어두컴컴한 잿빛 선과 그 안의 흰색이 뚜렷한 대조를 이루는 책이지요. 표지를 보면 새하얀 둥근 달을 배경으로 아기 고양이가 혀를 날름거리고 있어요. 태어나서 처음 보름달을 보고 하늘에 우유 접시가 떠 있는 줄 알거든요. (달이 새하얘서 그런지 고양이들은 달을 보면 우유 접시가 생각나나 봐요. 리자 슐만과 윌 힐렌브랜드가 함께 만든 『달은 우유일지도 몰라 The Moon might be Milk』에서도 고양이는 달을 '갓 짠 우유가 담긴 접시'로 여기지요.)

공간 감각이 살짝 부족한 이 고양이는 살며시 눈을 감고 목을 쭉 뻗고 혀를 쏙 내

『달을 먹은 아기 고양이』, 비룡소, 2005

밀어서 핥아 보는데, 그만, 새하얀 불을 달고 다니는 벌레를 핥고 말아요. 우유 접시는 그 자리를 지켜 선 채 아기 고양이를 기다리고 있는 것만 같네요. 이번엔 거기까지 다가가려고 힘껏 뛰어올라 봤지만 굴러 떨어지고…. 봐도 봐도 우유 접시가 기다리는 것만 같아 쫓아서 연못가까지 가 봤지만, 조금도 가까워진 것 같지 않았지요. 이 부분에서 아기 고양이의 황당해 하는 표정이 귀엽군요.

아기 고양이는 나무 꼭대기까지 올라, 하늘에 있는 것보다 더 커다란 연못 안 우유 접시를 보고 뛰어드는데…. 이런, 물에 흠뻑 젖어버리고 말았네요. 지친 아기 고양이는 타박타박 집으로 돌아가지요. 아! 그런데, 현관 앞에 있는 건 우유가 한가득 담긴 커다란 접시!

목탄으로 그린 이 그림은 매우 단순해요. 외곽선만 그리니 여백 자체가 하얀 아기 고양이도 되고 새하얀 달도 되지요. 희한한 게, 똑같이 하얀 여백인데도 아기 고양이의 흰색은 포근포근해 보이고, 달의 흰 빛은 환해 보여요. 그림 못잖게 간결한 글은, 모든 사건의 끄트머리에 "가여운 아기 고양이!"를 후렴으로 달아 재미를 더해 주고요.

작가는 아빠가 된 뒤, 유아들의 단순성과 시적 본능에 사랑을 느끼고 보드북을 직접 만들어 보려고 했다는군요. 또 단순한 개념을 가르쳐 주는 책들을 구상해 보았는데, 그중 하나가 공, 그릇, 단추, 접시, 구슬 등 동그라미를 다룬 것이었대요. "고양이는 달을 우유 그릇이라고 생각했어요."라는 문장을 생각해 두었는데, 보드북을 만들어 내진 못했지만 마음에 계속 담아둔 그 문장은 마침내 이 책의 주제가 되었지요.

처음부터, 나는 이 책을 흑백으로 그리고 활자는 굵은 산세리프체*로, 종이는 부드러운 크림색, 책 모양은 정사각형으로 정했어요. 나는 내 그림책 대부분에서 밝은 색깔을 즐겨 썼지만 이 책에는 색을 쓰지 않아도 될 것 같았지요. 모든 것을 되도록 꾸미지 않고 여백을 많이 주면 더 좋고, 간결하고, 더욱 완성도 높은 책이 나올 거라고 생각했어요. 어두운 밤을 배경으로 하얀 달, 하얀 고양이, 하얀 우유를 배치하는 아이디어가 내 마음에 들었어요.

평소에 그림 그릴 때 선이 가늘게 나오는 까마귀 깃털 펜을 쓰지만 이번에는 훨씬 굵은 선이 나와야 하고, 선 굵기가 다양하기를 원했기에 붓으로 그렸어요. 전에 내 책에서는 한 번도 써 보지 않은 것이었지요.[50]

만화 컷을 쓰고 섬세하게 세부 묘사를 했던 생쥐 책과는 달리, 단순한 선으로 부드럽고 간결하게 그린 고양이 책이 찬사를 받으며 2005년 칼데콧 상을 받자 케빈 헹크스는 분위기가 비슷한 채색 그림책인 『오늘은 좋은 날 A Good Day』과 『올드 베어 Old Bear』를 그립니다.

『오늘은 좋은 날』은 상당히 단도직입적으로 시작합니다. "오늘은 별로 좋지 않은 날이었어요."라고 첫머리를 턱 하니 내놓거든요. 게다가 좋은 기분이 뚝뚝 떨어져 내리는 듯, 단어를 툭툭 내려가게 배치했습니다. 그다음 장면부터 노란 아기 새, 하

---

★ 획의 삐침이 없는 글씨체입니다. 한글의 고딕체와 비슷해요.

「오늘은 좋은 날」, 마루벌, 2007

한 아이가
예쁜 노란색 깃털을 주워서
귀에 꽂고는 엄마한테 달려갔어요.

얀 강아지, 주황색 아기 여우, 갈색 아기 다람쥐가 차례로 나옵니다. 모두 오늘 하루가 기분 나쁜 이유가 하나씩 있지요. 아기 새는 아끼던 꼬리 깃털을 잃어버렸고, 강아지는 목줄이 그만 울타리에 뒤얽혀 버렸어요. 여우는 엄마를 잃어버렸고, 다람쥐는 도토리를 물에 똑 떨어뜨려 버렸군요.

마냥 이런데 뭐가 그리 좋으냐고요? 그다음을 봐야지요. 다람쥐는 이제껏 본 중에서 제일 커다란 도토리를 발견했고, 여우는 엄마를 찾았고, 강아지는 목줄이 잘 풀려서 신 나게 민들레 꽃밭을 뛰어다녔고, 노란 새는 깃털 생각은 홀홀 털고 예전보다 더욱 높이 날았거든요. 그리고 한 아이가 예쁜 노란 깃털을 주워 귓가에 꽂고 엄마한테 뛰어가며 소리칩니다. "엄마! 오늘은 좋은 날이에요!"

케빈은 이 책에서 각 동물들에게 부드러운 색상의 노랑, 하양, 주황, 갈색을 입혀 색깔 개념 책의 역할도 하게 했어요. 배경색도 은은하지요. 그리고 처음에 기분 나쁜 이유를 설명할 때는 새, 강아지, 여우, 다람쥐의 순서로 말았다가 다람쥐, 여우, 강아지, 새의 순서로 도르르 풀어 주는군요. 그러면서 마지막에 소녀를 배치해서 새가 잃어버린 깃털과 소녀가 주운 깃털이 바로 연결되게 해 주지요. 동물들이 눈썹을 찌푸리며 나름 고민하는 모습이 귀엽기만 해서 절로 미소가 감도는 책입니다.

같은 유형의 그림책인 『올드 베어』의 표지는 뭐랄까 성성한 느낌이 있어요. 대개 겨울이 되어 겨울잠을 자러 굴속으로 향하는 곰들은 살짝 졸리고 피곤하게 그려지는데, 이 곰은 아닌 것 같지요? 올드 베어가 겨울잠을 자기 시작했을 때, 밖에선 눈보라가 치고 있었지요. 하지만 꿈속에서 올드 베어는 아기곰 시절로 돌아간답니다. 그러면서 봄, 여름, 가을, 겨울을 고루 맞이하고 누리는군요. 이 아기곰도 『달을 먹은 아기 고양이』의 아기 고양이가 보름달을 처음 본 것처럼 사계절을 처음 맞는 것 같네요.

양면이 모두 분홍으로 묘사된 봄날은 다사롭고 포근하지요. 라일락 나무가 온통 꽃을 피우고, 분홍색 크로커스는 나무만큼 커다래서, 아기곰은 그 안에 쏙 들어가 포근하게 잠자고 있어요. 여름은 온통 녹색으로 반짝이네요. 해님은 데이지 꽃이고, 나뭇잎은 나비가 되어 팔랑거려요. 게다가 구름에서 비가 내리는 게 아니라 블루베리가 쏟아져 아기곰은 앙증맞은 혀로 날름날름 받아먹지요. (로버트 맥클로스키의『딸기 따는 샐Blueberries for Sal』이란 책에서도 아기곰이 블루베리를 맛나게 먹다가 엄마를 잃어버리는 장면이 나오지요.)

가을이 되자 모든 것이 노란색, 주황색, 갈색으로 바뀌었어요. 심지어 새들과 물고기들과 시냇물마저 화려한 가을 색으로 물들었네요. 겨울이 되자 아기곰은 눈과 얼음으로 뒤덮인 세상을 말끄러미 바라보지요. 하늘마저 온갖 색깔의 별들로 반짝이네요. 그리고…올드 베어가 겨울잠에서 깨어나니 새로운 봄날이 되었어요. 어찌나 아름다운지 자기가 아직도 꿈을 꾸고 있나 싶었지요.

곰이 자세를 바꿔 가며 자는 모습도 포근포근하고 귀엽지만, 처음에 동굴을 들어갈 때는 토실토실하던 곰이 겨울잠을 자고 나왔을 때는 몸이 쑥 여윈 게 눈길을 끄는군요. 저축해 놓았던 지방을 다 쓴 거지요. 그래도 노란색과 연두색과 분홍색으로 피어나는 봄을 보니 곰은 마냥 좋기만 해요. 겨울잠을 자고 일어나면 새로운 봄날이 열리니, 표지에서 겨울잠을 자러 가는 곰이 싱싱한 표정을 할 수밖에요.

앞표지는 가을, 뒤표지는 봄, 앞 속지는 가을 잎들, 뒤 속지는 라벤더 꽃들로 장식했어요. 이렇게 네 계절의 변화를 알려 주는 이 책은 계절이 바뀌면서 단어들 색깔도 함께 바뀌는 세심함을 보여 주고 글 또한 매우 서정적이랍니다.

이 책으로 케빈 헹크스는 2009년 보스턴 글로브 혼 북 영예상을 받았어요. 수상 연설에서 그는 이 책과 관련된 이야기를 해 줍니다.

책을 처음 만들기 시작할 무렵, 지하실에서 플라스틱 인형들을 담아 놓은 상자에 발이 걸렸어요. 내 아이가 자랄 때 갖고 놀던 것이었는데, 아내와 나는 마음이 좀 쓰여, 남에게 주지 않고 보관했었지요. 그것들을 정리하다가 곰 인형을 몇 개 발견했어요. 그러면

『나에게 정원이 있다면』, 시공주니어, 2010

재미있을 것 같이 생긴 것들이었지요. (…) 무릎 수술 덕도 보았어요. 난 14살 때부터 달리기를 했어요. 그런데 몇 년 전에 무릎 수술을 하게 되었지요. 달리기를 못하니까 매우 힘들었어요. 그 무렵 똑같은 꿈을 자꾸 되풀이해서 꿨어요. 그 전에는 없던 일이었지요. 꿈속에서 나는 젊었고, 잘 돌아가는 기계처럼 홀로 시골길을 달리고 있었어요. 푸른 하늘이 참으로 아름다웠어요. 행복한 기분에 감싸여 깨어나면 내가 달릴 수 없는 몸인데다 젊지도 않다는 것만 깨달았지요. (…) 그래서 나는 올드베어가 꿈꿀 때 그 꿈에서 어린 곰의 모습으로 설정했답니다.[51]

누구나 어렸을 때는 (아니, 심지어 지금도) 기분 좋은 상상을 하지요. 물 대신 우유가 흐르는 시냇물이나 빵이 주렁주렁 열린 나무를 상상한 건 배가 살짝 고픈 시절이라 더 그랬을지도 몰라요. 서정적인 글과 그림이 귀여운 상상력과 어우러지면 어떤 책이 될까요?

『나에게 정원이 있다면 My Garden』에서 엄마의 정원에서 조수 노릇을 하던 아이는 자신만의 정원을 상상하지요. 그곳에선 엄마의 정원에서 했던 힘든 일, 즉 물도 주고, 잡초도 뽑고, 토끼도 쫓아내는 등의 일은 할 필요가 없어요. 그 대신 꽃들은 꺾어도 저절로 피어나고 (그뿐인가요? 색깔과 무늬도 마음대로 바꿀 수 있답니다.) 잡초는 아예 없고, 자기를 귀찮게 하는 진짜 토끼 대신 초콜릿 토끼들이 노닐고 있어, 원할 때는 냠냠 먹을 수도 있지요. 토마토니 알사탕이니 조가비니, 아이가 좋아하는 것들이 다 자라고 단추나 우산, 녹슨 열쇠까지 자라요! 동화 속 상상의 세계는 현실과 연결되는 고리를 늘 갖고 있지요. 그 고리가 이 책에서는 조가비랍니다. 현실의 정원으로 돌아온 아이가 심은 조가비가 땅속에서 싹이 트거든요!

격하지 않고 담담하고 편안한 상상의 정원을 꾸민 케빈 헹크스는 부드러운 파스텔 색조의 수채 물감으로 그림을 그리고 푸른색 잉크로 외곽선을 둘렀어요. 또 현실 속의 엄마 정원과 상상 속 아이의 정원은 프레임으로 구분되어 있어요. 엄마의 정원은 둥근 틀 안에 있고, 아이의 정원은 네모 틀 안에서 묘사되지요. 이 책을 보면서 『올드 베어』의 봄 부분을 떠올렸다면 작가의 마음속에 들어갔다 나온 분이라고 할 수 있겠네요. 왜냐하면 케빈 헹크스가 봄 장면을 그리면서 꽃이나 정원을 묘사하는 그림책을 구상했다고 하거든요.

> 내가 봄 부분을 그릴 때, 나는 봄이나 꽃들, 또는 정원을 다룬 책을 만들면 좋겠다는 생각을 했어요. 『나에게 정원이 있다면』은 그렇게 시작된 것이지요.
> 내 책의 많은 등장인물들은 상상력을 발휘해요. 즉, 릴리는 변장을 하고, *Birds*(새들)의 내레이터는 구름들을 새들로 상상하지요. 『달을 먹은 아기 고양이』는 달을 우유 그릇으로 여겨요. 하지만 『나에게 정원이 있다면』은 다른 책들과는 다른 식의 상상을 다뤄요. 이 책은 꼬마 여자아이의 상상을 펼치지요. 소녀는 머릿속에서 자신이 꿈꾸는 정원을 창조해 내요.[52]

이렇게 상상 속의 정원을 만들어 내지만, 사실 자신은 정원 가꾸는 일엔 소질이 없고, 잡초 뽑는 것만 매우 잘한다고 겸손하게 말하는 그는, 사실 소설도 매우 잘 쓴답니다. 이미 꽤 여러 권을 냈고, 그중 『병 속의 바다 Olive's Ocean』로 2004년 뉴베리 영예상을 받았거든요.

작업을 하다 막히면 한동안 옆으로 밀어 놓으라는 편집자 수잔의 권고에, 젊었을 때는 그 '한동안'이 '한 시간'인 줄 알았지만 이젠 두어 달씩 밀어 놓을 정도로 참을성이 많아졌다는 케빈 헹크스. 그 참을성이 가을 햇살이 되어 좋은 책들을 위한 아이디어를 속속들이 여물게 해 주겠지요?

# Donald Crews

## 기억 속의 철길 따라 그린 그림책

## 도널드 크루즈

1938년 미국 뉴저지 주에서 태어났습니다. 쿠퍼 유니언을 졸업하고 동기이자 지금은 그림책 작가인 앤 조나스와 결혼했습니다. 처음에는 다른 사람의 책에 그림을 그리다가 1967년에 첫 그림책 *We Read: A to Z*를 내놓았습니다. 1978년에 발표한 『화물 열차』로 이듬해 칼데콧 영예상을 받았고, 1981년에는 『트럭』으로 칼데콧 영예상을 받았습니다. 『화물 열차』『트럭』은 현대 문명, 특히 탈것을 주제로 삼은 그림책으로 그래픽 요소가 매우 강합니다. 한편 *Bigmama's*나 『지름길』 같은 책에서는 어린 시절 플로리다에서 여름방학을 보낸 기억을 그리고 있습니다. 이외에도 『비』가 우리말로 옮겨졌습니다.

30년 전인 1980년, 서강대 뒷문에서 오른쪽으로 꺾어지면 철길이 있었어요. 정문 쪽도 한산했지만, 뒷문 쪽은 한가하기까지 했는데 철길까지 있으니 꼭 시골 어디쯤 와 있는 것 같았지요. 어디로 연결되는 것일까 궁금했는데, 어느 날, 웬 시커멓고 납작한 구루마(!)가 반짝반짝 새까맣게 빛나는 석탄을 싣고 철길 위를 덜덜덜덜 가는 거예요. 전철은 익숙해도 화물 열차는 난생 처음 보는데다, 게다가 뚜껑 없는 차라니! 무척 신기했지요. 이 근처에 석탄 싣고 갈 만한 곳이 어디 있지? 하며 갸우뚱했는데, 게으름에 거워 사반세기도 지난 이제야 찾아보니, 용산역에서 서강역을 거쳐 당인리 발전소까지 석탄을 실어 나르는 화물 열차가 운행되는 단선철도가 있었다고 하네요. 82년부터 차츰 구간별로 없어져서 지금은 완전히 철거되었대요. 어려서 사회책에서 보던 '당인리 발전소'는 아주 멀찌감치 있는 건 줄 알았는데, 지금 마포구 당인동에 있는 서울화력발전소가 그거예요. (얼마 전 뉴스에서 보니 이 화력발전소가 공원으로 바뀔 예정이라더군요.)

그 옛날 새까만 무개 화차는 도널드 크루즈의 『화물 열차 *Freight Train*』에서도 석탄을 수북이 싣고 달릴 준비를 하고 있어요. 고운 파란색으로 단장하고 있긴 하지만 예전에 본 납작한 구루마 모양인 것만큼은 틀림없네요. 책 앞부분에는 철길만 나오지만, 두어 장 넘기면 정지 상태의 화차들이 차례로 보입니다. 승무원이 타는 빨간색 화차, 기름을 실어 나르는 주황색 화차, 자갈을 실어 나르는 노란색 화차, 가축을 실어 나르는 연두색 화차, 석탄을 실어 나르는 파란색 무개 화차, 비료를 실어 나르는 보라색 유개 화차, 까만색 탄수차가 연결되어 있고, 물론 제일 앞에는 묵직한 까만색

『화물열차』, 시공주니어, 1997

증기 기관차가 검은색 연기를 슬슬 뿜고 있지요.

화차의 종류와 색깔을 알려 주는 개념 그림책이라고만 생각하기엔 후반부가 멋집니다. 첫 몇 장은 그저 정지 화면으로 처리되어 있습니다. 슬슬 내뿜는 검은색 연기로 보아 아, 이제 열차가 출발하려나 보다, 라고 짐작할 뿐이지요. 그 다음에는 줌 아웃으로 이 열차들을 한꺼번에 한 화면에 잡아 주고 있습니다. 새하얀 배경에 멀리까지 번져 가는 연기를 보면서 열차가 이제 달리고 있구나, 느껴집니다. 후반부로 접어들면서 작가는 제각각 다른 색깔의 화차들이 번지면서 서로 겹치는 모양을 그려 화물 열차가 쏜살같이 지나가는 효과를 빚어냅니다. 그리고 그 열차는 터널을 통과하고, 도시를 지나고 철교를 건너, 밤에도 낮에도 달리고 또 달려갑니다. 첫 페이지에는 새하얀 배경에 철길만 놓여 있지만, 마지막 페이지에는 철길 위에 나부끼는 연기 세 자락이 보이지요. 처음과 끝을 보면 중간에 얼마나 힘찬 광경이 지나갔을지 선뜻 짐작할 수 있습니다.

그림 선은 매우 간결하고 명확합니다. 화차들은 각져 있고, 화물 열차가 지나가는 배경으로 선택된 도시의 실루엣은 뾰족뾰족 날카롭습니다. 그러나 간결하고 명확한 것은 그림 선만이 아니지요. 도널드 크루즈는 글 또한 더 이상 가지 칠 수 없을 정도로 최소한으로 썼습니다. 그림책은 대개 번역을 존대어로 하기에 글이 길어질 수밖에 없고, 우리 정서에 맞게 설명까지 덧붙일 경우엔 더 길어지지요. 책을 더 잘 만들기 위해 편집자와 번역자가 고심한 것일 테니 그건 100% 이해하지만, 어쨌든 원문은 매우 짧답니다.

| | |
|---|---|
| A train runs across this track. | 기차가 철길을 따라 달리고 있습니다. |
| Red caboose at the back | 승무원이 타는 빨간색 화차 앞에 |
| Orange tank car next | 기름을 실어 나르는 주황색 화차 앞에 |
| Purple box car | 비료를 실어 나르는 보라색 유개 화차 앞에 |

마지막 부분도 간결 그 자체입니다.

| | |
|---|---|
| going, going… gone. | 달리고, 달리고…달려갔습니다. |

참 깔끔한 글이지요? 작가의 말에 따르면 『화물 열차』는 디자인 일을 주로 할 때 만든 작품이라고 해요. 그리고 그 시기는 추상, 간결, 상징이 중요하게 느껴졌던 때이고요. 그래서 그림도 간결하게 그렸지만 글도 55자 남짓으로 간결하게 썼어요. 그러나 글은 줄여도 자식에 대한 사랑만큼은 줄이지 못하는 게 부모지요. 무슨 말이냐고요? 까만색 증기 기관차에 'N&A'라는 글자가 보이지요? 바로, 딸들인 니나(Nina)와 에이미(Amy)의 첫 자랍니다. 사랑스런 딸들을 책에 남겨놓고 싶은 아빠는 그렇게 마음을 표현한 거예요. 그 옆의 까만색 탄수차에 쓰인 '1978'이라는 숫자는 바로 이 책이 발간된 해를 나타낸 것이고요.

도널드 크루즈 자신도 어렸을 때 사랑을 많이 받고 자란 아들이었어요. 그는 1938년, 뉴저지 뉴어크의 흑인 가정에서 태어났어요. 아버지는 철도 노동자였고, 어머니는 재봉사였지요. 어머니가 남부 먼 시골 농가 출신이라, 아이들은 여름방학 때마다 기차를 타고 플로리다까지 갔지요. 그곳에 있는 외가에서 조부모님의 사랑을 흠뻑 받고 오곤 했어요. 명절이나 방학 때면 도시의 자녀들이 시골의 부모를 찾아가는 식의 귀향은 어디서나 볼 수 있지요. 미국에서도 북부의 도시로 간 흑인들이 남부의 시골 고향을 찾는 것이 전형적인 귀향 유형이었다고 해요. 그런데 땅덩어리가 워낙 넓어 2박 3일 꼬박 기차를 타야 했다니 걸린 시간이 짐작을 뛰어넘는군요. 생활을 완전히 접고 갈 수는 없으니 아버지는 나중에 오고, 어머니, 형과 누나, 여동생과 먼저 가곤 했다는데, 이 기차 여행은 후에 그가 그림책을 만드는 데 중요한 불씨가 됩니다. 『화물 열차』를 시작으로『트럭Truck』 *Flying*(비행) 등 교통수단에 관한 책들을 (사실은 교통수단 자체보다는 그것으로 얻는 경험들에 관한) 줄지어 내고 나중에는 플로리다에서의 경험을 바탕으로 *Bigmama's*(할머니 댁)까지 만들거든요.

작가의 부모는 손재주가 많고 예술적인 감각이 뛰어났다고 해요. 그 피를 물려받은 도널드도 미술에 뛰어난 솜씨를 보인 덕분에 학교에서 특별한 지위를 누렸다고 하네요. 칠판에 지도를 그린다거나 예술적 감각이 필요한 일을 맡곤 했다는데, 얼마나 어깨가 으쓱했겠어요? 하지만 그 당시에 도시의 변두리에 사는 흑인 아이들이 미술 쪽으로 길을 잡기란 쉽지 않았을 터. 고등학교 때 선생님 한 분이 그에게 스승이 되어 그쪽으로 방향을 잡아 주고 대학 입학시험을 준비하게끔 이끌어 주었지요. 그때의 경험으로 그는 선생님들의 의견이 아이에게 큰 영향을 미친다고 늘 말합니다.

그가 들어간 쿠퍼 유니언 대학은 지금도 작지만 강한 대학, 모든 학생에게 장학금을 주는 대학으로 유명해요. 설립자인 피터 쿠퍼가 미국의 증기 기관차 엔진을 발명했다는데, 이 대학에서 공부한 도널드가『화물 열차』로 인정을 받았으니 묘한 인연이지요? 졸업 후에 그는 동창인 앤 조나스와 결혼해서 뉴욕에서 그래픽 디자이너로 활동해요. 그러다가 징집영장을 받고 입대, 독일 프랑크푸르트에 파병되었다가 제대한 후 다시 뉴욕으로 돌아오지요.

『트럭』, 시공주니어, 1996

그가 처음 만든 그림책은 *We Read: A to Z*(A부터 Z까지)라는 알파벳 책이에요. 제대한 후 일자리를 알아보려면 우선 포트폴리오부터 만들어야 하잖아요. 그래서 예전 작업들을 뒤적이다가 조각조각 모아 그림책을 만들겠다고 마음먹지요. IBM이나 UPS 등의 로고를 만든 폴 랜드도 『외로운 꼬마1 *Little 1*』를, 피카소가 '현대판 레오나르도 다 빈치'라고 칭송했던 브루노 무나리도 『브루노 무나리의 동물원 *Bruno Munari's Zoo*』이란 그림책을 만든 것으로 미루어 보아, 자기도 그림책이라는 도구에 자신의 디자인, 색깔, 타이포그래피 및 자신의 능력을 증명할 모든 것을 담을 수 있을 거라고 믿었던 거지요. 그는 첫 그림책인 알파벳 책을 여느 알파벳 책과는 달리 만들었어요. 보통은 "A is for Apple"식의 패턴으로 나가는데, 그는 약간 특이하게 "Cc: Corner: 노란색은 어디 있을까?"라는 글을 쓰고, 바탕은 온통 빨간색으로 처리하고, 한쪽 구석에 노란색 네모를 그려 놓았어요. 알파벳과 위치, 색깔 개념을 결합시킨 거지요. 그다음 해에 나온 *Ten Black Dots*(검은 점 10개)는 숫자 책으로, 점 하나로 만들 수 있는 것, 점 두 개로 만들 수 있는 것 등을 생각해 보도록 하는 책

이에요. 이를테면,

> 1 One dot can make a sun  　　　　　점 하나로 해님을 만들거나
> or moon when day is done.  　　　　날 저물면 달님을 만들지.

　이런 식으로 2, 3, 4 나가면서 각 점으로 재미나게 여우의 두 눈이나 뱀 등을 만들 수 있어요. 단순히 사물의 개수를 세어 보는 게 아니라, 창의성을 가지고 상상력을 발휘할 수 있는 책이지요.

　알파벳 책과 숫자 책, 『화물 열차』, 모두 그래픽 요소가 강하지만 으뜸은 『트럭』이랍니다. 빨간색 커다란 트럭에 'TRUCK'라는 글자가 사선으로 쫘악 좁혀 들며 굉장한 속도감을 주거든요. 도시는 흔히 직선으로 표현되지요. 도널드 크루즈 역시 트럭이 지나가는 교통량 많은 도시를 직선으로 쭉쭉 보여 줍니다. 직선으로 그려진 수많은 종류의 다른 차들, 직선 표지판, 직선 화살표 등이 독자의 시선을 유도하는 가운데, 자전거 박스들을 실은 이 트럭은 첫 번째 교차로의 '멈춤' 표지 앞에 서서 신호를 대기하고, 다시 엔진을 부르릉거리며 앞으로 나가지요. 터널을 지나는 차들은 꼬리에 꼬리를 물고 이어지고, 그곳을 빠져나온 트럭은 큰 도로를 만나 다른 트럭들을 지나치고, 고속도로를 달려 마침내 목적지에 도달해서 짐을 부리고 이제 돌아갈 준비를 합니다. 그것을 어떻게 아느냐고요? 처음에는 오른쪽으로 전진하려는 트럭이 마지막 장에서는 왼쪽으로 몸을 틀고 서 있거든요.

　단순한 직선들과 빨간색, 파란색, 보라색 등 강렬한 색깔을 사용하던 작가는 중간에 슬쩍 장난을 치고 싶었는지, 곡선으로 얽히고설킨 고가도로들을 만들어 놓았어요. 작가의 장난기에 저도 장난감 자동차 하나 슬쩍 그 길 위에 올려놓고 싶은 충동이 드는군요.

　이 책은 글 없는 그림책으로 분류가 되지만, 본문 글이 없다 뿐이지 단어는 많아요. 본

문에서 'Trucking(운송)', 'Moving(이삿짐)' 'Highway(고속도로 운행)', 'Livestock(가축수송)'이라고 쓰인 트럭도 있고, 'Speed Limit(제한 속도)', 'Tunnel(터널)' 등을 비롯해서 서쪽, 북쪽, 멈춤 표시 등 도로에서 볼 수 있는 웬만한 것들은 다 있답니다.

사실 도널드 크루즈는 팝 아트 뿐 아니라 미래파의 영향도 받았다고 해요. 20세기 초, 이탈리아에서 일어난 미래파 운동은 역동성과 혁명성을 기치로 삼았는데, 도널드는 역동적인 기계들, 그중에서도 기차와 트럭에 관심을 쏟은 거지요. 이미 『화물열차』로 1979년 칼데콧 영예상을 받은 그는 『트럭』으로도 1981년에 같은 상을 받아요. 그 뒤 그는 *School Bus*(스쿨버스), *Flying* 등 교통수단에 대한 책들을 계속 해서 냅니다. 그리고 *Parade*(퍼레이드), *Night at the Fair*(박람회 밤)에서는 축제의 분위기를 담아내지요.

아무리 박람회나 퍼레이드가 즐겁다 해도, 기나긴 여름 방학 때 시골 할머니 댁에 가는 것만큼 재미있는 게 또 있을까요? 도널드 크루즈는 어린 시절 플로리다 농촌에 있는 외가에서 논 경험을 *Bigmama's*에 고스란히 담고 있어요. 'Bigmama'가 뭐냐고요? 엄마의 엄마, 즉 외할머니를 아이들이 그렇게 부르는 거랍니다. 여름 방학 때마다 2박 3일 기차를 타고 아이들은 외가에 갑니다. 기차역에는 외삼촌이 마중 나와요. 아이들은 마차를 타고 가고 싶지만, 그건 그저 바람일 뿐, 삼촌의 차를 타고 철길을 건너고 붉은 흙길을 달려 외가에 도착합니다. 머리가 새하얀 할아버지, 할머니가 이들을 반갑게 맞아 주지요.

아이들은 양말과 신발부터 벗어던지고 탐험을 시작합니다. 낡은 발재봉틀과 호롱불과 축음기는 갈 때마다 제자리에 있는데도 늘 신기하지요. 그냥 시골집도 아니고 농가이니 신 나는 일이 오죽 많겠어요. 마당에 나가면 우물이 있어 기다란 밧줄 끝에 달린 물통으로 물도 길어볼 수 있고, 뒷마당에는 닭장이 있어 닭들도 쫓아다닐 수 있지요. 그뿐인가요? 배나무 옆에는 칠면조들이 있고, 또 펌프도 있어 신 나게 펌프질을 하면 시원한 물이 콸콸 쏟아져 나오지요. 삽이니 쇠스랑이니 칼이니 망치니 온갖 연장들이 자리 잡은 연장 창고 앞의 트랙터 밑에서 닭들이 숨겨 놓은 달걀도 찾아보고, 시럽을 짜고 쌓아 둔 사탕수수 찌꺼를 쇠스랑으로 파서 벌레도 찾아내요. 또 말들과도 놀고 연못에서 물고기도 잡아요. 식구들과는 맛있는 저녁을 먹고 난 뒤에는 깜깜한 밤하늘에서 금방이라도 쏟아져 내릴 듯한 새하얀 별들을 구경하지요. 그리고 마지막 장에는 작가가 도시의 불빛에 가려 별들은 하나도 보이지 않는 하늘을 쳐다보며 그때 그 여름을 그리워하고 있군요. 초창기 책들이 그래픽적인 간결함을 추구한 데 비해 수채 물감과 구아슈를 쓴 이 책의 그림들은 보다 회화적이고, 이야기를 한층 풍부하게 담고 있어요. 닭이니 우물이니, 트랙터 바퀴니 하는 자잘한 그림들이 저마다 정겨운 이야기를 술술 풀어낼 것만 같은데, 그중 압권은 아이들의 맨발이지요. 맨발로 느끼는 풀밭, 맨발이 닿는 흙길, 맨발로 가는 연못은 아이들이 닭이나 개, 병아리들처럼 시골 생활을 날것으로, 온통 받아들이고 있음을 드러내는 섬세한 장치랍니다.

  글 또한 꽤 많습니다. 그만큼 할 이야기가 많아서였어요. 우리도 '엄마 어렸을 적엔'과 같은, 그때 그 시절에 대한 전시회에 가 보면 할 말이 많잖아요? 교실 안의 조개탄 난로 위에 쌓인 양은 도시락들을 보면 밥알만큼 자잘한 얘깃거리들이 끝도 없이 나오니까요. 작가는 그때 그 시절을 담은 사진들이 별로 없으니만치, 헛간이니 변소니 큰 농가니 하는 것들이 어떻게 생겼나 꼬마들이 궁금해 할지도 모른다는 생각이 들었다고 합니다. 그리고 흑인 가정과 그들의 삶에 대한 책들이 많지 않다는 사실을 알고 있기에 그런 면에서 자신이 기여해야 한다는 책임감이 있었다고도 말합니다. 그래서 자기 이야기를 담아 글을 쓰고 스케치를 해서 마침내 이 책을 만들었어요. 그런데 이 책에 담긴 것은 외할머니 댁의 그리운 시골 생활뿐이 아니랍니다. 기차 안 풍경을 보면, 승객들은 모두 흑인이고, 차장은 백인입니다. 그리고 객실 내부에는 'Colored (유색인종용)'라는 표지가 있습니다. 기차나 버스, 식당에서 흑백분리를 철저하게 지키던 당시 사회 분위기가 이렇게 드러나는군요.

『화물 열차』 같은 초기 책들에 비해 후기 책들에 이처럼 다문화에 대해 내용이 담긴 것은 조금 너그러워진 사회 분위기에 힘입은 게 아닐까 짐작해 봅니다. 도널드 크루즈가 흑인 작가로, 또 흑백 커플(아내인 그림책 작가 앤 조나스는 백인입니다.)로 살아가는 게 쉽지는 않았을 테니까요. (곁가지를 치자면, 'color-blind'라는 표현에는 '색맹의'라는 뜻도 있지만, '인종차별을 하지 않는'다는 뜻도 있답니다.) 이렇게 '유색인종용' 칸에라도 타고 철길을 달리면 그리운 외할머니 댁에 가서 재미나게 놀 수 있지만, 실제 철길은 어마어마하게 큰 쇳덩어리가 바퀴를 달고 굉음을 내며 폭주하는 무시무시한 곳입니다. 작가는 『지름길 Shortcut』에서 바로 그 공포스런 대상과 아이들의 두려움을 인상적으로 그려 냅니다.

밖에서 뛰놀던 아이들은 해가 뉘엿뉘엿 저물자 빨리 집으로 돌아가고 싶어졌습니다. 그래서 지름길인 철길을 따라 집에 가려고 마음먹지요. 표지를 보면 휘어진 철길은 나무숲에 가려 더 이상 보이지 않는데, 저 어둑어둑한 모퉁이에서 언제 기차가 어마어마한 소리를 내며 확 달려들지 몰라 아이들이 살짝 걱정하며 옹기종기 모여 있군요. 그래도 아이들은 무서운 마음을 떨쳐 버리고, 철길로 들어섭니다. 그렇다고 서둘러 가는 것도 아니에요. 좁고 반짝이는 철로를 따라 안 떨어지려고 애쓰며 걷기도 하고, 침목만 골라 딛기도 하고, 가장자리 자갈길로 뛰기도 합니다. 사람 타는 기차 시간표는 꿰뚫고 있지만, 화물 열차는 아무 때나 오니 아이들은 잔뜩 긴장되어 있지요. 바로 그때 모퉁이 저 너머에서 들릴 듯 말 듯 작은 소리가 공기를 타고 옵니다.

"I HEAR A TRAIN!"  "기차 소리다!"
Everybody stopped.  모두들 발을 멈췄어요.
Everybody listened.  모두들 귀를 기울였어요.
We all heard the train whistle.  우리 모두 기차 소리를 들었어요.

『지름길』, 논장, 2011

| Should we run ahead to the | 앞쪽의 샛길까지 그대로 달려가야 할까요, |
|---|---|
| Path home or back to the cut-off? | 건널목으로 되돌아가야 할까요? |

　소리가 크게 들리자, 아이들은 두말없이 차단기 쪽으로 도로 뛰어갑니다. 모퉁이에서 들려오는 소리는 이제 우렁찬 굉음으로 쏟아지고, 전조등은 어두운 하늘에 노란 불빛을 뿜어냅니다. 아이들은 급히 철길을 벗어나 가파른 언덕으로 내려갑니다. 찔레 덤불 속에 뱀이 숨어 있을지 모르지만 생각할 겨를도 없지요. 샛노란 불빛을 소방차 물줄기처럼 쫘악 뿜으며 검은 기관차가 괴물처럼 앞서오고 다른 열차들도 뒤따라옵니다. 석탄을 실은 차, 기름을 실은 차, 통나무를 실은 차 등이 줄줄이 지나가자 아이들은 안도의 한숨을 쉬고 다시 철길로 올라가 황급히 차단기 쪽으로 되돌아가서는 도로를 걸어 집으로 가지요. 다시는 철길로 가지 않으리라 결심하면서요.

　이 책 역시 수채 그림이에요. 하지만 인물을 묘사할 때 검은색 외곽선으로 진하게 처리했고, 철길 옆 풍경인 나무 숲 그림은 에어브러시를 사용했지요. 기차가 나타날까봐 불안해 아이들의 심장이 쿵쿵대듯, 문장 또한 박자 맞춰 쿵쿵거려요.

| We looked…. | 우리는 살펴보았어요. |
|---|---|
| We listened…. | 우리는 귀를 기울였어요. |
| We decided to take | 우리는 기찻길을 따라 |
| the shortcut home. | 지름길로 가기로 했어요. |

　활자체와 크기도 기차의 속도감을 비롯해 아이들의 불안한 마음을 여지없이 나타내는 요소로 활용되고 있어요. 속지는 'KLAKI TY-KLAK-KLAK-KLAKITY-KLAK–KLAK(철커덕 철컥)'이라는 글자로 가득 차 있고, 기차 소리를 뜻하는 글자 'Whoo'는 처음엔 작지만 점점 커지다가 나중에는 귀를 먹먹하게 만들 정도로 어마

어마하게 커지지요. 기차가 지나간 뒤에는 아주 작게 줄어들어요.

철길 주변의 나무숲과 하늘의 색채 변화를 보면 시간의 흐름을 잘 느낄 수 있지요. 처음에는 녹색 나무숲은 위쪽만 약간 거뭇거뭇할 뿐이고 하늘도 살짝 주황빛으로 물들어 있지만, 뒤로 갈수록 나무숲은 어둑어둑해지고 하늘도 점점 먹물이 번지듯 거무스레해진답니다. 또한 모퉁이 깊숙한 쪽으로 눈길을 던지면 마치 검은 동굴이 있는 듯한 착각에 빠져요. 그곳에는 위험한 괴물이 똬리를 틀고 도사리고 있는 것 같지요. 그 괴물은 아이들이 한때는 멀리서 보며 즐거워하던 화물 열차이고요. 이 책은 그냥 글 없는 그림책으로 만들었어도 좋지 않았을까 하는 생각이 들어요. 물론 문장이 리듬감 있고 괜찮긴 하지만, 인물들의 표정과 동작, 철길, 화물 열차가 지나가면서 내는 소리와 불빛 등으로 모든 게 충분히 설명되거든요.

이밖에도 로버트 칼란이 쓴 『비 Rain』에 비를 통해 느낄 수 있는 다섯 가지 감각을 그림으로 잘 표현한 도널드 크루즈는 *Sail Away*(배를 타고), *Inside Freight Train*(화물 열차 안) 등을 내고 은퇴해서 지금은 허드슨 리버 밸리에 있는 농가를 개조해 아내 앤과 살고 있어요. 기억 속의 철길을 따라 달리며 만든 그의 그림책들은 이렇게 우리에게 남고, 부부의 예술적 재능은 딸인 니나가 물려받아 그림책 작가이자 만화가로 활동하고 있답니다.

미주 목록

* 직접 인용의 경우 미주를 달아 표시했습니다. 그 외 참고자료는 〈작가별 도서와 참고 사이트〉에 정리했습니다.
* 인터넷 자료는 2013년 5월 기준으로 정리한 것입니다. 지금은 찾아볼 수 없는 주소들도 더러 있음을 미리 밝힙니다.

## 1 재미난 아이디어가 퐁퐁

1  http://www.ricochet-jeunes.org/magazine-propos/article/240-christian-voltz,-l%E2%80%99artisan-de-l%E2%80%99ephemere-durab
    프랑스권 아동청소년문학 사이트 ricochet-jeunes에 수록된 크리스티앙 볼츠 인터뷰 중 한 부분을 인용했습니다.
2  http://www.teachingbooks.net/content/interviews/Fleming_qu.pdf
    아동과 청소년들의 독서와 독후 활동을 다양한 관점에서 보여 주는 사이트입니다.
3  http://www.denisefleming.com/
    데니스 플레밍의 공식 사이트입니다.
4  2와 동일
5  2와 동일
6  2와 동일
7  http://www.bookfair.bolognafiere.it/page.asp?m=52&l=2&a=&ma=6&c=769&sc=778&p=52Theartists1에 수록되었던 글을 http://newsgroups.derkeiler.com/Archive/Rec/rec.arts.books.childrens/2008-07/msg00048.html에서 재인용했습니다.
8  http://www.cndp.fr/crdp-creteil/telemaque/formation/kpacovska.htm에 인터뷰 전문이 수록되어 있습니다.
9  웹진 「채널 예스」에 실린 크베타 파초브스카 인터뷰입니다.
    http://www.yes24.com/chyes/ChYesView.aspx?cont=3985&title=003001
10 http://www.crdp.ac-creteil.fr/telemaque/formation/kpacovska.htm

11  10과 동일

## 2 마음속 돋보기로 세상 들여다보기

12  http://www.nzz.ch/nachrichten/kultur/aktuell/baggerzahn_im_kinderzimmer_1.549415.html?printview=true
요르크 뮐러에 관한 기사입니다.

13  http://www.tolerance.org/magazine/number-10-fall-1996/feature/true-pictures
어린이들의 평등한 교육을 이루어 가고 편견을 줄이기 위해 만들어진 단체의 사이트입니다. 제리 핑크니와의 인터뷰가 실려 있습니다.

14  http://www.hbook.com/magazine/articles/2010/jul10_spooner.asp (지금은 찾을 수 없음)

15  http://kenlairdstudios.hubpages.com/hub/An-Interview-with-Jerry-Pinkney-Part-I
예술가이자 크리에이티브 디렉터인 켄 레어드가 제리 핑크니를 인터뷰한 내용이 실려 있습니다.

16  http://www.amazon.com/Little-Red-Phyllis-Fogelman-Books/dp/0803729359
인터넷 서점 아마존의 독자 서평입니다.

17  http://www.publishersweekly.com/pw/by-topic/authors/interviews/article/10265-q-a-with-jerry-pinkney.html
책 리뷰 전문 사이트 퍼블리셔스 위클리에 실린 제리 핑크니와의 인터뷰입니다.

18  『사자와 생쥐』, 별천지, 2010, 작가의 말을 인용했습니다.

19  http://archive.hbook.com/newsletter/archive/2009/notes_dec09.html
혼 북 사이트에서 제리 핑크니에게 던진 다섯 가지 질문과 그에 대한 답을 볼 수 있습니다.

20  http://www.post-gazette.com/stories/ae/book-club/chidrens-corner-for-jerry-pinkney-caldecott-winis-very-confirming-231695/
사서 카렌 맥퍼슨이 제리 핑크니를 인터뷰한 내용이 정리되어 있습니다.

21  20과 동일

22  http://www.citrouille.net/iblog/B1936346772/C874208255/E1696400217/index.html

23  22와 동일

24  http://lsj.hautetfort.com/archive/2006/06/20/nous-avons-rencontre-eric-battut.html

25  24와 동일

26  24와 동일

27  24와 동일

28  http://www.papertigers.org/gallery/David_Diaz/index.html

29 http://www.bookpage.com/9605bp/childrens/daviddiaz.html
30 29와 동일
31 http://www.amazon.com/Built-Belpre-Honor-Illustrator-Awards/dp/1584300388/ref=sr_1_1?ie=UTF8&qid=1234168646&sr=1-1
　　인터넷 서점 아마존의 독자 서평을 인용했습니다.

## 3 이야기, 이야기, 우리의 이야기

32 http://www.pippinproperties.com/authors-illustrators/sarah-stewart/
33 http://www.essentiallearningproducts.com/evolution-sarah-stewart-and-david-small-katherine-romano
　　사라 스튜어트와의 인터뷰를 볼 수 있습니다.
34 http://bigthink.com/videos/big-think-interview-with-david-small
　　데이비드 스몰의 그래픽소설 『바늘땀』에 대한 인터뷰가 실려 있습니다.
35 34와 동일
36 34와 동일
37 30과 동일
38 http://www.teachingbooks.net/content/Williams_qu.pdf
　　베라 윌리엄스와의 심층 인터뷰가 실려 있습니다.
39 http://www.fiveowls.com/williams.htm (지금은 찾을 수 없음)
40 http://www.schoollibraryjournal.com/article/CA6589252.html
41 37과 동일
42 http://www.amazon.com/Something-Special-Me-Vera-Williams/dp/0688065260/ref=pd_bxgy_b_text_b
43 http://www.bookwire.com/bookwire/MeettheAuthor/Interview_Vera_Williams.htm (지금은 찾을 수 없음)
44 43과 동일
45 http://archive.hbook.com/magazine/articles/2005/jul05_hirschman.asp
46 http://www.edupaperback.org/showauth.cfm?authid=31 (지금은 찾을 수 없음)
47 http://www.amazon.com/exec/obidos/tg/feature/-/6360/102-0796523-2792134
　　케빈헹크스가 인터넷 서점 아마존과 가진 인터뷰입니다.
48 http://www.kevinhenkes.com/picture/author.asp

케빈 헹크스 사이트입니다. (지금은 해당 페이지를 찾아볼 수 없음)
**49** 47과 동일
**50** http://www.kevinhenkes.com/picture/behind.asp (지금은 찾을 수 없음)
**51** http://www.youtube.com/watch?v=gq9fLucUdF8&feature=related
케빈 헹크스가 『올드 베어』로 상을 받은 뒤 남긴 수상 소감입니다.
**52** http://greenwillowblog.com/?p=567
인용글과 『나에게 정원이 있다면』의 초기 스케치 몇 컷을 볼 수 있습니다.

작가별 도서와 참고 사이트

## 1 재미난 아이디어가 퐁퐁

### 크리스티앙 볼츠

『아직도 아니야』, 크리스티앙 볼츠 글·그림, 강한수 옮김, 한국 몬테소리, 2003.
『나비엄마의 손길』, 크리스티앙 볼츠 글·그림, 이경혜 옮김, 한울림어린이, 2008.
『내가 미안해』, 크리스티앙 볼츠 글·그림, 이경혜 옮김, 한울림어린이, 2008.
『세상에서 가장 재미있는 책』, 크리스티앙 볼츠 글·그림, 이경혜 옮김, 한울림어린이, 2009.
『내 잘못이 아니야!』, 크리스티앙 볼츠 글·그림, 이경혜 옮김, 한울림어린이, 2009.

*Secré Sandwich!*, Christian Voltz, Editions PASTEL, 2006.
*Vous Voulez Rire?*, Christian Voltz, Editions du ROUERGUE, 2006.

http://imagiervagabond.fr/illustrateurs/christian-voltz
http://www.christianvoltz.com/
http://www.ricochet-jeunes.org/magazine-propos/article/240-christian-voltz,-l%E 2%80%99artisan-
 de-l%E2%80%99ephemere-durab
http://everitoutheque.viabloga.com/news/l-univers-de-christian-voltz
http://imagiervagabond.fr/illustrateurs/christian-voltz
http://www.youtube.com/watch?v=1GZS_kAXhW8
http://www.youtube.com/watch?v=KLcFhu2ckKQ&feature=related

### 데니스 플레밍

『조그맣고 조그만 연못에서』, 데니스 플레밍 글·그림, 김향금 옮김, 삼성출판사, 2001.
『야단법석 농장』, 데니스 플레밍 글·그림, 전영재 옮김, 한국슈바이처, 2006.

『강아지 버스터』, 데니스 플레밍 글·그림, 김주연 옮김, 예림당, 2007.
『누가 내 음매를 훔쳐갔어?』, 데니스 플레밍 글·그림, 신형건 옮김, 보물창고, 2007.
『우리 아기는 척척박사』, 데니스 플레밍 글·그림, 이순미 옮김, 보물창고, 2007.
『점심』, 데니스 플레밍 글·그림, 우순교 옮김, 한솔교육, 2009.

*In the Tall Tall Grass*, Denise Fleming, Henry Holt and Co., 1995.
*Count*, Denise Fleming, Henry Holt and Co., 1995.
*Time to Sleep*, Denise Fleming, Henry Holt and Co. 2001.

http://www.denisefleming.com/
http://www.harcourtbooks.com/BeetleBop/interview.asp
http://www.teachingbooks.net/content/interviews/Fleming_qu.pdf
http://www.bookpage.com/0806bp/denise_fleming.html
http://www.readingrockets.org/books/interviews/fleming
http://www.youtube.com/watch?v=ngA0eEG5msM

### 크베타 파초브스카

『모양 놀이』, 크베타 파코브스카 글·그림, 김서정 옮김, 베틀북, 2001.
『요일 놀이』, 크베타 파코브스카 글·그림, 김서정 옮김, 베틀북, 2001.
『꽃 한 송이가 있었습니다』, 사이드 글, 크베타 파코브스카 그림, 이용숙 옮김, 베틀북, 2005.
『성냥팔이 소녀』, 한스 크리스티안 안데르센 글, 크베타 파코브스카 그림, 이용숙 옮김, 베틀북, 2006.
『꽃나라 작은 임금님』, 크베타 파코브스카 글·그림, 임후성 옮김, 더큰theknn, 2007.
『빨강 파랑 세상의 모든 색』, 크베타 파코브스카 글·그림, 한미희 옮김, 시공주니어, 2012.
『1, 2, 3 숫자들이 사는 집』, 크베타 파코브스카 글·그림, 한미희 옮김, 시공주니어, 2012.

http://www.radio.cz/fr/article/83864
http://www.crdp.ac-creteil.fr/telemaque/formation/kpacovska.htm
http://ldavick.blogspot.com/2008/04/kveta-pacovska-somebody-help.html
http://windshoes.new21.org/bbs/zboard.php? id=review&page=2&sn1=&divpage=1&sn=off&ss=on&sc=on&select_arrange=headnum&desc=asc&no=310&PHPSESSID=93a4b1f8f49b2f9b7f5365cda5a4b91b
http://www.yes24.com/chyes/ChYesView.aspx?cont=3985&title=003001

http://www.yes24.com/2.0/AuthorFile/AuthorFileD.aspx?authno=132977
http://www.youtube.com/watch?v=pHR8XdSFA9o
http://vimeo.com/7434410

## 2  마음속 돋보기로 세상 들여다보기

### 요르크 슈타이너와 요르크 뮐러

『난 곰인 채로 있고 싶은데』, J. 슈타이너 글, J. 뮐러 그림, 고영아 옮김, 비룡소, 1997.
『토끼들의 섬』, 요르크 슈타이너 글, 요르크 뮐러 그림, 김라합 옮김, 비룡소, 2002.
『두 섬 이야기』, 요르크 슈타이너 글, 요르크 뮐러 그림, 김라합 옮김, 비룡소, 2003.
『책 속의 책 속의 책』, 요르크 뮐러 글·그림, 김라합 옮김, 비룡소, 2005.
『외다리 병정의 모험』, 한스 크리스티안 안데르센 원작, 요르크 뮐러 그림, 비룡소, 2007.
『브레멘 음악대 따라하기』, 요르크 슈타이너 글, 요르크 뮐러 그림, 김라합 옮김, 비룡소, 2007.
『피터와 늑대』, 로리오트 글, 요르크 뮐러 그림, 박민수 옮김, 비룡소, 2007.

http://www.goethe.de/kue/lit/prj/kju/ill/mr/mue/koindex.htm
http://www.ch-arts.net/script/charts.Newsletter?callmode=detail&id=763&langue=de
http://www.nzz.ch/nachrichten/kultur/aktuell/baggerzahn_im_kinderzimmer_1.549415.
    html?printview=true
http://de.wikipedia.org/wiki/J%C3%B6rg_Steiner
http://www.nimbusbooks.ch/HTML/JoergMueller.html

### 제리 핑크니

『미랜디와 바람오빠』, 패트리샤 C. 맥키색 글, 제리 핑크니 그림, 김서정 옮김, 열린어린이, 2004.
『이솝 이야기』, 이솝 원작, 제리 핑크니 그림, 김세희 옮김, 국민서관, 2005.
『꼬꼬닭 빨강이를 누가 도와줄래?』, 제리 핑크니 글·그림, 서남희 옮김, 열린어린이, 2008.
『사자와 생쥐』, 제리 핑크니 그림, 별천지, 2010.
『나이팅게일』, 제리 핑크니 글·그림, 윤한구 옮김, 별천지, 2010.
『미운 오리새끼』, 제리 핑크니 글·그림, 윤한구 옮김, 별천지, 2010.
『세 마리 아기 고양이』, 제리 핑크니 글·그림, 유병수 옮김, 별천지, 2011.

http://www.jerrypinkneystudio.com
http://www.publishersweekly.com/pw/by-topic/childrens/childrens-book-news/article/10265-q-amp-a-with-jerry-pinkney.html
http://www.readingrockets.org/books/interviews/pinkneyj
http://pabook.libraries.psu.edu/palitmap/bios/Pinkney__Jerry.html
http://www.tolerance.org/magazine/number-10-fall-1996/true-pictures
http://www.hbook.com/magazine/articles/2010/jul10_spooner.asp
http://www.comicstripfan.com/newspaper/h/henry.htm
http://hubpages.com/hub/An-Interview-with-Jerry-Pinkney-Part-I
http://www.amazon.com/Little-Red-Phyllis-Fogelman-Books/dp/0803729359http://en.wikipedia.org/wiki/File:Edward_Hicks_-_Peaceable_Kingdom.jpg
http://www.post-gazette.com/pg/10033/1032682-369.stm?cmpid=books.xml
http://news.bbc.co.uk/2/hi/entertainment/1243339.stm
http://www.youtube.com/watch?v=iptWPwWbwgM&feature=related
http://www.youtube.com/watch?v=fdtyL9mQqV4&feature=relmfu
http://www.youtube.com/watch?v=AoF1fX1sgpk
http://www.youtube.com/watch?v=yk9ht42Dh3g

## 에릭 바튀

『내 나무 아래에서』, 에릭 바튀 글·그림, 최정수 옮김, 문학동네, 2001.
『빨간 고양이 마투』, 에릭 바튀 글·그림, 최정수 옮김, 문학동네, 2001.
『새똥과 전쟁』, 에릭 바튀 글·그림, 양진희 옮김, 교학사, 2001.
『빨간 모자』, 샤를 페로 원작, 에릭 바튀 그림, 배정희 옮김, 한국차일드아카데미, 2002.
『하얀 늑대처럼』, 에릭 바튀 글·그림, 양진희 옮김, 교학사, 2003.
『실베스트르』, 에릭 바튀 글·그림, 함정임 옮김, 문학동네, 2003.
『만약 눈이 빨간색이라면』, 에릭 바튀 글·그림, 함정임 옮김, 문학동네, 2004.
『마음을 움직이는 모래』, 에릭 바튀 글·그림, 함정임 옮김, 문학동네, 2005.
『피터와 늑대』, 프로코피에프 원작, 에릭 바튀 그림, 김하연 옮김, 베틀북, 2006.
『꼬마 벼룩』, 에릭 바튀 글·그림, 남두현 옮김, 꼬네상스, 2008.
『스갱 아저씨의 염소』, 알퐁스 도데 글, 에릭 바튀 그림, 강희진 옮김, 파랑새어린이, 2013.

http://lsj.hautetfort.com/archive/2006/06/20/nous-avons-rencontre-eric-battut.html

http://www.blueofthesky.com/publicart/works/fourtrees.htm
http://www.citrouille.net/iblog/B1936346772/C874208255/E1696400217/index.html
http://www.bbc.co.uk/history/worldwars/genocide/jewish_deportation_01.shtml

### 데이비드 디아즈

『집으로』, 이브 번팅 글, 데이비드 디아즈 그림, 김미선 옮김, 열린어린이, 2005.
『윌마 루돌프』, 캐슬린 크럴 글, 데이비드 디아즈 그림, 김재영 옮김, 미래아이, 2007.
『후안이 빚은 도자기』, 낸시 앤드루스 괴벨 글, 데이비드 디아즈 그림, 이상희 옮김, 은나팔, 2008.
『다니엘과 고양이』, 이브 번팅 글, 데이빗 디아즈 그림, 박희라 옮김, 한국 삐아제, 2008.

http://www.nccil.org/experience/artists/diazd/index.htm
http://www.papertigers.org/gallery/David_Diaz/index.html
http://patriciamnewman.com/diaz.html
http://www.bookpage.com/9605bp/childrens/daviddiaz.html?
http://www.amazon.com/Built-Belpre-Honor-Illustrator-Awards/dp/1584300388/ref=sr_1_1?ie=UTF8&qid=1234168646&sr=1-1

## 3 이야기, 이야기, 우리의 이야기

### 엘레나 오드리오솔라

『노란궁전 하품공주』 카르멘 힐 글, 엘레나 오드리오솔라 그림, 이혜선 옮김, 소년한길, 2007.
『이야기 담요』 페리다 울프·해리엇 메이 사비츠 글, 엘레나 오드리오솔라 그림, 서남희 옮김, 국민서관, 2008.
『안녕, 나의 별』 파블로 네루다 글, 엘레나 오드리오솔라 그림, 남진희 옮김, 살림어린이, 2010.
『반대로』 톰 맥레이 글, 엘레나 오드리오졸라 그림, 김서정 옮김, 한솔교육 전집, 2011.

*Vegetable Glue*, Chandler Vard and Elena Odriozola, Susan meadowside, 2004
*Le bébé et l'agneau*, Gustavo Martin Garzo and Elena Odriozola, Syros, 2007
*Cuando sale la luna*, thule, Antonio Vetura Vard and Elena Odriozola, 2008
http://www.alhondigabilbao.com/ingl/ilustradores_odriozola.htm

http://www.euskonews.com/0389zbk/elkar_es.html?
http://elblogdepencil.wordpress.com/2006/11/02/cuando-sale-la-luna-elena-odriozola/
http://www.laughing-lion-design.com/2010/05/illustrator-elena-odriozola-at-cbi10/

## 사라 스튜어트와 데이비드 스몰

『도서관』, 사라 스튜어트 글, 데이비드 스몰 그림, 지혜인 옮김, 시공주니어, 1998.
『리디아의 정원』, 사라 스튜어트 글, 데이비드 스몰 그림, 이복희 옮김, 시공주니어, 1998.
『머리에 뿔이 났어요』, 데이비드 스몰 글·그림, 김종렬 옮김, 소년한길, 2002.
『대통령이 되고 싶다고?』, 주디스 세인트 조지 글, 데이비드 스몰 그림, 김연수 옮김, 문학동네어린이, 2003.
『발명가가 되고 싶다고?』, 주디스 세인트 조지 글, 데이비드 스몰 그림, 김연수 옮김, 문학동네어린이, 2003.
『율라리와 착한 아이』, 데이비드 스몰 글·그림, 최순희 옮김, 느림보, 2005.
『돈이 열리는 나무』, 사라 스튜어트 글, 데이비드 스몰 그림, 유시정 옮김, 미세기, 2007.
『탐험가가 되고 싶다고?』, 주디스 세인트 조지 글, 데이비드 스몰 그림, 김연수 옮김, 문학동네어린이, 2009.
『한나의 여행』, 사라 스튜어트 글, 데이비드 스몰 그림, 김경미 옮김, 비룡소, 2009.
『공룡이 공짜』, 엘리스 브로우치 글, 데이비드 스몰 그림, 정선화 옮김, 주니어김영사, 2010.
『바늘땀』, 데이비드 스몰 글·그림, 이예원 옮김, 미메시스, 2012.
『엘시와 카나리아』, 제인 욜런 글, 데이비드 스몰 그림, 서남희 옮김, 시공주니어, 2012.

*George Washington's Cows*, David Small, Farrar Straux Giroux, 1997.
*Paper John,* David Small, Live Oak Media; Pap/Com edition, 1998
*Princess Says Goodnight.* Naomi Howland and David Small, HapperCollins, 2010
*The Quiet Place*, Sarah Stewart and David Small, Farrar, Straus & Giroux, 2012

http://davidsmallbooks.com/
http://www.smithmag.net/memoirville/2009/10/06/interview-david-small-author-of-stitches/
http://www.pippinproperties.com/authors-illustrators/sarah-stewart/
http://www.essentiallearningproducts.com/evolution-sarah-stewart-and-david-small-katherine-romano
http://nccil.org/experience/artists/smalld/index.htm

http://bigthink.com/ideas/17429

## 베라 윌리엄스

『엄마의 의자』, 베라 B. 윌리엄스 글·그림, 최순희 옮김, 시공주니어, 1999.
『체리와 체리 씨』, 베라 B. 윌리엄스 글·그림, 최순희 옮김, 느림보, 2004.
『또, 또, 또 해 주세요』, 베라 B. 윌리엄스 글·그림, 노경실 옮김, 열린어린이, 2005.
『내게 아주 특별한 선물』, 베라 B. 윌리엄스 글·그림, 최순희 옮김, 느림보, 2005.
『우리들의 흥겨운 밴드』, 베라 B. 윌리엄스 글·그림, 최순희 옮김, 느림보, 2005.

*Ember Was Brave, Essie Was Smart*, Vera Williams, Greenwillow Books, 2001.
*A Chair for Always*, Vera Williams, Greenwillow Books, 2009.

http://www.teachingbooks.net/content/Williams_qu.pdf
http://pabook.libraries.psu.edu/palitmap/bios/Williams__Vera_B.html
http://www.schoollibraryjournal.com/article/CA6589252.html
http://www.amazon.com/Something-Special-Me-Vera-Williams/dp/0688065260/ref=pd_bxgy_b_text_b
http://www.youtube.com/watch?v=6a0qRmxUpEc

## 케빈 헹크스

『내 사랑 뿌뿌』, 케빈 헹크스 글·그림, 이경혜 옮김, 비룡소, 1996.
『우리 선생님이 최고야!』, 케빈 헹크스 글·그림, 이경혜 옮김, 비룡소, 1999.
『웬델과 주말을 보낸다고요?』, 케빈 헹크스 글·그림, 이경혜 옮김, 비룡소, 2000.
『줄리어스, 세상에서 제일 예쁜 아기』, 케빈 헹크스 글·그림, 이경혜 옮김, 킨더랜드, 2005.
『달을 먹은 아기 고양이』, 케빈 헹크스 글·그림, 맹주열 옮김, 비룡소, 2005.
『가끔은 혼자서』, 케빈 헹크스 글·그림, 배소라 옮김, 마루벌, 2007.
『난 내 이름이 참 좋아』, 케빈 헹크스 글·그림, 이경혜 옮김, 비룡소, 2008.
『오늘은 좋은 날』, 케빈 헹크스 글·그림, 신윤조 옮김, 마루벌, 2008.
『용감무쌍한 사라』, 케빈 헹크스 글·그림, 이경혜 옮김, 비룡소, 2008.
『릴리의 멋진 날』, 케빈 헹크스 글·그림, 이경혜 옮김, 비룡소, 2008.
『체스터는 뭐든지 자기 멋대로야』, 케빈 헹크스 글·그림, 이경혜 옮김, 비룡소, 2009.

『나에게 정원이 있다면』, 케빈 헹크스 글, 그림, 최순희 옮김, 시공주니어, 2010.
『올드 베어』, 케빈 헹크스 글, 그림, 석승환 번역, 마루벌, 2010.

*Bailey Goes Camping*, Kevin Henkes, Greenwillow Books, 1985.

http://www.kevinhenkes.com/
http://www.edupaperback.org/showauth.cfm?authid=31
http://www.education.wisc.edu/ccbc/authors/experts/henkes.asp
http://www.amazon.com/exec/obidos/tg/feature/-/6360/102-0796523-2792134
http://www.bookpage.com/books-10000976-Lilly's-Purple-Plastic-Purse
http://www.hbook.com/magazine/articles/2005/jul05_hirschman.asp
http://greenwillowblog.com/?p=567
http://www.youtube.com/watch?v=cA8c3w89hjk
http://www.youtube.com/watch?v=gq9fLucUdF8&feature=related

## 도널드 크루즈

『화물열차』, 도널드 크루즈 지음, 박철주 옮김, 시공주니어, 1997.
『트럭』, 도널드 크루즈 글·그림, 시공주니어, 2009.
『지름길』, 도널드 크루즈 글·그림, 이주희 옮김, 논장, 2011.
『비』, 로버트 칼란 글, 도널드 크루즈 그림, 박철주 옮김, 시공주니어, 2012.

*Big Mama's*, Donald Crews, Greenwillow Books, 1998.

http://findarticles.com/p/articles/mi_m2838/is_n1_32/ai_20610477/
http://www.pbs.org/parents/booklights/archives/2009/05/fun-with-books.html
http://www.nccil.org/experience/artists/crewsfam/dcrews.htm
http://www.youtube.com/watch?v=9uyVrajIqhA
http://www.youtube.com/watch?v=oC9NgxgvJOk&feature=related
http://www.youtube.com/watch?v=QbRACyep5Kw&feature=related
http://www.youtube.com/watch?v=e2e2sdHlRXY&feature=related
http://www.youtube.com/watch?v=1ZH4JYy13YA&feature=related

서남희

서강대에서 역사와 영문학을, 대학원에서 서양사를, UCLA Extension에서 영어 교수법을 공부했습니다. 월간 『열린어린이』에 그림책 작가에 대한 글을 쓰고 있습니다. 지은 책으로 『볕 드는 마루에서 만난 그림책과 작가 이야기』 『아이와 함께 만드는 꼬마 영어그림책』 『신들이 만든 영단어책』이 있고 '아기 물고기 하양이' 시리즈와 『그림책의 모든 것』 『스캔들 미술사』 등을 우리말로 옮겼습니다.

열린어린이 책 마을 08

### 그림책과 작가 이야기 3
서남희 지음

처음 찍은날 2013년 6월 7일
처음 펴낸날 2013년 6월 21일
펴낸이 김덕균 | 펴낸곳 열린어린이
만든이 윤나래, 편은정 | 꾸민이 허민정 | 관리 권문혁, 김미연
출판등록 제10-2296호 | 주소 서울시 마포구 동교로 221 2층
전화 02)326-1285 | 전송 02)325-9941 | 전자우편 book@openkid.co.kr

글 ⓒ 서남희, 2013

ISBN 978-89-90396-97-6 03810

값 15,000원

이 책은 저작권법에 따라 보호받는 저작물이므로 무단 전재와 복제를 금합니다.
이 책 내용의 전부 또는 일부를 재사용하려면 반드시 열린어린이의 서면 동의를 받아야 합니다.